JN005367

図解による
民事訴訟のしくみ

＊民事訴訟法など紛争解決に役立つ
　法律を全収録

弁護士
神田将 ［著］

◆収載法令　●民事訴訟法／同規則●民事訴訟法関連手続法＝民
事執行法／民事保全法／供託法／郵便法・同規則／●民事事件関
連法＝人事訴訟法／家事事件手続法／非訟事件手続法／民事調停
法／破産関連法（破産法・民事再生法・特定調停法）／仲裁法・AD
R法／民事訴訟費用等に関する法律

自由国民社

民事訴訟はもはや必要知識 ～はしがきに代えて

　近年、わが国は司法制度改革の名の下、司法制度全般について多岐にわたる改革を進めてきました。刑事裁判における裁判員制度、法科大学院（ロー・スクール）の設置に代表される法曹養成制度などがその例ですが、それらと並び改革の柱とされたのが市民の立場からのリーガル・アクセスの拡充、すなわち、市民が弁護士に相談しやすい環境を整備することでした。これにより今日では、誰もが日常の法的問題を気軽に弁護士に相談することが可能となっています。

　このように市民にとって弁護士が身近であるような環境は、これまでとは異なり、わたしたちの誰もが民事訴訟の当事者となり、相手方を訴えたり反対に訴えられたりする可能性のある時代になったことを意味します。したがって、今後わたしたちにとって民事訴訟が果たす役割はますます増えていくこととなるでしょう。

　しかし、この民事訴訟や民事訴訟法というものについては、言葉は知っていてもその内容についてはほとんど知らないという方が多いのではないでしょうか。これは、民事訴訟法やその関連法が民事訴訟という手続に関する法律であるため、とっつきにくいということもありますが、やはり、わたしたちにとっての民事訴訟がこれまでは別世界での出来事であり、内容を理解する必要性が民法や会社法といった実体法に比べれば小さかったことが大きいのではないかと思います。しかし、これからはわたしたちにとって民事訴訟が身近なものとなっていく以上、わたしたちも民事訴訟に関しての最低限の知識をもつことが望まれることになるでしょう。

　本書はこうした観点から、わたしたちの日常生活にとり身近な存在となりつつある民事訴訟法および関連法につき、それがどのような内容をもち、現実のトラブルや問題点の解決においてどのような役割を果たすのかを解説することを目的としています。したがって、民事訴訟法等の学問的な解説については必要最小限度にとどめ、民事訴訟の国民にとっての役割を図解を多用しつつ、平易に分かりやすく解説することに主眼を置いています。

　本書が、民事訴訟法等に興味はあるが勉強の機会のない方、自らが直面している事柄が民事訴訟になった場合のことについて考えてみたい方などの一助となることがあれば望外の喜びです。

著　者

目次

7

30分で理解する──
民事訴訟法の基本構造

■民事訴訟は、私人間の生活関係に関する紛争を、国家の裁判権によって法律的かつ強制的に解決するための手続きです。そのための基本法が民事訴訟法で、これには原則（「当事者主義」、「弁論主義」など）があり、これと合わせて民事訴訟法の構造を知ることで、全体系の理解が容易となります。

1 民事訴訟法とは何か

民事訴訟法とは、その名のとおり民事訴訟に関する法律です。

では、民事訴訟とは何でしょうか？

民事訴訟とは、民事の紛争、すなわち**私人間の紛争を判決によって解決することを予定した裁判所の手続き**です。

民事訴訟法は、このような私人間の紛争を判決によって解決する裁判所の手続きについて定めた法律なのです。

民事紛争を解決する手続きは、民事訴訟に限られるわけではありません。裁判所外の手続きとしては、当事者同士の話し合いで解決を図る示談交渉もその一つですし、第三者に仲裁人として間に入ってもらう**仲裁**という手続きも存在します。裁判所の手続きに限っても、話し合いでの解決を目的とする**調停**や、家庭に関する紛争であれば、**家事審判**という手続きなどが用意されています。

こうした種々の紛争解決手続きのうち、民事訴訟は、判決という背後に強制力を控えた裁判所の下す判断によって紛争解決を図る点で、民事訴訟法によって極めて厳格な規制が施されているのです。

民事訴訟法の体系

```
          民事訴訟法
 ┌──┬──┬──┬──┬──┬──┬──┬──┐
 第  第  第  第  第  第  第  第
 1   2   3   4   5   6   7   8
 編  編  編  編  編  編  編  編

 総  第  上  再  手  少  督  執
 則  1   訴  審  形  額  促  行
     審      　  訴  訴  手  停
     の      　  訟  訟  続  止
     訴      　  及  に
     訟      　  び  関
     手      　  小  す
     続      　  切  る
             　  手  特
             　  訴  則
             　  訟
             　  に
             　  関
             　  す
             　  る
             　  特
             　  則
```

2 民事訴訟法の性質（実体法と手続法）

民事訴訟法は民事訴訟という紛争解決手続きを規制対象とするため、民事調停法や家事審判法などと同じく「**手続法**」に分類されます。

同じく私人間の関係を対象とする民事法のうちでも、民法や会社法は、裁判外における私人間のルール、紛争解決基準を定めたものである点で「**実体法**」に分類されますが、民事訴訟法は、そうした実体法

が適用される場である民事訴訟手続き自体を対象としている点で実体法とは性格を異にします。言わば、実体法が中身を規制対象としているのに対し、手続法は箱を規制対象とするといった感じでしょうか。

なお、こうした実体法と手続法との関係は、刑事法においては、刑法と刑事訴訟法の関係となって現れます。

3 民事訴訟における原則（当事者主義と職権主義）

1 当事者主義（処分権主義）と職権（進行主義）

民事訴訟法は民事紛争の解決手続きを対象とするものですが、手続きである以上、その手続きがどのように開始、終了するか、また、どのように進んでいくかが決まっている必要があります。また、紛争解決の手続きである以上、その手続きによって解決されるべき紛争、すなわち当該手続きで処理する題材・テーマをどのように設定するかということも決められていなければなりません。

これらのことをそれぞれの場面において誰が決めるか、すなわち誰が主導権を有するかという観点から見た場合、民事訴訟法は、手続きの開始と終了、および訴訟の題材の決定については、**主に当事者に主導権を認める**「**処分権主義**」を採用しています。

民事訴訟法は、一旦始まった訴訟手続きの進行の場面においては**裁判所が主に主導権を有する**とする「**職権進行主義**」を採用していますが、民事訴訟という手続をどのような紛争に対し、どのようなタイミングで選択するかは当事者が決定するものとしているのです。

ここで現れる「処分権主義」は後に述べる「弁論主義」と並び、民事訴訟法における当事者主義の一場面を形成しています。

2 訴訟の開始についての処分権主義

民事訴訟は、当事者（原告）が裁判所に対し、**訴えを提起することによって初めて開始**します。いくら私人間の紛争が存在していても、当事者による訴えがなければ、裁判所が率先して民事訴訟手続きを開始するというようなことはありません（「訴えなければ裁判なし」）。この手続き開始の主導権を裁判所ではなく、当事者が有するというのが上述の処分権主義の第1の内容ということになります。

なお、当事者の一方が原告として訴えを提起した場合、訴えを提起された他方当事者（被告）はその訴訟を拒絶することが許されず、応訴の義務が生じることになります。

原告が訴えを提起する場合、単に「訴える」と言うだけでは足りず、具体的にどのような請求をなすかを特定してそれをなす必要があります。この**特定についての権能**が処分権主義の第2の内容なのですが、これについての詳細は後述いたします。

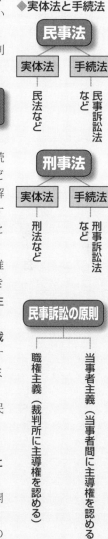

◆実体法と手続法

民事法
実体法 ── 民法など
手続法 ── 民事訴訟法など

刑事法
実体法 ── 刑法など
手続法 ── 刑事訴訟法など

民事訴訟の原則
職権主義（裁判所に主導権を認める）
当事者主義（当事者間に主導権を認める）

③ 手続の終了についての処分権主義

訴訟の開始が当事者主導であることは前述しましたが、この開始と同様、訴訟の終了においても当事者主導が採られています。

例えば、申立当事者たる原告は裁判所の意向とは全く関係なしに、一度提起した訴えを取り下げたり（訴えの取下げ）、請求を放棄すること（請求の放棄）ができますし、訴えられた当事者である被告の方も、裁判所の考えとは無関係に、原告の請求を認めること（請求の認諾）が可能です。また、原被告当事者双方の話し合いで紛争を解決することも認められており（訴訟上の和解）、裁判所によって判決が下されるのは、当事者間の自治的な解決ができなかったときに限られることになります。

このように、**訴訟を終了するか継続するかについての主導権を当事者が有している**ということが処分権主義の第3の内容です。

④ 民事訴訟の進行の職権進行主義

前記のように、民事訴訟の開始・終了については処分権主義により当事者が主導権を有しているのですが、一旦始まった**訴訟の進行については、裁判所が主導権を有する**ものとされています。このように、訴訟の進行につき、裁判所が主導権を有するという建前を「**職権進行主義**」と呼び、民事訴訟法において職権主義の一場面となります。

具体的には、訴訟が行われる場である「期日」を指定して、争点や証拠の整理を実施したり、和解を試みたりなどの期日の設け方に関してのもののほか、当事者の釈明を求めたり、時機に遅れた攻撃防御方法を制限するなど期日内においての訴訟指揮もそれに含まれます。

以上、民事訴訟を開始から終了までの時系列で見た場合、最初と最後については処分権主義により当事者が主導し、その間においては職権進行主義により裁判所が主導するという制度となっているのです。

⑤ 訴訟物の決定についての処分権主義

原告が訴えを提起する場合、単に「訴える」というだけでは足りず、誰に対して具体的にどのような請求をなすかを特定する必要があります。この原告が求める請求は訴訟上の請求、あるいは訴訟物と呼ばれ、これが以後の訴訟の審理の対象、すなわち当該訴訟のテーマとなるわけですが、この**訴訟物の決定**について当事者（原告）が主導権を有することも処分権主義の一内容とされています。

このことは、民事訴訟において裁判所は、当事者（原告）が提供した訴訟物に拘束され、裁判所が勝手に訴訟物を変更したり、作り出したりすることは許されないことを意味します。例えば、当事者が元本の返還だけを求めた場合、裁判所は求められていない利息の支払いを認めることはできないのです。

⑥ 訴訟事件と訴えの利益

当事者の処分権主義

① 訴訟の開始（手続開始の主導権）

② 審理の対象（訴訟物の決定についての主導権）

③ 手続の終了（訴訟を終了するか継続するかの主導権）

民事訴訟においては、「お金を払え」というように相手方の一定の行為を求める類型である「**給付訴訟**」が一般です。しかし、「自分が代表者であることの確認を求める」というように法律関係の確認のみを求める「**確認訴訟**」という類型や「離婚せよ」というように判決自体に法律要件を期待する「**形成訴訟**」という類型も存在します。

こうした類型のうちどの類型を選択するかについても処分権主義により当事者（原告）が決定できるのですが、この中でも確認訴訟は、あらゆる法律関係をその対象とすることができるため、確認訴訟という類型を求める理由が厳しく審査されます。そして、例えば、給付訴訟によった方が目的達成に近道というように判断されると確認訴訟という類型で審理するにあたっての「**訴えの利益**」がないとされ、「訴訟要件」欠缺（けんけつ）による訴え却下の訴訟判決がなされることになります。

このように、訴訟物の決定につき、当事者（原告）が主導するといっても、訴訟要件を充たす必要があることには注意しなければなりません。こうした訴訟要件は、無駄な裁判を避けるなどの主に公益の要請に基づくものであるため、その充足についての審理は職権主義でなされ、私人の自由処分には委ねられないものとされています。

◆訴訟物の訴訟類型

- 形成訴訟…※訴訟物が一定の法律関係の形成を目的とする訴訟（例）株主総会決議取消訴訟など
- 確認訴訟…※訴訟物が法律関係の確認を目的とする訴訟（例）債務不存在確認訴訟など
- 給付訴訟…※訴訟物が一定の給付を目的とする訴訟（例）建物収去土地明渡し請求訴訟など

4 民事訴訟の審理の構造

① 訴訟物と請求原因事実

ここで、民事訴訟の審理の構造について触れておきたいと思います。これまで述べてきたように、民事訴訟の対象、すなわち訴訟物については処分権主義の一内容として原告が決定します。そして、以後の手続きにおいては、その訴訟物を題材として、その存否、すなわち原告の請求に理由があるか否かについて審理されていくことになります。

ここで、民事訴訟の対象、すなわち訴訟物は、その法律効果の発生のために必要ないくつかの具体的事実によって構成されていることに留意する必要があります。例えば、貸金返還請求訴訟の場合、訴訟物は貸金返還請求権となりますが、この返還請求権という法律効果の発生のためには、①金銭の交付、および②その返還約束、という２つの具体的事実が必要です。①がなければ、そもそも貸付がなかったことになるし、②がなければ、もらったものということになるからです。

ここで現れる①金銭の交付、②その返還約束といった具体的事実は、貸金返還請求権を基礎づける「**請求原因事実**」と呼ばれ、原告は、訴え提起の段階で「訴状」において、訴訟物とともに記載することが求められます。そして、以後の**訴訟においては原告は、これらの請求原因事実が存在することを契約書などの証拠を提出することで証明していく**ことになります。

民事訴訟の構造

- ①原告⇒請求原因事実と証明
- ②被告⇒抗弁事実と証明
- ③原告&被告⇒主張と証明

② 訴訟物と抗弁事実

　原告の請求に対する被告の対応としては、いくつかのパターンが考えられ、民事訴訟において被告は、「答弁書」等においてその対応を明らかにすることが求められます。

　被告の対応としては、まず大きく**「認める」**か**「争うか」**に分けることができ、原告の請求、すなわち訴訟物の存在自体を認める場合は処分権主義のところで述べた**「請求の認諾」**が成立し、訴訟は終了することになります。一方、争う場合はその争い方によってさらに細かく分けることが可能ですが、民事訴訟においては、被告の争い方は、原告の請求を基礎づける請求原因事実に対する対応を認否という形で明らかにすることで明らかにします。例えば、上記の①を争えば「お金を借りた（受け取った）覚えはない」といった主張となりますし、②を争えば、「お金は受け取ったがもらったものだ」という争い方になってきます（**「否認」**）。

　さらに、そうした否認による争い方とは別に、①と②は認めつつも、新たに③弁済、すなわち「お金は確かに借りたが、既に返した」という主張をなすことによって、原告の主張を争う方法もあります。このような被告の主張は**「抗弁」**と呼ばれ、ここでの弁済の事実は抗弁事実と呼ばれます。

③ 主張と証明

　このように、民事訴訟は、**当事者同士が自己に有利な事実を主張し合う**ことによって進んでいきます。上記の例でいえば、①と②が原告に有利な事実であり、③が被告に有利な事実になります。

　原告の貸金返還請求に対し、被告が①の事実を争う場合を考えてみましょう。すなわち、原告の金銭を交付したという主張に対し、被告が金銭の交付を受けていないという反対事実を主張する場合です。

　この場合、原告は「金銭を交付した」という自己に有利な事実を証拠によって証明していこうとするのに対し、被告はそれとは両立しない「金銭の交付を受けていない」という事実をやはり証拠によって証明してゆくことになります。こうした双方の立証活動により、いずれかが民事訴訟によって必要とされる証明、すなわち**「合理的な疑いを差し挟む余地のない程度の立証」**に成功すれば、裁判所はその事実を認定することになります。しかし、双方ともがそのレベルの立証にまで成功しなかった場合、裁判所としてはどのような態度を採るべきでしょうか。この場合、裁判所としては事実の認定ができなかったとして真偽不明という判決（ノン・リケット判決）を下すことは許されません。このように双方ともが立証に成功しないような場合でも、裁判所は相矛盾するどちらかの事実を認定して、結論を出さなければならないのです。このことは立証活動をする当事者からみれば、自らの立証

法廷（口頭弁論）

原告	被告
主張 ⇒ （請求原因事実等）	← 防御 （抗弁）
⇓	⇓
立証	立証

※逆になる
場合もある

裁判官

判断
判決

活動が成功しなかった場合の不利益（「証明責任」）をどちらが負担するかという問題であり、これを「証明責任の分配」と呼びます。ここでの例では、金銭の交付の有無については原告が証明責任を負担しており、原告が立証に成功しなければ、被告の立証の成否に関わらず、裁判所はその事実を認定することはできません。

ここでの①～③の事実については、①、②については原告の請求を直接理由づける事実であることから、原告が立証（証明）する責任を負うのですが、③については、原告の請求を阻害する別個の事実であることから、被告の側で立証する責任を負います。

上述の否認と抗弁を厳密に定義すれば、否認とは、相手方が証明責任を負担する事実を争うこと、抗弁とは、請求原因事実に対し、自らの証明責任を負う事実を主張することということになります。

5 弁論主義

前記のように、民事訴訟においては、訴訟物を基礎づける事実の主張、立証が審理の中心となるわけですが、民事訴訟では、こうした事実に関する資料の収集・提出は当事者の権能かつ責任であるとされる弁論主義の原則が採られています。これらは裁判所の権能とする職権探知主義に対置されるもので、前述の処分権主義と同じく、この弁論主義も当事者主義の一内容とされています。

弁論主義は、その具体的内容として、3つの内容を包含しているものと説かれます。①当事者の主張していない事実に基づいて判決をしてはならない（弁論主義の第1テーゼ）、②両当事者間で一致した事実（すなわち、自白）については、裁判所はその真否を審理せずそのまま判決の基礎としなければならない（弁論主義の第2テーゼ）、③証拠調べは当事者が申請したものを調べることができるだけである（職権証拠調べの禁止）（弁論主義の第3テーゼ）がそれです。

以下、各別に見ていきます。

まず、第1テーゼは、例えば、原告の貸金返還請求の主張に対し、被告は、返還約束の存否について争い、贈与を受けたものだとの主張をしているだけであるのに、裁判所が被告が主張してもいない弁済の事実を認定して、被告を勝訴させてしまうような場合です。このような結果は原告にとってはまさに不意打ちとなるものであり、弁論主義違反とされるのです。

第2のテーゼは、例えば、原告の返還約束の主張に対し、被告もそれを認め、返還約束をしたことを認めているような場合に、裁判所が返還約束が存在しなかったとして、被告を勝訴させることはできないということを意味します。当事者間に争いのない事実については、

◆弁論主義・職権探知主義

弁論主義
当事者の主張・立証に基づき、その範囲内においてのみ判決することができるという訴訟の構造上の建前

職権探知主義
判決の基礎となる事実や証拠を当事者が提出したものに限らず、当事者の提出しなかったものまで、判決の基礎として採用できるという原則。

※民事訴訟は弁論主義を原則とし、家事事件等では職権探知主義がとられている。

裁判所もそれに拘束されるということです。

　最後の**第3のテーゼ**は、職権証拠調べの禁止であり、裁判所は当事者の提出した証拠のみを判断の資料にでき、裁判所自らが証拠収集をすることは許されないというものです。

　このように、処分権主義と弁論主義は、ともに当事者主義の内容をなすものですが、処分権主義が訴訟の内と外との区別に関する問題であるのに対し、弁論主義は、訴訟内における事実や証拠といった訴訟資料の収集についての役割分担の話ということができます。

　なお、職権探知主義は、真実発見の要請が強い人事訴訟（親子関係不存在の訴えなど）などにおいて採用されています。

6 判決の確定と既判力

　わが国の民事訴訟法は、上訴の回数を2回とする**三審制の原則**を採用し、裁判の適正を期しています。したがって、第1審判決が言い渡されただけでは、その判決は未だ確定の状態には至っておらず、判決が最終的に確定するためには、当事者双方が上訴をしないままに上訴期間を経過する、最高裁の判断が下され当事者の不服申立手段が尽きるなどの段階に至る必要があります。

　もっとも、判決が一旦確定してしまえば、当事者はその判決の内容を別訴を起こすことで再び争うことはできません。これを認めてしまえば、紛争がいつまでも蒸し返されてしまい、民事訴訟の紛争解決の機能が失われてしまうからです。

　確定判決に認められるこのような拘束力を「**既判力**」と呼び、民事訴訟はこの既判力によって紛争を解決する制度となっているのです。

※

　以上が民事訴訟の基本的なスタンスですが、一口に民事紛争といっても多種多様であり、また、紛争当事者の求める解決方法は様々であるため、手続きを裁判所におけるものに限っても上で説明した原則とは異なる原則を採用したり、上の原則を修正した手続きが存在します。

　ただ、いずれの手続きにおいても法的手続である以上、手続きの開始から終了に至るまでの時系列からのものの見方（**横軸の観点**）と求める結果に至るために当事者それぞれはどのような主張・立証が必要で何が不要であるかという法的構造からのものの見方（**縦軸の観点**）が必要となります。

　民事訴訟を考えるにあたっては、目の前の問題点が手続きの進行に関しての問題であるのか、あるいは法的構造に関する問題であるのかを意識することが一つの重要な視点ということができると思います。

◆判決の確定

判　決

上訴なし
最高裁判決

一定期間経過後

判決の確定

↑

既判力
別訴の禁止など

◎さまざまな民事紛争と解決手続き

① 民事紛争と手続きの選択

　民事上のトラブルや事件は実にさまざまであり、それに応じた解決手続きも種々のものが用意されています。ここでは、この多様な民事紛争と解決手続きを一定の観点から整理してみたいと思います。

　まず、民事紛争をその**紛争の性質から分類**してみましょう。民事紛争を思いつくままにいくつか列挙してみると、お金の貸し借りなどの金銭トラブルや土地問題、交通事故における損害賠償請求や会社間の取引関係におけるトラブルなど極めて広範囲にわたっています。離婚や相続などの家庭内の紛争も民事紛争の一つです。このように民事紛争は非常に多彩なわけですが、ここで最後に挙げた離婚や相続などの家庭内の紛争はそれ以外の第三者間の財産的な問題とは異なる側面があるため、それらは別個に後で検討することとし、まずは、家庭内の紛争を除いた一般的な紛争から整理していきましょう。

② 一般的な紛争の解決手続き

　何らかの紛争が生じた場合、それが**当事者間の話し合いで解決すればそれが一番望ましい解決方法**といえるでしょう。いわゆる示談や和解といった解決方式ですが、このような当事者間の話し合いでは解決が図られず、解決のためには中立の第三者の協力が必要になってくる場合もしばしば生じます。

　こうした場合の第三者としてはまず思い浮かぶのは裁判所ですが、こうした第三者は裁判所に限られるわけではありません。仲裁人が当事者間の仲裁を行う仲裁手続きという制度は従来から存在していますし、近年は民間の機関が当事者に解決の場を提供するＡＤＲシステムが充実し、利用されるようになってきています。このＡＤＲシステムは、紛争の性質に応じて設置される場合が多く、紛争の種類に応じた解決がなされるという利点があるといえるでしょう（256㌻参照）。

　一方、**裁判所の関与によって解決**が図られる場合を見てみましょう。裁判手続きとしておなじみであるのは、最終的には判決言渡しによる解決を予定する訴訟手続きとあくまで当事者間の話し合いによる解決のための場を提供する調停手続きです。もっとも近年はそれ以外の手続きも現れてきており、裁判所の手続きもかなり多様化してきています。

　訴訟手続きの場合、事件の類型ごとに手続きが異なるというシステムはまだそれほど一般的ではありませんが、裁判所によっては事件の種類に応じて専門部を設け、その種の事案を集中的に取り扱うシステムを採用しているところもあります。

　調停手続きに関しても、特に事案に応じた区別はまだそれほどなされていませんが、いわゆる多重債務事件の分野で特定調停という借金の返済に特化した類型が創設されています。

　訴訟手続き、調停手続き以外の裁判所の解決手続きとしては、労働事件に関し**労働審判制度**が近年設けられ、幅広く利用されている他、借地契約における借地条件変更や増改築許可の申

立などの際の借地非訟事件手続き、金銭債務の支払を督促する支払督促の制度などが存在しています。

③ 家庭内の紛争の解決手続き

　家庭内の紛争とは、離婚や相続など広く家族をめぐる紛争を意味します。こうした事案は家族間の複雑な感情が絡まっていることが多いため、一般的な紛争とは異なる特別な手続きが用意されています。

　家庭内の紛争にも様々な態様があり、用意されている解決手続きも多様です。これらについても一定の観点から分類することが有益です。家庭内の紛争は、事案の性質により分類するというよりは用意された解決手続きによって分類した方が簡明でしょう。まず、一般的な紛争同様に裁判所の判決によって解決を図る手続き（訴訟手続き）が予定されているものと予定されていないものとに分けるのが良いと思います。

　訴訟手続きが予定されている家庭内紛争はその結果が外部にも影響を及ぼす性質のものであるため、画一的な解決が必要であるような事案です。離婚事件が典型例ですが、その他に認知や養子縁組などの親子関係事件がこれにあたります。これらについては、人事訴訟法という法律がその手続きについて規定しています。

　なお、遺産分割事件はこの訴訟手続きが予定されている紛争ではありませんが、遺産分割の前提問題である相続人の範囲に争いがある場合に、相続人の範囲を確定する部分は訴訟事項とされています。

　これらの人事訴訟事件も最初から訴訟手続きがなされるわけではなく、訴訟の前に話し合いによる解決手続きである調停手続きを経る必要があります（調停前置主義）。調停手続きで上手く解決しなかった場合に初めて訴訟手続きに進むことになります。

　もう一方の訴訟手続きが予定されていない家庭内の紛争は、家事事件手続法という法律によって規整されています。家事事件手続法は家庭内の紛争を家事事件と呼び、これをさらに家事審判に関する事件と家事調停に関する事件とに分類します。

　前者の家事審判事件は、子の氏の変更許可、相続放棄、名の変更の許可、後見人の選任、養子縁組の許可など公益性が高いため、家庭裁判所が国家の後見的な立場から関与する必要のある場合です。これらの類型は通常、当事者が対立する性質のものではないので、調停手続きで双方当事者間が合意して解決するという形は考えられず、専ら審判という形式で解決が図られることになります。

　一方、後者の家事調停事件は、親権者の変更、養育料の請求、婚姻費用の分担、遺産分割など当事者間に争いのある紛争類型であり、これらは当事者間の話合いによる自主的な解決が可能でありますし、またそれが期待されています。もっともこれらの事件の場合も、話合いがつかず調停が成立しなかった場合には、その手続きは審判手続に移行することになります。

※

　以上のように民事紛争の解決手続きはさまざまな方法があり、争う目的に応じて選択することになります。また、白黒で決着する訴訟を選ぶのが、話し合いによる解決を目指す調停を選ぶのか（調停前置の事件、訴訟中の和解もある）、そのための時間・費用の検討も必要です。

▷民事事件の紛争解決のしくみ・主な紛争の解決手続き⇒268ページ参照

第1部
民事訴訟法

1条~405条

◆民事訴訟法は全405条から成る民事訴訟の基本ルールを定めた訴訟法で、基本六法の1つです。当初の規定が独立して別の法律として制定されているものも多く、現行法は、削除項目も多くあります。

民事訴訟法のしくみ

民事訴訟法は405条から成る私人間の訴訟手続等のルールを定めた法律

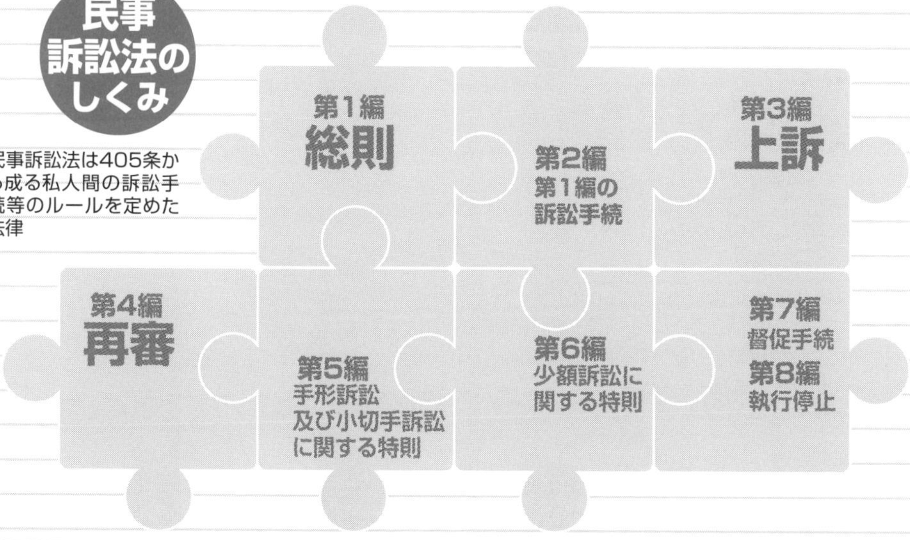

第1編 総則

第2編 第1編の訴訟手続

第3編 上訴

第4編 再審

第5編 手形訴訟及び小切手訴訟に関する特則

第6編 少額訴訟に関する特則

第7編 督促手続

第8編 執行停止

◆民事訴訟法は私人間の争いで、権利を主張する者が原告となって裁判所にその判断を求め、自己の主張を尽して被告と争う手続など、権利実現のしくみを規定しています。

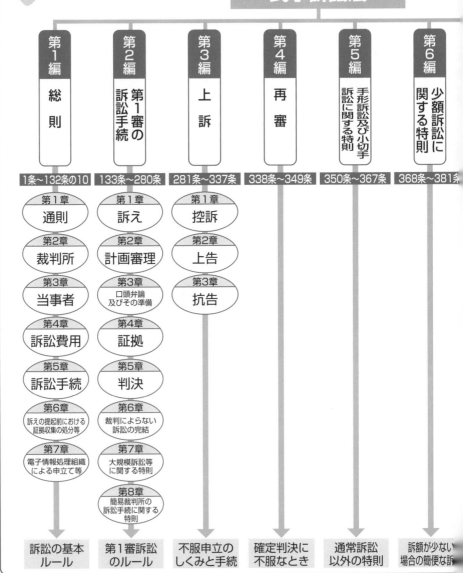

民事訴訟法は私人間の争いを

民事訴訟法					
第1編 総則	第2編 第1審の訴訟手続	第3編 上訴	第4編 再審	第5編 手形訴訟及び小切手訴訟に関する特則	第6編 少額訴訟に関する特則
1条〜132条の10	133条〜280条	281条〜337条	338条〜349条	350条〜367条	368条〜381条

第1編 総則
- 第1章 通則
- 第2章 裁判所
- 第3章 当事者
- 第4章 訴訟費用
- 第5章 訴訟手続
- 第6章 訴えの提起前における証拠収集の処分等
- 第7章 電子情報処理組織による申立て等

第2編 第1審の訴訟手続
- 第1章 訴え
- 第2章 計画審理
- 第3章 口頭弁論及びその準備
- 第4章 証拠
- 第5章 判決
- 第6章 裁判によらない訴訟の完結
- 第7章 大規模訴訟等に関する特則
- 第8章 簡易裁判所の訴訟手続に関する特則

第3編 上訴
- 第1章 控訴
- 第2章 上告
- 第3章 抗告

訴訟の基本ルール	第1審訴訟のルール	不服申立のしくみと手続	確定判決に不服なとき	通常訴訟以外の特則	訴額が少ない場合の簡便な訴

解決する訴訟手続等について定める

民事訴訟の手続きの流れ

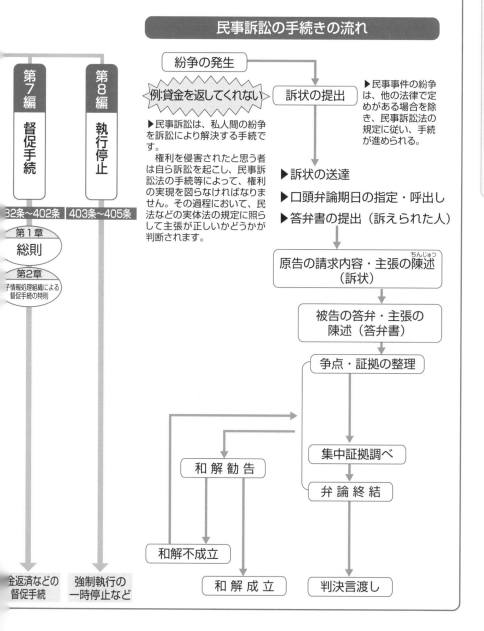

第7編

督促手続

32条〜402条

第1章
総則

第2章
子情報処理組織による
督促手続の特則

第8編

執行停止

403条〜405条

紛争の発生

例:貸金を返してくれない

▶民事訴訟は、私人間の紛争を訴訟により解決する手続です。
　権利を侵害されたと思う者は自ら訴訟を起こし、民事訴訟法の手続等によって、権利の実現を図らなければなりません。その過程において、民法などの実体法の規定に照らして主張が正しいかどうかが判断されます。

訴状の提出

▶民事事件の紛争は、他の法律で定めがある場合を除き、民事訴訟法の規定に従い、手続が進められる。

▶訴状の送達

▶口頭弁論期日の指定・呼出し

▶答弁書の提出（訴えられた人）

原告の請求内容・主張の陳述（訴状）

被告の答弁・主張の陳述（答弁書）

争点・証拠の整理

和解勧告

集中証拠調べ

弁論終結

和解不成立

和解成立

判決言渡し

金返済などの
督促手続

強制執行の
一時停止など

第1編

総　則

1条～132条の10

◆民事訴訟法第1編「総則」では、「通則」「裁判所」「当事者」「訴訟費用」「訴訟手続」など、民事訴訟全般について適用されるルールが定められている。

■民事訴訟法とは何か

　民事訴訟法は私人間の権利に関する紛争を解決する制度です。そして、民事訴訟法とは、そうした解決へ向かうための手続を定めた法律です。

　このように民事訴訟は、私人間の権利についての紛争を解決する手続なので、民事訴訟の主体としては、権利を主張する当事者とそれを否定する反対当事者、および判定機関としての裁判所が登場してきます。

　また、民事訴訟は紛争解決のための制度であり、紛争解決に向けての手続の進め方やルールをも定めておく必要があります。

　なお、民事訴訟法がすべての紛争について適用されるわけではありません。家庭内の事件については人事訴訟法あるいは家事事件手続法があり、労働事件には労働審判による手続もあります。また、勝訴後の強制執行の手続は民事執行法によります。

■民事訴訟法第1編の構成

　民事訴訟法第1編総則は、第1章で「通則」を規定した後、第2章において民事訴訟の1主体としての「裁判所」、第3章で同じく1主体としての「当事者」に関する規定を設けています。

　そして、それに続く第4章では手続きの一般的なルールの1つとして「訴訟費用」の規定を設け、続く第5章「訴訟手続」において手続の進め方についての規定を設けています。

　続く、第6章「訴えの提起前における証拠収集の処分等」、第7章「電子情報処理組織による申立て等」は平成23年改正で新設されたものですが、ともに特別な場合においての手続の1ルールを規定したものということができます。

◎民事訴訟法「第 1 編　総則」の条文の構成

民事訴訟法 第 1 章　総則

| ◎第 1 編 | 総　則 | （1 条～132 条の 10） |

○第 1 章　通則　（1 条～3 条）
○第 2 章　裁判所　（3 条の 2～27 条）
○第 3 章　当事者　（28 条～60 条）
○第 4 章　訴訟費用　（61 条～86 条）
○第 5 章　訴訟手続　（87 条～132 条）
○第 6 章　訴えの提起前における証拠収集の処分等　（132 条の 2～132 条の 9）
○第 7 章　電子情報処理組織による申立て等　（132 条の 10）

◎第 2 編	第 1 審の訴訟手続	（133 条～280 条）
◎第 3 編	上　訴	（281 条～337 条）
◎第 4 編	再　審	（338 条～349 条）
◎第 5 編	手形訴訟及び小切手訴訟に関する特則	（350 条～367 条）
◎第 6 編	少額訴訟に関する特則	（368 条～381 条）
◎第 7 編	督促手続	（382 条～402 条）
◎第 8 編	執行停止	（403 条～405 条）

訴訟による解決手続き　※和解もできる

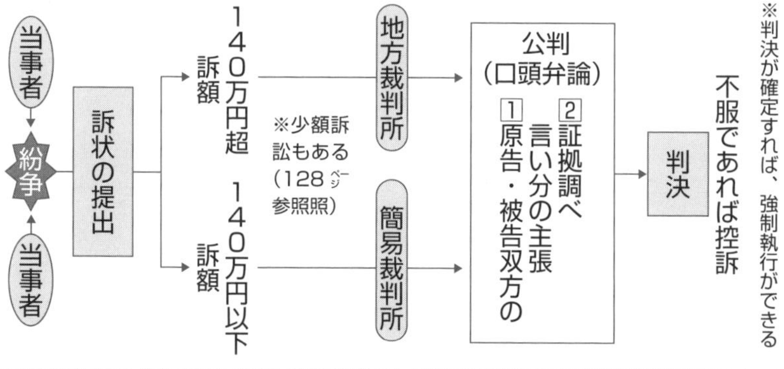

当事者 ⇄ 紛争 ⇄ 当事者 → 訴状の提出 →

訴額 140 万円超 → 地方裁判所 →
訴額 140 万円以下 → 簡易裁判所 →

※少額訴訟もある（128 ページ参照）

→ 公判（口頭弁論）
①原告・被告双方の言い分の主張
②証拠調べ
→ 判決

不服であれば控訴

※判決が確定すれば、強制執行ができる

第1章　通則 （1条〜3条）

通則では、民事訴訟法の適用等について定める

民事訴訟に関する法律の基本法

民事訴訟の適用

☞民事訴訟法の通則では、趣旨、裁判所及び当事者の責務について定めている。

1　趣旨（第1条）

第1条は、民事訴訟法が「民事訴訟に関する手続」についての基本法であることを宣言しています。

こうした規定は、旧民事訴訟法には存在しませんでしたが、平成8年新法は近時の立法例にならい、法令の冒頭にその趣旨を宣言する規定を設けました。

この規定が「民事訴訟に関する手続」とし、「民事訴訟手続」としていないのは、本来の民事訴訟手続のみならず、訴え提起前の和解手続や支払督促手続などにも適用される基本法であることを示しています。

なお、この規定の「他の法令に定むるもの」の例としては、人事訴訟法・行政事件訴訟法（本書では割愛）・民事調停法・家事事件手続法・民事保全法などを挙げることができます。

2　第2条（裁判所及び当事者の責務）

本条は、民事訴訟に関する手続における裁判所および当事者の責務として、裁判所の「公正迅速の原則」と当事者の「信義誠実の原則」とを宣言しています。

「公正」とは、当事者間の公平な取扱いはもちろん、当事者その他の訴訟関係人からの信頼に足りるだけの正義の要請であり、「迅速」とは、時間的な意味はもちろん、審理の充実をも要請する訴訟経済上の要請です。

当事者の責務としての「信義誠実の原則」は、従来は民法を代表とする私法の領域に妥当するものと考えられてきました。しかし、今日では、手続法にも手続的正義の要請が当然に存在する以上、この概念は、実体法のみならず手続法の領域にも妥当するより高次の法概念であると考えられるに至っています。

なお、これらの諸原則は、単に民事訴訟の理念を表明したものにとどまらず、具体的な裁判規範としての性質を持つものと解されています。

3　第3条（最高裁判所規則）

本規定は、日本国憲法の定める最高裁判所規則制定権（憲法77条1項）を民事訴訟に関する手続において確認したもので、これを受け最高裁判所は「民事訴訟規則」を定めています。

用語　　最高裁判所規則

憲法では、訴訟に関する手続、弁護士、裁判所の内部規律および司法事務処理に関する事項について、最高裁判所に規則制定権を認めています（77条）。訴訟という技術的側面は、国会や内閣より裁判所が定めた方が実際的ですし、また司法権の独立の確保の意味もあります。

民事訴訟法の基本原理のしくみ

要旨 私人間の民事紛争について、紛争解決法の手続を定めた一般法である。

【1条】 趣旨

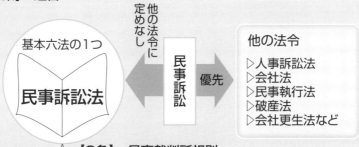

他の法令に定めなし

民事訴訟 ← → 優先

基本六法の1つ
民事訴訟法

他の法令
▷人事訴訟法
▷会社法
▷民事執行法
▷破産法
▷会社更生法など

【3条】 最高裁判所規則

この他、必要な事項は
最高裁判所規則で定める

■最高裁判所規則
訴訟に関する手続、弁護士、裁判所の内部規律・司法事務処理に関する事項につき、日本の最高裁判所が制定する規則である(日本国憲法77条1項)。

【2条⇒裁判所及び当事者の責務】

裁判所の責務

裁判所

民事訴訟が公平かつ
迅速に行われるように努める

訴訟の当事者の責務

当事者は信義に従い誠実に
民事訴訟を進行しなければならない

(趣旨)
第1条 民事訴訟に関する手続については、他の法令に定めるもののほか、この法律の定めるところによる。
(裁判所及び当事者の責務)
第2条 裁判所は、民事訴訟が公正かつ迅速に行われるように努め、当事者は、信義に従い誠実に民事訴訟を追行しなければならない。
(最高裁判所規則)
第3条 この法律に定めるもののほか、民事訴訟に関する手続に関し必要な事項は、最高裁判所規則で定める。

第２章
裁判所

2

第１節▶日本の裁判所に管轄権がある場合

日本の裁判所の管轄権

3条の２〜3条の12

☞人に対する訴えは、相手が日本国内に住所や居所が
ある等の場合は日本の裁判所に訴えの提起ができる。

訴えは管轄権の
ある裁判所に

１　民事裁判権

　民事訴訟において、裁判所は私人間の紛争につきこれを裁判する役割を担っていますが、あらゆる紛争についての民事裁判権を有しているわけではありません。

　まず、民事裁判権が司法権の一作用である以上、法律上の紛争であることが必要です。さらに、他国の裁判権との関係でわが国の民事裁判権が及ぶ範囲は原則として、人的には国内の人に対し、物的には国内の事件に対して及ぶものとされています。

２　管轄の意義

　民事訴訟法は私人間の紛争の解決に際し、裁判所にその役割を担わせていますが、わが国の裁判所に民事裁判権が認められる場合であっても、わが国には多数の裁判所があるので、そのうちのどの裁判所がその事件を担当すべきかのルール作りが必要となります。

　管轄とは、そうした各裁判所間の事件分担の定めのことです。

３　管轄規定の基本（普通裁判籍）

　仮に、第１審の裁判所が地方裁判所である場合を考えてみましょう。地方裁判所は日本全国に存在するため、そのうちのどの土地の裁判所がその事件を担当するかを定める必要があります。

　北海道在住のＡさんが沖縄在住のＢさんに対し、貸金返還請求訴訟を起こす場合、Ａさんが北海道の地方裁判所に訴えを起こすことができるとすると、被告のＢさんはＡさんの主張に反論するため、わざわざ北海道に出向かなくてはならなくなり、Ｂさんに酷な事態となります。

　そこで民事訴訟法は、訴えを自由に提起できる立場の原告Ａさんとその訴えに応じることを強いられる立場の被告Ｂさんとの公平を考慮して、このような場合、Ｂさんが在住する沖縄の地方裁判所に管轄を認めることとしています（「**普通裁判籍**」）。

　普通裁判籍は、被告が自然人の場合はその住所・居所、被告が法人その他の団体の場合は主たる事務所または営業所によって定まるものとされています。

　なお、外国との裁判関係などについて定めた法律として、「外国に対する我が国の民事裁判権に関する法律」、「法の適用に関する通則法」があります。

用語 👉 **特別裁判籍**

　普通裁判籍の例外が特別裁判籍です。財産権に関する訴えの場合は義務履行地、手形・小切手訴訟の場合は支払地、不法行為に関する訴えの場合は不法行為があった地、不動産に関する訴えの場合は不動産の所在地などが特別裁判籍となります。

日本の裁判所の管轄権 のしくみ

 要旨 国内で起きたほとんどの紛争については、日本の裁判所が管轄権を持つ。

日本の裁判所の管轄権

①被告の住所等による管轄権（3条の2）	1. 人に対する訴え⇒その住所が日本国内にあるとき、住所がない場合又は住所が知れない場合にはその居所が日本国内にあるとき、居所がない場合又は居所が知れない場合には訴えの提起前に日本国内に住所を有していたとき（日本国内に最後に住所を有していた後に外国に住所を有していたときを除く。）。 2. 大使、公使その他外国に在ってその国の裁判権からの免除を享有する日本人に対する訴え⇒前項の規定にかかわらず、管轄権かある。 3. 法人その他の社団又は財団に対する訴え⇒その主たる事務所又は営業所が日本国内にあるとき、事務所若しくは営業所がない場合又はその所在地が知れない場合には代表者その他の主たる業務担当者の住所が日本国内にあるとき。
②契約上の債務に関する訴え等の管轄権（3条の3）	1. 契約上の債務の履行の請求を目的とする訴え又は契約上の債務に関して行われた事務管理若しくは生じた不当利得に係る請求、契約上の債務の不履行による損害賠償の請求その他契約上の債務に関する請求を目的とする訴え⇒契約において定められた当該債務の履行地が日本国内にあるとき、又は契約において選択された地の法によれば当該債務の履行地が日本国内にあるとき。 2. 手形又は小切手による金銭の支払の請求を目的とする訴え⇒手形又は小切手の支払地が日本国内にあるとき。 3. 財産権上の訴え⇒請求の目的が日本国内にあるとき、又は当該訴えが金銭の支払を請求するものである場合には差し押さえることができる被告の財産が日本国内にあるとき（その財産の価額が著しく低いときを除く。）。 4. 事務所又は営業所を有する者に対する訴えでその事務所又は営業所における業務に関するもの⇒当該事務所又は営業所が日本国内にあるとき。 5. 日本において事業を行う者（日本において取引を継続してする外国会社（会社法第2条第2号に規定する外国会社をいう。）を含む。）に対する訴え⇒当該訴えがその者の日本における業務に関するものであるとき。 6. 船舶債権その他船舶を担保とする債権に基づく訴え⇒船舶が日本国内にあるとき。 7. 会社その他の社団又は財団に関する訴えで次に掲げるもの⇒社団又は財団が法人である場合にはそれが日本の法令により設立されたものであるとき、法人でない場合にはその主たる事務所又は営業所が日本国内にあるとき。 　イ　会社その他の社団からの社員若しくは社員であった者に対する訴え、社員からの社員に対する訴え又は社員であった者からの社員に対する訴えで、社員としての資格に基づくもの 　ロ　社団又は財団からの役員又は役員であった者に対する訴えで役員としての資格に基づくもの 　ハ　会社からの発起人若しくは発起人であった者又は検査役若しくは検査役であった者に対する訴えで発起人又は検査役としての資格に基づくもの 　ニ　会社その他の社団の債権者からの社員又は社員であった者に対する訴えで社員としての資格に基づくもの 8. 不法行為に関する訴え⇒不法行為があった地が日本国内にあるとき（外国で行われた加害行為の結果が日本国内で発生した場合において、日本国内におけるその結果の発生が通常予見することのできないものであったときを除く。）。 9. 船舶の衝突その他海上の事故に基づく損害賠償の訴え⇒損害を受けた船舶が最初に到達した地が日本国内にあるとき。 10. 海難救助に関する訴え⇒海難救助があった地又は救助された船舶が最初に到達した地が日本国内にあるとき。 11. 不動産に関する訴え⇒不動産が日本国内にあるとき。 12. 相続権若しくは遺留分に関する訴え又は遺贈その他死亡によって効力を生ずべき行為に関する訴え⇒相続開始の時における被相続人の住所が日本国内にあるとき、住所がない場合又は住所が知れない場合には相続開始の時における被相続人の居所が日本国内にあるとき、居所がない場合又は居所が知れない場合には被相続人が相続開始の前に日本国内に住所を有していたとき（日本国内に最後に住所を有していた後に外国に住所を有していたときを除く。）。 13. 相続債権その他相続財産の負担に関する訴えで前号に掲げる訴えに該当しないもの⇒同号に定めるとき。
③消費者契約及び労働関係に関する訴えの管轄権（3条の4）	1. 消費者（個人（事業として又は事業のために契約の当事者となる場合におけるものを除く。）をいう。以下同じ。）と事業者（法人その他の社団又は財団及び事業として又は事業のために契約の当事者となる場合における個人をいう。以下同じ。）との間で締結される契約（労働契約を除く。以下「消費者契約」という。）に関する消費者からの事業者に対する訴え⇒訴えの提起の時又は消費者契約の締結の時における消費者の住所が日本国内にあるときは、日本の裁判所に提起することができる。 2. 労働契約の存否その他の労働関係に関する事項について個々の労働者と事業主との間に生じた民事に関する紛争（以下「個別労働関係民事紛争」という。）に関する労働者からの事業主に対する訴え⇒個別労働関係民事紛争に係る労働契約における労務の提供の地（その地が定まっていない場合にあっては、労働者を雇い入れた事業所の所在地）が日本国内にあるときは、日本の裁判所に提起することができる。 3. 消費者契約に関する事業者からの消費者に対する訴え及び個別労働関係民事紛争に関する事業主からの労働者に対する訴え⇒前条の規定は、適用しない。

どこの裁判所に訴えるか

民法は私人間の
紛争解決法だ！

☞ 訴えは、相手（被告）の普通裁判籍（住所地など）の所在地を管轄する裁判所に提起する。

1　管轄規定の分類

管轄規定には種々のものが存在しますが、それらは管轄の発生する根拠によって分類することが可能です。

先（前項）の例の普通裁判籍のように、①法律の規定に直接基づく管轄を「法定管轄」といいますが、その他、②当事者間の合意に基づく「合意管轄」、③被告の応訴に基づく管轄を「応訴管轄」、④裁判によって定まる「指定管轄」に分けることができます。

2　法定管轄

法律の規定によって直接定まる法定管轄は、さらに(イ)職分管轄、(ロ)事物管轄、(ハ)土地管轄とに分けることができます。

(イ)職分管轄とは、裁判権の種々の作用をいずれの裁判所に分担させるのが適当かという観点から定められたものであり、支払督促制度を簡易裁判所の職分としたり、審級についての規定がそれにあたります。

(ロ)事物管轄とは、ある事件の第1審の裁判所として地方裁判所と簡易裁判所のどちらに分担させるかの定めであり、その事件の訴額によって定まります（訴額が140万円以下は簡易裁判所、140万円超は地方裁判所）。

(ハ)土地管轄とは、事件と土地との関係から全国のいずれの土地の裁判所に管轄を認めるべきかを定めるものであり、先に述べた普通裁判籍の他、「特別裁判籍」として①財産上の訴えにおける義務履行地、②不法行為に関する訴えにおける不法行為地、③手形、小切手により金銭支払いを求める訴えにおける手形、小切手の支払地、④不動産についての訴えにおける不動産所在地、⑤特許権等の訴えにおける東京地裁、大阪地裁といった定めがその例です。

3　合意管轄、応訴管轄、指定管轄

先のAさん、Bさんの例で考えると、事前にBさんが北海道の裁判所で審理が行われることを同意している場合（「合意管轄」）やBさんが北海道での審理に応ずる構えを見せたとき（「応訴管轄」）には北海道の裁判所にも管轄が認められます。「指定管轄」は、管轄が明確でない際に上級裁判所が裁判で管轄を定める場合です。

なお、人事訴訟は家庭裁判所の管轄です（206㌻以下参照）。

用語　合意管轄

契約の当事者が契約を結ぶ際に、「将来、訴訟をする場合には、○○を管轄裁判所とする」という取り決めをすることがあります。これが合意管轄です。ただし、事件の性質から、どうしても一定の裁判所で扱わなければならない決まり（専属管轄）がある場合には管轄の合意はできず、また訴訟が開始した後は、当事者の合意で裁判所を変更することはできません。なお、管轄の合意をした場合には、書面または電磁的記録に記録を残しておかなければなりません。

民事訴訟と裁判所の管轄 のしくみ

 要旨 通常、相手（被告）の住所地を管轄する裁判所に訴える。しかし、財産上の訴えは義務履行地でもよい。

管轄＝訴えを提起する裁判所

普通裁判籍による管轄（4条）	①訴えは、被告の普通裁判籍の所在地を管轄する裁判所の管轄に属する。 ②人の普通裁判籍は、住所により、日本国内に住所がないとき又は住所が知れないときは居所により、日本国内に居所がないとき又は居所が知れないときは最後の住所により定まる。 ③大使、公使その他外国に在ってその国の裁判権からの免除を享有する日本人が前項の規定により普通裁判籍を有しないときは、その者の普通裁判籍は、最高裁判所規則で定める地にあるものとする。 ④法人その他の社団又は財団の普通裁判籍は、その主たる事務所又は営業所により、事務所又は営業所がないときは代表者その他の主たる業務担当者の住所により定まる。 ⑤外国の社団又は財団の普通裁判籍は、前項の規定にかかわらず、日本における主たる事務所又は営業所により、日本国内に事務所又は営業所がないときは日本における代表者その他の主たる業務担当者の住所により定まる。 ⑥国の普通裁判籍は、訴訟について国を代表する官庁の所在地により定まる。
財産権上の訴え等についての管轄（5条）	①財産権上の訴え⇒義務履行地 ②手形又は小切手による金銭の支払の請求を目的とする訴え⇒手形又は小切手の支払地 ③船員に対する財産権上の訴え⇒船舶の船籍の所在地 ④日本国内に住所（法人にあっては、事務所又は営業所。以下この号において同じ。）がない者又は住所が知れない者に対する財産権上の訴え⇒請求若しくはその担保の目的又は差し押さえることができる被告の財産の所在地 ⑤事務所又は営業所を有する者に対する訴えでその事務所又は営業所における業務に関するもの⇒当該事務所又は営業所の所在地 ⑥船舶所有者その他船舶を利用する者に対する船舶又は航海に関する訴え⇒船舶の船籍の所在地 ⑦船舶債権その他船舶を担保とする債権に基づく訴⇒船舶の所在地 ⑧会社その他の社団又は財団に関する訴えで次に掲げるもの⇒社団又は財団の普通裁判籍の所在地 　イ　会社その他の社団からの社員若しくは社員であった者に対する訴え、社員からの社員若しくは社員であった者に対する訴え又は社員であった者からの社員に対する訴えで、社員としての資格に基づくもの 　ロ　社団又は財団からの役員又は役員であった者に対する訴えで役員としての資格に基づくもの 　ハ　会社からの発起人若しくは発起人であった者又は検査役若しくは検査役であった者に対する訴えで発起人又は検査役としての資格に基づくもの 　ニ　会社その他の社団の債権者からの社員又は社員であった者に対する訴えで社員としての資格に基づくもの ⑨不法行為に関する訴え⇒不法行為があった地 ⑩船舶の衝突その他海上の事故に基づく損害賠償の訴え⇒損害を受けた船舶が最初に到達した地 ⑪海難救助に関する訴え⇒海難救助があった地又は救助された船舶が最初に到達した地 ⑫不動産に関する訴え⇒不動産の所在地 ⑬登記又は登録に関する訴え⇒登記又は登録をすべき地 ⑭相続権若しくは遺留分に関する訴え又は遺贈その他死亡によって効力を生ずべき行為に関する訴え⇒相続開始の時における被相続人の普通裁判籍の所在地 ⑮相続債権その他相続財産の負担に関する訴えで前号に掲げる訴えに該当しないもの⇒同号に定める地
その他	①特許権等に関する訴え等の専属管轄（6条）東日本→東京地方裁判所、西日本→大阪地方裁判所 ②意匠権等に関する訴えの管轄（7条）東京地方裁判所、大阪地方裁判所への訴えも可 ③管轄の合意⇒第1審に限り定めることかできる（11条）

第3節▶裁判所の職員の除斥及び忌避

裁判官は代えることができる

☞裁判の当事者と関係がある場合など、その裁判官を除斥（職務から外れる）、忌避（当事者が断ること）できる。

▌1 裁判官の担当からの排除

22ページに述べたように、民事訴訟法は、裁判所の責務として公正迅速な裁判を求めていますが、公正な裁判を実現するためには、事件と特殊な関係をもつ裁判官をその裁判の担当から排除する必要が出てきます。

民事訴訟法は、こうした事態に備えての「除斥」及び「忌避」の制度を設けています。

さらに、民事訴訟規則はこの他に裁判官自ら除斥、忌避の事由があると認めて職務執行を避ける「回避」の制度も設けています。

▌2 除斥

除斥とは、一定の法定事由がある場合、法律上当然に職務執行ができないとされる制度です。

具体的な除斥原因としては、裁判官が事件の当事者と関係がある場合と事件自体と関係がある場合とに分けることができ、前者の例としては、裁判官自身やその配偶者がその事件の当事者である場合、後者の例としては、裁判官がその事件の仲裁判断や前の審級の裁判に関与した場合などが定められています。

こうした除斥事由が存在する場合、その裁判官は法律上当然にその事件についての一切の職務を行えないことになり、仮にその裁判官が何らかの訴訟行為をなしても無効です。

▌3 忌避

忌避とは、除斥原因以外に裁判官に「裁判の公正を妨げるべき事情がある場合」に、当事者の申立てにより裁判によってこれを職務執行から排除する制度です。

忌避は、除斥の制度を補完する制度ですが、除斥と異なり、当事者の申立てにより忌避が認められて初めて当該裁判官の職務執行ができなくなります。

忌避の制度は、忌避原因が抽象的であることから、いやがらせや訴訟引き延ばしの手段として濫用される場合があります。かかる場合には、忌避の申立てを受けた裁判官自らがその申立てを却下する「簡易却下」も認められると解されています。

用語 👉 **裁判官・受託裁判官・受命裁判官**

裁判官は、裁判所の構成員として裁判をすることを職務とする国家公務員のことです。

受託裁判官は、裁判所が他の裁判所配属の裁判官に特定の訴訟行為（証拠調べ、和解勧告など）を委嘱するときに、その嘱託を受ける裁判官のことです。

受命裁判官は、裁判長から指名を受けて、合議体を代表して訴訟行為（和解の勧め、証拠調べ、証人尋問など）を行う裁判官のことです。

なお、裁判官については、裁判所法などに規定があります。

裁判官の除斥・忌避のしくみ

 除斥とは、その職務執行を行えなくする（外す）こと。忌避とは、その裁判官が担当することを当事者が断ること。

裁判官の除斥と忌避

裁判官の除斥

除斥原因（理由）

①裁判官またはその配偶者（配偶者であった者を含む）が事件の当事者のとき。また、事件について当事者と共同権利者、共同義務者、償還義務者であるとき。

②裁判官が当事者の4親等内の血族、3親等内の姻族、同居の親族であるとき、またはあったとき。

③裁判官が当事者の後見人、後見監督人、保佐人、保佐監督人、補助人、補助監督人であるとき。

④裁判官が事件について証人または鑑定人になったとき。

⑤裁判官が事件について当事者の代理人または補佐人であるとき、またはあったとき。

当事者の申し立て・裁判所の職権

除斥の裁判

| 原因あり
↓
除斥 | 決定 | 原因なし
↓
除斥なし |

裁判官の忌避

忌避事情（理由）

①裁判官について裁判の公正を妨げると思われる事情があるとき。
ただし、当事者が裁判官の面前で弁論をした場合、弁論準備手続において申述をしたときは、その裁判官を忌避できない（忌避の原因があることを知らなかった、忌避の原因がその後に生じたときは別）。

当事者の申述

忌避の裁判

| 原因あり
↓
忌避 | 決定 | 原因なし
↓
忌避なし |

※除斥・忌避の規定については、裁判所書記官にも準用されます。

（裁判官の除斥）
第23条 裁判官は、次に掲げる場合には、その職務の執行から除斥される。ただし、第六号に掲げる場合にあっては、他の裁判所の嘱託により受託裁判官としてその職務を行うことを妨げない。
一 裁判官又はその配偶者若しくは配偶者であった者が、事件の当事者であるとき、又は事件について当事者と共同権利者、共同義務者若しくは償還義務者の関係にあるとき。
二 裁判間が当事者の4親等内の血族、3親等内の姻族若しくは同居の親族であるとき、又はあったとき。
三 裁判官が当事者の後見人、後見監督人、保佐人、保佐監督人、補助人又は補助監督人であるとき。
四 裁判官が事件について証人又は鑑定人となったとき。
五 裁判官が事件について当事者の代理人又は補佐人であるとき、又はあったとき。
六 裁判官が事件について仲裁判断に関与し、又は不服を申し立てられた前審の裁判に関与したとき。
2 前項に規定する除斥の原因があるときは、裁判所は、申立てにより又は職権で、除斥の裁判をする。
（裁判官の忌避）
第24条 裁判官について裁判の公正を妨げるべき事情があるときは、当事者は、その裁判官を忌避することができる。
2 当事者は、裁判官の面前において弁論をし、又は弁論準備手続において申述をしたときは、その裁判官を忌避することができない。ただし、忌避の原因があることを知らなかったとき、又は忌避の原因がその後に生じたときは、この限りでない。

第1節▶当事者及び訴訟能力
訴え・訴訟ができる人は

未成年者などは
法定代理人が行う

☞訴訟の原告あるいは被告となるには当事者能力・訴訟能力が必要。制限能力者については法定代理人が行う。

1 当事者

民事訴訟は、私人間の権利についての紛争を解決する手続ですが、それは、訴える側と訴えられる側との二当事者対立構造を基本とし、ここに裁判所による判決を下してこれを解決するという構造をとっています。

こうした構造を踏まえ、民事訴訟法上、当事者は訴えまたは訴えられることによって判決の名宛人となる者と定義されます。

この訴え、訴えられる者は原告、被告、控訴人、上告人など審理の段階により異なった呼び方をされます。

2 当事者能力

民事訴訟法上、こうした当事者となることができる一般的資格のことを「当事者能力」といいます。

民事訴訟法上、民法上の権利能力者（自然人や法人）には当事者能力が認められる他、法人でない社団または財団で代表者または管理人の定めのあるものにも当事者能力が認められています。

当事者に当事者能力が存在することは、訴訟が有効に成立しうる訴訟要件の一つですから、裁判所がそれを欠くと判断したときは訴えを不適法として却下することとなります。

3 訴訟能力

訴訟能力とは、自ら単独で有効に訴訟行為をなすことができる能力であり、やはり具体的事件とは関係のない一般的な能力です。

民法が私人間の取引において制限能力者保護のために制限行為能力制度が設けられているのと同様の趣旨から、訴訟法上も、保護を要する当事者のための訴訟能力の制度が設けられています。

訴訟能力も、民法上の行為能力が基準とされ、未成年者、成年被後見人は「訴訟無能力者」、被補佐人や被補助人は「制限訴訟能力者」とされます。

訴訟能力は、個々の訴訟行為の有効要件ですから、訴訟無能力者が行ったり、受けたりした訴訟行為は当然に無効ですが、法定代理人等の追認により遡って有効とすることも可能です。

用語　☞　**特別代理人**

訴訟の当事者（原告または被告）が、未成年であったり、被後見人であるなど訴訟能力を欠く場合には、訴訟を起こすことはできません。もちろん、これらの者に法定代理人がいれば別ですが、法定代理人がいない、あるいは代理人がいても代理できない場合には、事件を担当する裁判所の裁判長に、訴訟をしないと被る損害発生の恐れを疎明して、特別代理人の選任を求めることができることになっています。

当事者能力・訴訟能力のしくみ

要旨 裁判所に対する訴えにおいて、訴える者（原告）、訴えられた者（被告）を当事者という。

当事者能力・訴訟能力と訴訟代理

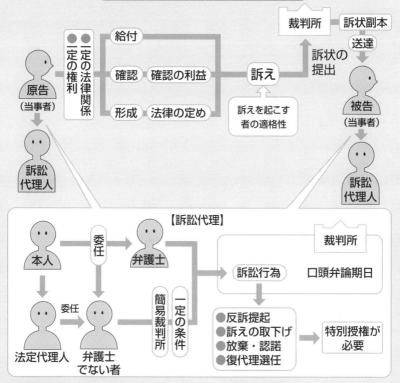

【訴訟能力のない者の代理人】

・未成年者⇒法定代理人。ただし、未成年者が独立して法律行為をすることができる場合は別。

・成年被後見人⇒法定代理人（後見人）

※被保佐人・被補助人（補助人の同意を要する場合）⇒保佐人・補助人の同意が必要。

※法定代理人がいない⇒代理人がいても代理できないの場合は、裁判所で特別代理人を選任してもらえる。

（原則）

第28条 当事者能力、訴訟能力及び訴訟無能力者の法定代理は、この法律に特別の定めがある場合を除き、民法（明治29年法律第89号）その他の法令に従う。訴訟行為をするのに必要な授権についても、同様とする。

（法人でない社団等の当事者能力）

第29条 法人でない社団又は財団で代表者又は管理人の定めがあるものは、その名において訴え、又は訴えられることができる。

第2節▶共同訴訟（多数当事者の訴訟）

共同訴訟ができる場合とは

38条〜41条

☞共同訴訟は、訴訟の目的である権利または義務が数人について共通であるときなどにできる。

便宜で訴訟費用が安くなる

１ 共同訴訟の形態

　民事訴訟は、原告1人、被告1人の2当事者対立構造が基本的な形態です。

　しかし、XがY₁、Y₂という複数の加害者に損害賠償請求をなそうとする場合や不法占拠者Yに明渡しを求めようとしている土地がX₁とX₂の共有関係にある場合などでは、原告1人、被告1人の訴訟を2つ行うよりは、1つの手続で当事者を複数とした方が当事者としても裁判所としても便宜で経済的ということができるでしょう。

　こうした観点から、民事訴訟においては、当事者が複数である「共同訴訟」という形態も認めることとしています。

２ 通常共同訴訟

　もっとも、いくら共同訴訟が認められるといっても、全く無関係の者を訴訟に引きずり込むような事態はその者にとっても迷惑ですし、また、かえって訴訟を混乱させることとなります。

　そうした観点から、民事訴訟においては共同訴訟が認められる場合は、①訴訟の目的である権利や義務が数人に共通であるとき、と②これらの権利や義務が同一の事実上の原因および法律上の原因に基づいているとき、および③訴訟の目的である権利や義務が同じ種類のものであって、事実上および法律上同じ種類の原因に基づいている場合に制限されています。

　こうした共同訴訟においては、共同訴訟

人のうちの一人がなしたり、あるいは受けた訴訟行為、また、共同訴訟人のうちの一人について発生したことがらは他の共同訴訟人に対して影響を及ぼさないという「共同訴訟人独立の原則」が採られるものとされています。

３ 必要的共同訴訟

　もっとも、共同訴訟の中には訴訟の目的が共同訴訟人の全部について一律に決められなければならない場合も存在し（「必要的共同訴訟」）、その場合には一人がする訴訟行為は全体の利益になる場合にかぎって有効となり、また、相手がなした訴訟行為や一人に発生したことがらが全員に対して効力を有するなど、上の独立の原則は一部修正されます。

用語 👉 選定当事者

　共同訴訟は、訴訟の目的の権利義務が共通であること、これらの権利義務が同一の原因に基づくものであること、権利義務が同じ種類であり同じ種類の原因に基づくものであることが必要です。ただ、当事者が余りに多数の場合には、訴訟費用、訴訟時間などがかかり過ぎるため、訴訟当事者を選んで訴訟を遂行させます。これが選定当事者です。

　選定当事者が選ばれると、他の当事者は訴訟から脱退することになりますが、訴訟の効力は享受できます。

共 同 訴 訟 のしくみ

 要旨 当事者の訴訟上の便宜、訴訟経済を図り、簡潔の食い違いを防止する。

共同訴訟の形態

通常共同訴訟

▶通常共同訴訟は、訴えを別々に請求してもよく、判決も区々になってよい場合の訴訟

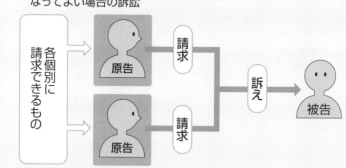

各個別に請求できるもの → 原告 ─ 請求 ─ 訴え → 被告
各個別に請求できるもの → 原告 ─ 請求

必要的共同訴訟

▶必要的共同訴訟は、権利関係や法律関係を一体として判定すべき場合の訴訟

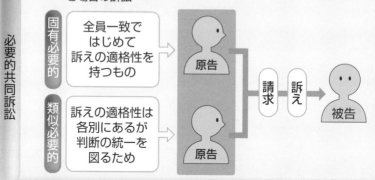

固有必要的 全員一致ではじめて訴えの適格性を持つもの → 原告 ─ 請求 ─ 訴え → 被告

類似必要的 訴えの適格性は各別にあるが判断の統一を図るため → 原告

◆**選定当事者** 共同訴訟の多数の当事者の中から選ばれて、すべての者のために訴訟当事者となる者

当事者 ┐
　　　 複数 共通の利害 → 選任 → 選定当事者 → 訴訟行為 → 判決 裁判所
当事者 ┘

第三者の訴訟参加

別に訴えるより早く決着がつく

☞訴訟参加は、他人間の係属中の訴訟に第三者（参加人）が自己の権利を直接・間接に擁護するために積極的に加入すること。

1 第三者の訴訟への参加

民事訴訟は、当初の訴え提起の段階において原告が定立した請求に対し、その請求を受けた被告が応戦し、その両者間のみで攻防が繰り広げられていくのが通常の形態です。

しかし、係属している訴訟に対し、原告、被告以外の第三者がどちらかに肩入れするために（「補助参加」）、あるいは、第三者が新たな当事者として（「当事者参加」）係属中の訴訟に参加することも認められています。

2 補助参加

訴訟の勝敗に利害関係をもつ第三者は、その訴訟が行われている期間内であれば、当事者の一方を助けるため、その訴訟に加わることができます。

こうした参加を「補助参加」と呼び、これをなすには、参加の趣旨と理由を明らかにして、訴訟が行われている裁判所に申し出をなすことになります。

参加人は参加した訴訟について法律上の主張や事実の主張をし、証拠を出し、異議を申立て、控訴・上告をし、その他一切の訴訟にかかわる行為をすることができますが、参加した当時、訴訟がどのくらい進行しているかに応じて、その際、当事者もできなくなった訴訟にかかわる行為をすることはできません。

また、参加人の訴訟行為が参加される側の当事者の訴訟行為と矛盾するときには効

力をもちません。

もっともこうした場合でも、当事者になされた裁判は原則として補助参加人にも及ぶものとされています（「参加的効力」）。

3 当事者参加

参加には、第三者自身も1人の当事者として参加する場合があり、こうした場合を「当事者参加」と呼んでいます。

この当事者参加は、さらに、係属中の訴訟に第三当事者として参加し、原告、被告、第三当事者の三面構造となる場合（「独立当事者参加」）と係属中の訴訟の原告側あるいは被告側の当事者として参加し、原被告間の二者対立構造はそのまま維持される形態（「共同訴訟参加」）とがあります。

用語 ☞ 共同訴訟

他人である原告と被告の訴訟の判決が、第三者にも効力を及ぼす場合に、その訴訟が継続していれば、その第三者は、原告または被告の共同訴訟人として、その訴訟に参加することができます。

自分で別に訴訟を起こしても、先に他人間の訴訟が終わってしまうと間に合わないので、継続中の訴訟を利用して共同訴訟として参加させる方が、訴訟経済にも参加人保護にも役立つことから認められたものです。

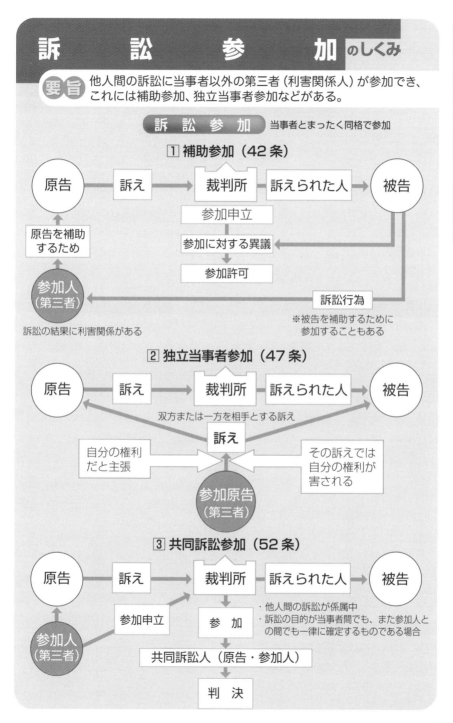

訴 訟 参 加 のしくみ

要旨 他人間の訴訟に当事者以外の第三者（利害関係人）が参加でき、これには補助参加、独立当事者参加などがある。

訴 訟 参 加 当事者とまったく同格で参加

① 補助参加（42条）

原告 → 訴え → 裁判所 → 訴えられた人 → 被告

原告を補助するため

参加申立

参加に対する異議

参加許可

参加人（第三者）

訴訟行為

訴訟の結果に利害関係がある

※被告を補助するために参加することもある

② 独立当事者参加（47条）

原告 → 訴え → 裁判所 → 訴えられた人 → 被告

双方または一方を相手とする訴え

訴え

自分の権利だと主張

その訴えでは自分の権利が害される

参加原告（第三者）

③ 共同訴訟参加（52条）

原告 → 訴え → 裁判所 → 訴えられた人 → 被告

参加申立

参 加

・他人間の訴訟が係属中
・訴訟の目的が当事者間でも、また参加人との間でも一律に確定するものである場合

参加人（第三者）

共同訴訟人（原告・参加人）

判 決

第4節▶訴訟代理人及び補佐人

訴訟代理人と補佐人

訴訟代理人は
弁護士がほとんど

☞訴訟代理人には、未成年者の親などの法定代理人、または依頼により、通常、弁護士がなる。

1 訴訟当事者の代理

　民事訴訟の場においても、一般取引の場面と同じく、当事者を代理する制度が設けられています。

　民事訴訟の場における代理人は、当事者の名において、当事者に代わって訴訟行為を行ったり、裁判所や相手方がする訴訟行為を受けたりする者ということになります。

2 訴訟代理人

　一般取引の場面においては、未成年者など行為能力を有しない者に代わって法律行為をなす親権者なども法定代理人と呼びますが、民事訴訟の場においても、訴訟行為を有しない未成年者に代わって訴訟行為をなす親権者などは、一般取引の場面と同じく「法定代理人」と呼ばれます。

　民事訴訟において「訴訟代理人」と呼ばれるのは、当事者の意思によって選ばれ（一般取引の場面での任意代理人）、かつ、訴訟全般にわたる幅広い代理権を与えられた者だけです。

　訴訟代理人は、選任のされ方によりさらに2つに分けることができ、1つは、商法における支配人などむしろ裁判以外の行為を期待されて選任される者（「法令による訴訟代理人」）であり、もう1つは、訴訟の追行に特化されて選任される者（「狭義の訴訟代理人」）で、通常訴訟代理人といえばこちらを指すものといえるでしょう。

　この狭義の訴訟代理人は、弁護士でなけ

ればなることができないのが原則ですが（「弁護士代理の原則」）、簡易裁判所では、法務大臣の認定を受けた司法書士は簡裁が扱う民事事件の訴訟代理人になれます。また、裁判所の許可をもらって弁護士でない者を訴訟代理人とすることができます。

3 補佐人

　補佐人とは、当事者や訴訟代理人に付き添って裁判所に出頭し、これらの者の言い分を助ける者をいいます。特別の事件について専門家に説明してもらう場合などに用いられます。

　補佐人は代理人ではないため自分だけで出頭することはできず、また、出頭には裁判所の許可が必要です。

用語 👉 **訴訟代理**

　当事者本人は、どの裁判所でも自ら訴訟を行なうことができますが、本人に代って訴訟を行なうことを訴訟代理といいます。

　訴訟代理をするためには、代理権を持っていなければならず、商法上の支配人のように法律で認められている者と本人から委任されて代理権を持つ者とがあります。委任によって訴訟代理が行なえるのは弁護士に限られており、例外として簡易裁判所における訴訟については、一定の条件の下、弁護士でなくとも訴訟代理人になることができます。

訴 訟 代 理 人 のしくみ

 訴訟能力がない場合、法定代理人が本人に代わって訴訟を行い、また、委託により弁護士が訴訟代理人となる。

訴訟代理人 （84条）

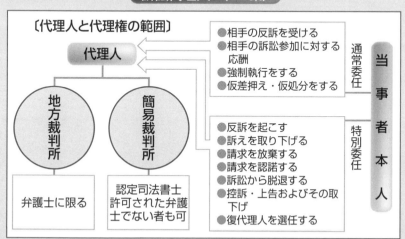

〔代理人と代理権の範囲〕

代理人

地方裁判所 — 弁護士に限る

簡易裁判所 — 認定司法書士 許可された弁護士でない者も可

●相手の反訴を受ける
●相手の訴訟参加に対する応酬
●強制執行をする
●仮差押え・仮処分をする
　　　通常委任

●反訴を起こす
●訴えを取り下げる
●請求を放棄する
●請求を認諾する
●訴訟から脱退する
●控訴・上告およびその取下げ
●復代理人を選任する
　　　特別委任

当事者本人

〔弁護士を代理人にする場合〕

訴訟委任状

〇〇弁護士会　　〇　〇　〇　〇
住所（又は事務所）〇〇〇〇〇〇〇
電話　　　　　〇〇〇〇〇〇〇〇

　私は弁護士〇〇〇〇氏を訴訟代理人と定め、下記の事項を委任します。
1．相手方〇〇に対する〇〇地方裁判所令和〇〇年（ワ）第〇号〇〇事件に一切の訴訟行為
2．和解・調停・請求の放棄・認諾・復代理人の選任・参加による脱退
3．反訴・控訴・上告またはその取下げ及び訴えの取下げ
4．弁済の受領に関する一切の件
5．代理供託並びに還付利息取戻申請受領一切の件

　令和〇〇年〇月〇日
　　住所　〇　〇　〇　〇
　　委任者本人の署名又は記名　㊞

〔補佐人の許可を申請する場合〕

補佐人許可申請書

　　　　　　　原告　〇〇　　〇〇
　　　　　　　被告　〇〇　　〇〇

　上記当事者間の令和〇〇年（ワ）第〇号〇〇事件について、下記事由により、補佐人許可申請をいたします。

　　　　　記

1．補佐人の住所氏名
　　住　所　〇〇〇〇〇〇〇
　　　　氏　名　〇　〇　〇　〇
2．事由
　　（準備手続や口頭弁論の際、補佐人として指名した人の補助が必要な理由を書く）

　令和〇〇年〇月〇日
　　　　　　　　　原告　〇〇　　〇〇
〇〇地方裁判所民事第〇部　御中

第4章
訴訟費用
9
61条～74条

第1節▶訴訟費用の負担

訴訟費用は敗訴者が負担

弁護士費用は
訴訟費用でない

☞訴訟費用には、申立手数料・送達・証拠調べの費用など（裁判費用）、
訴訟書類作成手数料、必要経費、日当、宿泊料など（当事者費用）がある。

1 訴訟費用

　訴訟費用とは、広義では、個々の訴訟を追行するために当事者が支出する直接の費用や経費の全てを意味します。民事訴訟法は、この広義の訴訟費用のうちの相当な範囲を（狭義の）「訴訟費用」として、その償還請求権、償還義務につき定めています。

　訴状の貼付する印紙代や予納郵券代、鑑定を行った場合の鑑定料などは裁判費用として（狭義の）訴訟費用に含められますが、当事者が弁護士に委任した際の弁護士費用（着手金や報酬金）は狭義の訴訟費用には含まれないものとされています。

2 訴訟費用の負担

　訴訟費用については、原則として、敗訴の当事者の負担とされています（61条）。訴訟上正当な権利を主張する者が要した費用は、それを必要とさせた相手方が負担するのが公平であるという考え方に基づくものです。

　個々の訴訟事件について訴訟費用を当事者のうちのどちらが負担するかについては、裁判所が判決の主文において宣言します。

　例えば、被告が全部敗訴したような場合は、「訴訟費用は被告の負担とする」といった宣言がなされ、一部敗訴の場合はその敗訴部分のみの負担となるため、「訴訟費用はこれを三分し、その一を被告の、その余を原告の各負担とする」といった宣言がなされます。

3 訴訟費用確定手続

　裁判所は、このように判決の主文において、訴訟費用負担の裁判もするわけですが、この裁判は、費用の負担者および負担割合を定めるだけで、具体的な金額の決定は訴訟費用額確定手続にゆだねられるのが通例です。

　これはその裁判の時点では、裁判に要した費用を確定させることが困難であることに基づきます。

　この手続きは、訴訟費用負担の裁判によって費用償還請求権者となった者の申立てにより、裁判所書記官が訴訟費用額確定の処分をすることとなっています（71条）。

用語　　**民事訴訟費用等に関する法律**

　訴訟に要する費用について定めたのが、昭和46年に制定された「民事訴訟費用等に関する法律」で、制定後、幾度が改正が行なわれ、最終の改正が令和4年に行なわれ、現在に至っています。

　「訴訟費用等」とあるのは、民事訴訟の他、家事事件や行政事件をも含んでいるからです。主な内容は、訴えに際して原告が裁判所に納める手数料、裁判所に出頭した証人や鑑定人等に対して支払われる日当、旅費等に関するものです。（261☞参照）

訴 訟 費 用 の 負 担 のしくみ

 訴訟費用とは、当事者および裁判所がその訴訟において支出する費用のことで、「民事訴訟費用等に関する法律」に定める範囲内の費用。

訴訟費用の負担

①原則（61条）	訴訟費用は、敗訴の当事者の負担とする。
②不必要な行為があった場合の負担（62条）	裁判所は、事情により、勝訴の当事者に、その権利の伸張若しくは防御に必要でない行為によって生じた訴訟費用又は行為の時における訴訟の程度において相手方の権利の伸張若しくは防御に必要であった行為によって生じた訴訟費用の全部又は一部を負担させることができる。
③訴訟を遅延させた場合の負担（63条）	当事者が適切な時期に攻撃若しくは防御の方法を提出しないことにより、又は期日若しくは期間の不遵守その他当事者の責めに帰すべき事由により訴訟を遅滞させたときは、裁判所は、その当事者に、その勝訴の場合においても、遅滞によって生じた訴訟費用の全部又は一部を負担させることができる。
④一部敗訴の場合の負担（64条）	一部敗訴の場合における各当事者の訴訟費用の負担は、裁判所が、その裁量で定める。ただし、事情により、当事者の一方に訴訟費用の全部を負担させることができる。
⑤共同訴訟の場合の負担（65条）	共同訴訟人は、等しい割合で訴訟費用を負担する。ただし、裁判所は、事情により、共同訴訟人に連帯して訴訟費用を負担させ、又は他の方法により負担させることができる。 裁判所は、前項の規定にかかわらず、権利の伸張又は防御に必要でない行為をした当事者に、その行為によって生じた訴訟費用を負担させることができる。
⑥補助参加の場合の負担（66条）	補助参加についての異議によって生じた訴訟費用の補助参加人とその異議を述べた当事者との間における負担の関係及び補助参加によって生じた訴訟費用の補助参加人と相手方との間における負担の関係について準用（上記①～⑤）する。
⑦和解の場合の負担（67条）	当事者が裁判所において和解をした場合において、和解の費用又は訴訟費用の負担について特別の定めをしなかったときは、その費用は、各自が負担する。

◆訴訟費用の額 ⇨ 「民事訴訟費用等に関する法律」（261ページ参照）

〔訴訟費用額確定決定の申立〕

訴訟費用額確定決定の申立

住所　○○○○○○○○○
申立人（本訴原告）○○　　○○
住所　○○○○○○○○○
相手方（本訴被告）○○　　○○

上記当事者間の御庁令和○○年（ワ）第○号○○請求事件について同○○年○月○日に御庁において勝訴の判決があり、この判決は既に確定したので、被告が負担すべき訴訟費用額確定決定されるよう別紙計算書を添えて申し立てます。

令和○○年○月○日

原告　○○　○○　　㊞

○○地方裁判所民事第○部　御中

第2節▶訴訟費用の担保

10 訴訟費用の担保を立てる場合

訴訟費用は裁判所にとっては重要！

75条〜81条

☞原告が日本国内に住所・事務所および営業所を有していないときは、訴訟費用について担保をたてなければならない場合がある。

1 訴訟費用の担保

原告が日本国内に生活上、事実上の本拠を有しない場合、被告はたとえ勝訴したとしても、被告の支出した訴訟費用の償還を原告から受けることが困難となります。そこで、このような場合、裁判所は被告の申立てにより、決定で訴訟費用の担保を立てるべきことを原告に命じなければならないこととしました。

2 担保提供の裁判

裁判所が原告に担保を立てさせるためには被告の申立が必要です。申立もないのに、裁判所が勝手に担保をたてるように命ずることはできません。

そして、裁判所はこの申立に対し、原告に担保を立てさせるかどうかを決定という形式で裁判します。担保を命じる場合、担保の額といつまでに担保を立てなければならないかを決めることになります。そして、原告が定められた期間内に担保を立てなかったときは、裁判所は口頭弁論を開かないで訴えを却下することができます。

なお、こうした裁判所の担保に関する決定に対しては原告、被告の両当事者とも即時抗告をすることができます。

3 担保のたて方

担保を立てる場合、それを命じた裁判所の所在地を管轄とする地方裁判所の管轄区域内の供託所に金銭または裁判所が適当と認める有価証券などを供託することとなります。

金銭は裁判所が適当と認める有価証券の供託が普通ですが、当事者が特に取り決めれば、たとえば、保証人を立てたり、抵当権を設定したりすることも可能です。さらには、銀行等との間で一定の要件を満たす支払保障委託契約を締結するというやり方で担保を立てることもできます。

担保を立てた者は、担保を立てる事情が後になくなった場合、そのことを証明し、担保を取消す決定を求めることもできます。

被告が訴訟に勝ち、原告からの訴訟費用の取立てに原告が立てた担保を用いる場合は、供託所に対し、供託物の還付を請求することとなります。

用語☞ **訴訟上の担保**

民事訴訟では、訴訟の敗訴者が訴訟費用を負担します。訴訟の原告に費用を負担できない事情がある場合、裁判所は被告の申立てにより、原告に担保を立てさせるかどうかを決定します。これを規定しているのが民事訴訟法の75条〜81条です。民事訴訟手続のうち、担保の提供が必要なケースはいくつかあります。

例えば、仮執行宣言の際の担保、民事執行法上の担保などです。これらの担保についても、訴訟費用の担保の規定が準用されており、訴訟費用の担保の規定が基本規定と言えるようです。

訴 訟 費 用 の 担 保 のしくみ

要旨 裁判に負けるなどして訴訟費用が払えないと困るので、一定の人には担保を課している。

訴訟費用の担保

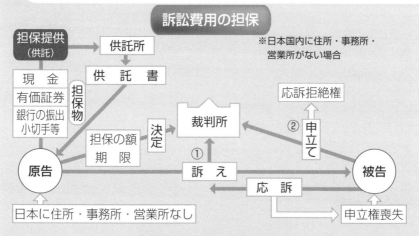

〔訴訟費用の担保提供の申立〕

訴訟費用の担保提供の申立

原告 ○○ ○○
被告 ○○ ○○

上記当事者間の御庁令和○○年（ワ）第○号○○請求事件について、被告は同○○年○月○日訴状の送達を受けたが、原告は日本に住所、事務所および営業所を有しない者である。したがって、民事訴訟法 75 条により、原告に対し訴訟費用の担保の提供を命じられるよう申立てます。

令和○○年○月○日

被告 ○○ ○○ 　印

○○地方裁判所民事第○部　御中

（担保提供命令）
第 75 条 原告が日本国内に住所、事務所及び営業所を有しないときは、裁判所は、被告の申立てにより、決定で、訴訟費用の担保を立てるべきことを原告に命じなければならない。その担保に不足を生じたときも、同様とする。
2　前項の規定は、金銭の支払の請求の一部について争いがない場合において、その額が担保として十分であるときは、適用しない。
3　被告は、担保を立てるべき事由があることを知った後に本案について弁論をし、又は弁論準備手続において申述をしたときは、第 1 項の申立てをすることができない。
4　第 1 項の申立てをした被告は、原告が担保を立てるまで応訴を拒むことができる。
5　裁判所は、第 1 項の決定において、担保の額及び担保を立てるべき期間を定めなければならない。
6　担保の額は、被告が全審級において支出すべき訴訟費用の総額を標準として定める。
7　第 1 項の申立てについての決定に対しては、即時抗告をすることができる。

訴訟上の救助

裁判費用等が支払猶予される

☞裁判費用等の支払猶予、裁判所が付添いを命じた弁護士の報酬等費用の支払猶予、訴訟費用の担保の免除などがある。

① 訴訟上の救助

訴訟活動を行うには費用がかかります。通常そうした費用は、訴訟に勝って相手方から取り立てるまでの間、前払いしたり自弁したりすることになるのですが、それだと資力の乏しい者にはそれだけの余裕がないため、訴訟をしないで泣き寝入りすることを余儀なくされます。

そこで、憲法32条が裁判の機会均等を保障した精神に従い、こうした人たちも訴訟による権利保護を受けられるように訴訟上の救助の制度が設けられています。

② 訴訟上の救助の申立、裁判

訴訟上の救助は、救助を必要とする者がその訴訟を取扱うことになる裁判所、または、取扱っている裁判所に対する申立によってこれを求めます。

その場合、申立をなす者は、訴訟費用を支払うだけの財産がないこと、勝訴の見込みがあることなどの事情を述べる必要がありますが、そのことについての立証は、一応そうした事情が確からしいという程度（疎明）で足ります。

裁判所は、この救助の申立に対し、決定の形式で裁判をなすことになり、この裁判所の決定に対しては、即時抗告によって不服を申し立てることが可能です。

なお、訴訟上の救助は審級ごとに与えられるものとされています。

③ 訴訟上の救助の効果

訴訟上の救助が認められると、救助を受けた者は、訴状その他の書類に印紙を貼らないで提出することが可能となりますし、証拠調べに要する費用などの前納もしないですむようになります。また、強制執行の際にも、執行官に支払う手数料や立替金を払わなくてもこれをすることが可能となります。

なお、訴訟上の救助はそれを受けた者のみに対して効力を生じるので、その者が死亡したり、訴訟から脱退した場合には訴訟上の救助は効力を失います。

また、救助を受けた者が後に訴訟費用を払えるようになった場合やもともと払えたことが後から判明したような場合には、裁判所は救助の裁判を取消すことになります。

用語 　民事法律扶助

経済的に貧しいため、民事のトラブルに巻き込まれても、弁護士に依頼する費用もないという人のために、その費用を国などの公的機関が立て替えたり、給付する制度のことを言います。

平成18年までは日本弁護士連合会が中心になって設立した法律扶助協会が行なっていましたが、その後国等が設立した日本司法支援センター（通称・法テラス）がその業務を引き継いでいます。援助の内容は、代理援助（弁護士費用等）、書類作成援助、法律相談援助があります。

訴 訟 上 の 救 助・扶 助 のしくみ

要旨 訴訟上の救助には、裁判費用や執行費用等の支払猶予があり、この他、法テラスによる弁護士費用の立替えなどがある。

訴訟上の救助

支払資力
がない者
等

① 執行費用、執行官の手数料、その職務の執行に要する費用 → 申立てにより決定 → **支払いの猶予**

② 裁判所が付添いを命じた弁護士の報酬および費用 → 申立てにより決定 → **支払いの猶予**

③ 訴訟上の担保 → 申立てにより決定 → **免除**

▶ただし、「勝訴の見込みがないとはいえない場合」

法テラスによる援助

法テラス（日本司法支援機構）の手続の流れ

紛争

法テラス
サポートダイヤル
0570-078374

→ ①情報を知りたい → ②無料の法律相談を受けたい → ③費用を立替えてもらいたい → ④費用の返済

◎援助には、代理援助、書類作成援助がある（弁護士または司法書士の費用の立替え）
以下の3つの条件を満たす必要がある。
① 同居している人の家族（全員）の月収が下記以下であること。
　・1人……18万2000円以下
　　　　　　（20万200円以下）
　・2人……25万1000円以下　　（　）内は東京、大阪などの
　　　　　　（27万6100円以下）　生活保護1級地の場合
　・3人……27万2000円以下
　　　　　　（29万9200円以下）
②勝訴の見込みがないとはいえないこと（自己破産の免責見込み含む）。
③民事法律扶助の趣旨に適すること。
　報復的感情や宣伝のため、権利濫用的な訴訟の場合は利用できない。

第5章
訴訟手続

12

87条〜92条

第1節▶訴訟の審理等

訴訟はどう行われるか

まずは双方が
主張しあうんだ

☞訴訟上の請求に対しては、口頭弁論、裁判所の審尋が
あり、和解も試みられる。訴訟記録の閲覧もできる。

1 口頭弁論の必要性

当事者が自分の言い分を裁判の資料としてもらうためには、当事者自身が必要な事実上、法律上の主張・立証を法廷に出て戦わせることが必要となります。このような各自の言い分の法律上、事実上の根拠ならびに証拠（攻撃防御方法）を裁判所に口頭にて告げることを口頭弁論といいます。

そして、判決という形式で裁判がなされるべきことがらについては、必ず口頭弁論での審理がなされなければならないとされています（必要的口頭弁論の原則）。

もっとも、実務上は、あらかじめ主張を記載した書面を裁判所および相手方に提出しておき、法廷においては書面のとおり陳述しますと述べるといった取扱いがほとんどです。

2 口頭弁論の諸原則

こうした口頭弁論の運営にあたっては、口頭弁論は公開の法廷で開かれるとの「公開主義」、双方当事者を向かい合わせて審理するとの「双方審尋主義」、各自の攻撃防御方法は口頭にて伝えるとの「口頭主義」、審理に直接に携わった裁判官のみが裁判をおこなえるという「直接主義」、ある事件の弁論・証拠調べを継続的に行った後にほかの事件の審理に移るという「継続審理主義」といった諸原則が妥当するものとされています。

3 訴訟の審理におけるその他の規定

民事訴訟法は、訴訟の審理等につき、口頭弁論の必要性以外にもいくつかの一般的な規定を設けています。

まず、裁判所につき、訴訟がいかなる場合にあっても、当事者に対し和解を試みることができる旨を設けています。和解による積極的な解決が是とされる近年の和解観を具現化した規定といえます。

また、当事者につき、訴訟手続に関する規定違反に対して遅滞なく異議を述べない場合、異議を述べる権利を失うという「責問権の喪失」についての規定もここに置かれています。

用語 👉 **責問権**

訴訟手続きの進行は、裁判所が指揮・監督するものであるから手続規定に違背することは稀です。裁判所がその手続の違背を見逃した場合に、それに気づいた当事者が、裁判所に対して指摘し、訴訟行為を排除したり、やり直すことを請求できるのが責問権です。

この違背に気づいたのに遅滞なく異議を述べないときには、責問権は喪失するものとされています。

訴訟における審尋等のしくみ

要旨 裁判所での審理は、当事者双方（原告・被告）の口頭での弁論によって行われ、弁論が終結すると判決の言渡しとなる。

〔審理の方式〕

審理の方式

- ①書面による審理
  - 要式…口頭弁論
    - 必要的口頭弁論 — 判決手続
    - 任意的口頭弁論
  - 不要式
    - 当事者審尋 — 決定手続
    - 書面審理
- ②口頭による審理

【口頭弁論の意義】

口頭弁論の意味

- ①最広義　当事者の弁論、証拠調べ、判決の言渡し（右図・審理の流れ①②③）
- ②狭義　当事者の弁論、証拠調べ（右図・審理の流れ②③）
- ③最狭義　当事者の弁論
- （注）当事者の弁論⇒訴えおよび請求を基礎付けまたは排斥するための当事者の申立ておよび攻撃防御方法の提出

【弁論主義】

判決の基礎となる事実（主要事実）および証拠の収集については、当事者だけが提出の権能と責任を持っているという原則。

したがって裁判所は、職権で事実や証拠を集めることはできないという制約を受ける。また、当事者だけが責任を負うので、自分に有利な事実や証拠を提出しないために、不利益な判決を受けることがあっても、誰も責めることはできない。

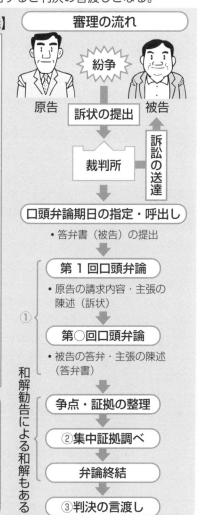

審理の流れ

紛争

原告　　被告

訴状の提出

裁判所 ← 訴訟の送達

口頭弁論期日の指定・呼出し
・答弁書（被告）の提出

第1回口頭弁論
・原告の請求内容・主張の陳述（訴状）

第○回口頭弁論
・被告の答弁・主張の陳述（答弁書）

争点・証拠の整理

②集中証拠調べ

弁論終結

③判決の言渡し

①

和解勧告による和解もある

（口頭弁論の必要性）

第87条　当事者は、訴訟について、裁判所において口頭弁論をしなければならない。ただし、決定で完結すべき事件については、裁判所が、口頭弁論をすべきか否かを定める。

2　前項ただし書の規定により口頭弁論をしない場合には、裁判所は、当事者を審尋することができる。

3　前二項の規定は、特別の定めがある場合には、適用しない。

専門委員等の関与

科学の進歩など
で事件が複雑化

☞裁判官以外の者が訴訟に関与する場合として、専門委員、知的財産事件での裁判所調査官の事務がある。

1 専門委員制度

医師の過誤が争点となる医療過誤訴訟、建物の瑕疵の有無等が争点となるような建築関係訴訟、特許権や実用新案権等の侵害の有無等が争点となるような知的財産権関係訴訟などの専門訴訟においては、事実認定に際し、種々の専門分野に関する知識または見識が必要となってきます。

そこで、平成15年改正法は、裁判官のサポート役としての専門家を機動的に関与させることが可能となるように専門委員の制度が新設されました。

2 専門委員

専門委員は、裁判所が職権で関与させるものであり、基本的には裁判所の補助者として非常勤の裁判所職員としての性質を有しています。また、専門委員には中立性が求められるため、裁判官の除斥および忌避に関する規定が準用されます。

3 専門委員が関与する類型と手続要件

専門委員が手続に関与する類型として、法は3つのタイプを設け、それぞれいついての当事者の意見の反映のさせ方につき、微妙な差異を設けています。

3つの類型（タイプ）とは、①争点整理や進行協議において、訴訟関係を明瞭にするため、または訴訟手続の円滑な進行を図るため、専門委員に手続関与させる場合、②証拠調べ期日において、訴訟関係または証拠調べの結果の趣旨を明確にするため、専門委員に手続関与させる場合、③和解を

試みるに当たり、専門的な知見に基づく説明を聴くために、専門委員に手続関与させる場合です。

4 知的財産権訴訟における裁判所調査官の手続関与制度

裁判所調査官は、裁判官の命を受けて知的財産事件の審理および裁判に関して必要な調査その他の法律に定める事務をつかさどる裁判所の補助機関です。

また、知的財産権訴訟においては、従来の実務でも裁判所調査官を活用して審理の充実・迅速化を図ってきましたが、その専門的知見をなお一層活用するために、裁判所調査官の権限の拡充と明確化が図られています。

用語☞ **専門委員と鑑定人**

鑑定人は、争点に関する裁判所が決めた鑑定事項に対して自分の意見を述べる立場の人で、その意見は裁判所の証拠（鑑定書）として判決をするときの基礎資料となります。

これに対して専門委員は、分かりにくい専門的な事項について、訴訟手続の中で一般的な説明をし、裁判所に不足している知識を補う立場の人で、その説明自体が証拠となるわけではなく、その内容を基礎資料とするためには、当事者は別途証拠を提出することが必要です。

専門委員の関与 のしくみ

要旨 争いを解決する上で法律以外の専門的な知識を必要とする専門訴訟（医療・建築関係など）に専門家を関与させる制度。

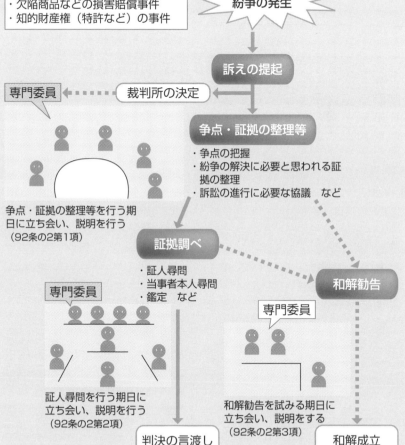

専門委員の関与

・投薬の間違いなどの医療ミス事件
・欠陥商品などの損害賠償事件
・知的財産権（特許など）の事件

紛争の発生

訴えの提起

専門委員 ◀┈┈┈ 裁判所の決定

争点・証拠の整理等

・争点の把握
・紛争の解決に必要と思われる証拠の整理
・訴訟の進行に必要な協議　など

争点・証拠の整理等を行う期日に立ち会い、説明を行う（92条の2第1項）

証拠調べ

・証人尋問
・当事者本人尋問
・鑑定　など

和解勧告

専門委員

専門委員

証人尋問を行う期日に立ち会い、説明を行う（92条の2第2項）

和解勧告を試みる期日に立ち会い、説明をする（92条の2第3項）

判決の言渡し

和解成立

【裁判所書記官とは】

　裁判所書記官は、裁判官の命を受けて、事件の審理および裁判に必要な調査をおこなう裁判所職員（官職）であり、最高裁判所、各高等裁判所、各地方裁判所に置かれています。当初、裁判所調査官は、最高裁判所、高等裁判所に置かれ、工業所有権（現在は知的財産権）および海難審判に関する事件についての調査をおこなっていましたが、その後、その他の一般事件についても複雑・困難を事件が多くなったことから地方裁判所にもこの制度が拡大されました。

14 訴訟の手続と期日・期間

93条〜97条

☞審理の期日には、裁判長が指定し期日を決めて呼び出される。
病気などの止むを得ない事情があれば期日の変更が許される。

まず、裁判所から
呼出しがある

1 期日

訴訟は、裁判所の主導の下、当事者その他の関係者が各人の意見を述べ、あるいは議論を戦わせながら進められていくものであるため、このような訴訟活動をなすために、一定の日時に決められた場所に一同が会する必要があります。

期日とは、当事者その他の訴訟関係人が会合して訴訟に関する行為をするために定められる日時のことをいいます。

期日はその目的に応じ、口頭弁論期日、弁論準備手続期日、証拠調べ期日、和解期日、判決期日などに分かれます。

2 期日の指定・変更

こうした期日は、裁判所があらかじめその場所と日時を明確に示して指定がなされます。これらが明確に示されていない期日の指定は無効となります。

裁判所がいったん指定した期日に当事者が出頭できないような場合、期日の変更を申立てることも可能ですが、期日を変更することは、そのための準備をしてきた多数の訴訟関係者に迷惑をかける事態となるため、この変更が認められるのは真にやむを得ない理由がある場合に限られます。具体的には、本人が突然急病になり、代理人を選ぶこともできない状態になったような場合などです。

3 期日の呼び出し

裁判所が定めた期日に当事者その他の訴訟関係人を呼び出すためには呼出状という

文書を送付する必要がありますが、その事件に関し裁判所に関係人が出頭している場合には、その場で口頭で伝えることで足ります。したがって、実際に呼出状が送付されるのは、最初の期日のみという場合も多くなっています。

4 期間

裁判所及び当事者その他の訴訟関係人の訴訟行為について、必要な時間的余裕を認め、あるいは一定の時間的限界を設定する場合があります。

期間には、裁判所が自由に延長したり短縮できない「不変期間」と延長や短縮が可能な「可変期間」とに分かれます。控訴や即時抗告など裁判所の裁判に対する不服申立期間はほとんど不変期間とされています。

用語 **期日の呼出し**

裁判長が期日を指定すると、訴訟の当事者や関係人は、その期日に出頭することが求められます。これが期日の呼出しです。呼出しの方法は、呼出状の送達、事件のため出頭した者に対して口頭で期日を告知する方法、その他、電話やファクシミリによる方法が認められています。いずれも、期日の日時、出頭すべき場所、裁判所、それに何のために呼び出すかを明らかにすることが必要です。

呼出しに応じないでいると不利益を受ける恐れがあります。

期 日 お よ び 期 間 のしくみ

 要旨 期日は、訴訟行為のために定められた日時のことで、期間は一定の日までの長さのこと。

訴訟行為における期日と期間

期 日

訴訟の審理等のためには、当事者その他の利害関係人を裁判官が一定の日に一定の場所に会合して訴訟行為をする必要がある。そのために定められた日のことを期日という。

◎期日に関する指定
①**口頭弁論期日** 口頭弁論期日の呼出しは、呼出状の送達・告知により行われる。
②**弁論準備手続の期日** 公開は限定的である。
③**その他の期日** 和解期日、参考人等の審尋期日、進行協議期日などがある。

訴訟行為と期日

訴状の提出
↓
訴状の送達
答弁書の提出
↓
第1回口頭弁論
↓
争点・証拠の整理
↓
証拠の調べ
↓
弁論終結
↓
判決言渡し

○**期日に出頭**
※口頭弁論調書が作成される
○**証拠調べ期日**
※口頭弁論の期日のうち証拠調べを目的とした期日
○**和解期日**
※和解を目的とする期日を定めて、和解室で和解の試みをする
○**判決言渡し期日**

期 間

訴訟行為では、一定の日までになすべきことが要求されていることがある。この一定の日までを期間といい、当事者がこの期間内に訴訟行為をしないと不利益を受ける。

◎期間に関する規定
①**訴状の補正期間（137条）** 期間内に訴状を補正しないと、訴状は却下される。
②**控訴期間（285条）** 期間内に控訴を提起をしないと控訴権を失い、判決が確定する。

訴訟行為と期間

訴状の提出
↓
訴状の送達
答弁書の提出
↓
第1回口頭弁論
↓
争点・証拠の整理
↓
証拠の調べ
↓
弁論終結
↓
判決言渡し

○**訴状の補正期間**

〔行為期間の分類〕
▶**裁定期間** 裁判所によって長さが決められているもの。
▶**法定期間** 期間の長さが法律により定められているもので、下記の2つがある。
①**不変期間** 法律が特に不変期間と定めているもの
②**通常期間** 不変期間以外のもの

○**控訴期間**
※期間内に控訴しないと判決は確定

（期日の指定及び変更）
第93条 期日は、申立てにより又は職権で、裁判長が指定する。
2 期日は、やむを得ない場合に限り、日曜日その他の一般の休日に指定することができる。
3 口頭弁論及び弁論準備手続の期日の変更は、顕著な事由がある場合に限り許す。ただし、最初の期日の変更は、当事者の合意がある場合にも許す。
4 前項の規定にかかわらず、弁論準備手続を経た口頭弁論の期日の変更は、やむを得ない事由がある場合でなければ、許すことができない。

第4節▶送　達

訴訟書類の交付方法

ファックスの方が
すぐに届くよね！

☞従来は郵便・執行官による送達だけだったが、現在はファクシミリを利用した「送付」または「直送」も可能となった。

① 送達

民事訴訟法上、訴状や判決書などの一定の重要な書類は送達されなければならないと定められています。ここにいう「送達」とは、一定の者に対し、訴訟上の書類の内容を知らせる機会を与えるための法定の方式にしたがった通知行為をいいます。

② 送達についての原則

送達は、一定の重要な書類の内容の通知を目的とするものであるので、訴訟手続の円滑な進行のため、迅速かつ適正明確であることが要請されます。

こうした観点から、民事訴訟法は、送達については職権進行主義の一環として職権送達主義を採用しています。なお、後述の公示送達については、当事者の申立によることが原則とされ、職権送達主義の例外です。

なお、送達の事務は、裁判所書記官が取扱うこととなっており、この送達を実施する機関は郵便または執行官であるのが原則ですが、令和4年改正法は、オンラインによる送達も可能としています。

③ 交付送達の原則

送達を実施する場合、送達を受ける者に対し、その者の住所など（送達場所）において、直接送達すべき書類を手渡し（交付）して行うのが原則です（交付送達の原則）。直接の交付が最も確実な方法だからです。

もっとも、何らかの事情により直接の手渡しができない場合には、就業場所における送達、出会送達、補充送達、差置送達、書留郵便に付する送達および公示送達といった手段も補助的に用意されています。

なお、一定の書類についてはファクシミリも利用できます。

④ 公示送達

当事者その他の送達の対象者の住所・居所その他送達をなすべき場所が不明であるために訴訟上の書類の送達ができないとなると当事者その他の権利保護を全うできない場合が生じてきます。

民事訴訟法はこうした場合に備え、一定の厳格な要件を満たした際には、裁判所に設けられた掲示場への掲示をもって送達とみなす「公示送達」といった送達手段も認めています。

用語 👉 送付と直送

訴訟の当事者および訴訟関係人に、訴訟に関する書類の内容を知らせるために法定の形式に従って書類を交付する裁判所の行為は、厳格な一定の方式を踏む「送達」だけでした。しかし、書類によってはもっと簡易な伝達方法で十分であることから、「送付」と「直送」という方法がとられるようになりました。

送付は、裁判所が送付書類の写しを交付あるいはファクシミリにより伝達するもので、直送は当事者が書類を相手方に直接伝達することでファクシミリの方法ですることをいいます。

訴訟書類の送達のしくみ

要旨 訴訟関係の書類は送達という方法によってなされ、この送達は裁判所書記官が行う。

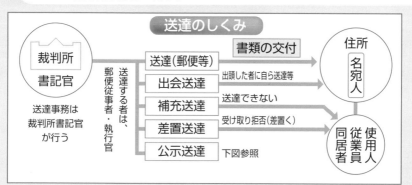

送達のしくみ

裁判所書記官

送達事務は裁判所書記官が行う

送達する者は、郵便従事者・執行官

書類の交付

- 送達（郵便等）
- 出会送達 — 出頭した者に自ら送達等
- 補充送達 — 送達できない
- 差置送達 — 受け取り拒否（差置く）
- 公示送達 — 下図参照

住所 名宛人

使用人 従業員 同居者

〔公示送達〕

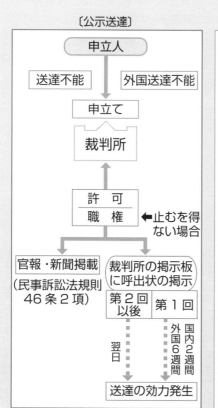

申立人

送達不能　　外国送達不能

↓

申立て

裁判所

許可　職権　←止むを得ない場合

官報・新聞掲載（民事訴訟法規則46条2項）

裁判所の掲示板に呼出状の掲示

第2回以後　第1回

翌日　国内2週間　外国6週間

送達の効力発生

〔公示送達の申立書〕

公示送達の申立

申立人（原　告）　〇〇〇〇

被　告　〇〇〇〇

　上記当事者間の御庁令和〇〇年（ワ）第〇号請求事件について、被告の住所、居所、その他の送達をなすべき場所がしれないため、通常の手続に従い訴状及び期日呼出状の送達をすることができないので、公示送達するよう申立てます。

令和〇〇年〇月〇日

申立人　〇〇〇〇　㊞

〇〇地方裁判所民事〇部　御中

確定判決には
既判力がある

第5章 訴訟手続

16

114条〜123条

第5節▶裁 判

確定判決の効力等

☞確定判決には既判力があり、いったん判決が確定すれば、当事者は後の裁判で別途争うことができない。

① 民事訴訟法における裁判

「裁判」という言葉は世間でもよく使用されますが、そこでは「裁判が始まる」というように民事訴訟手続自体を指して使用している場合が多いように思えます。

しかし、民事訴訟法で「裁判」というときは、判決や決定など裁判所あるいは裁判官の判断行為あるいは意思表示行為を示しています。

② 裁判の種類

裁判にもいくつかの種類がありますが、中でも重要なのは「判決」、「決定」、「命令」の区別です。

判決と決定は、主体が裁判所である裁判であり、判決は訴訟の対象である原告が掲げた請求自体に対する裁判であるのに対し、決定はそれ以外の付随的事項に対する裁判となります。

命令は、主体が裁判官である裁判であり、裁判対象は決定と同様、訴訟における付随的事項の解決に用いられます。

なお、この区別と民事訴訟法上の法文が個々の裁判に与えている名称とは必ずしも一致しておりません。例えば、文書提出命令、差押命令などは命令と呼ばれていますが、裁判所を主体とする裁判であるため、その性質は決定ということになります。

③ 既判力

既判力とは、確定した判決の内容が訴訟当事者および裁判所を拘束し、これに反する主張や判断の余地をなくす効力をいいます。

一度、確定した判決が別個の訴訟の提起により何度でも争えるものとすれば、紛争解決という訴訟の制度目的は永遠に達成されないことになります。このように既判力とは、民事訴訟という制度自体から必然的に要請される効力と考えられています。

既判力の制度は、紛争について争う機会を奪う効力を有するものであるため、その適用範囲は客観的・主観的に制限されており、客観的には「主文に包含するもの」、主観的には当事者およびこれに類するものに限るとされています。

用語 👉 **確定判決の効力**

判決が出されて14日間を経過し上訴（控訴や上告）ができないとき、勝訴の当事者が不控訴の合意をしたとき、また敗訴の当事者が控訴権を放棄したときには、その判決はその訴訟手続では取り消されなくなり、このような場合を判決が確定したといいます。

判決が確定した場合の確定判決には、既判力（本文参照）、執行力（判決に基づいて執行ができる効力）、形成力（確定した形成判決がその内容に従って法律関係の変動を発生させる効力）の3つの効力があるとされています。なお、執行力を確定判決前に確保するために仮執行宣言を求める裁判があります。

確 定 判 決 の 効 力 のしくみ

要旨 判決は一定期間内に上訴の提起がないと確定し、既判力が発生する。

裁判と確定判決の効力

 訴える人（原告）

訴訟の提起 ⇒ 裁判所

判 決

確 定

既判力

 紛争

訴えられた人（被告）

> 控訴・上告の提起、異議申立て期間の満了により確定（取り消される可能性がなくなる）。

> 既判力とは、確定判決でその目的とした事項に関する判断について当事者は後の裁判で争うことはできず、別の裁判所も前の裁判の判断内容に拘束されるという効力。

確定判決の効力が及ぶ範囲

・原告・被告
・他人のために原告・被告になった場合その他人
・口頭弁論終結後の承継人
・請求の目的物を所持する者

既判力が生じる時点

・口頭弁論終結時

※口頭弁論終結後に生じた事由を主張して、既判力がある判断をくつがえすことはできる。

既判力が及ぶ裁判所の判断

・主文に包含するもの
・相殺主張の額

▷法律関係の変更⇒形成力
▷仮執行の宣言⇒執行力

〔定期金による賠償と命じた確定判決の効力〕
　　毎月ごとに一定の金額が支払われる賠償金のことを定期金という。この定期金賠償は、口頭弁論終結後に、後遺障害の程度、賃金その他の損害額の算定の基礎となった事情に著しい変更が生じた場合は、その判決の変更を請求することができる。

（既判力の範囲）
第114条 確定判決は、主文に包含するものに限り、既判力を有する。
2 相殺のために主張した請求の成立又は不成立の判断は、相殺をもって対抗した額について既判力を有する。
（確定判決等の効力が及ぶ者の範囲）
第115条 確定判決は、次に掲げる者に対してその効力を有する。
　一 当事者
　二 当事者が他人のために原告又は被告となった場合のその他人
　三 前二号に掲げる者の口頭弁論終結後の承継人
　四 前三号に掲げる者のために請求の目的物を所持する者
2 前項の規定は、仮執行の宣言について準用する。
（判決の確定時期）
第116条 判決は、控訴若しくは上告（第327条第1項（第380条第2項において準用する場合を含む。）の上告を除く。）の提起、第318条第1項の申立て又は第357条（第367条第2項において準用する場合を含む。）若しくは第378条第1項の規定による異議の申立てについて定めた期間の満了前には、確定しないものとする。

17

訴訟は受け継ぐ
こともできる

訴訟手続の中断と中止

124条〜132条

☞訴訟手続ができなくなった状態を訴訟手続の停止といい、これには中断と中止がある。

① 訴訟手続の停止

民事訴訟は、対等な立場にある対立当事者に対し、裁判所においての平等に十分な弁論の機会を与えることを建前としています。したがって、裁判所や当事者が手続に関与することが不能または困難とする事情が存在するような場合、一定の間、手続の進行を止め、当事者の弁論の機会を実質的に保障することが必要となってきます。

法はこのような観点から、訴訟の係属中その訴訟手続が法律上進行しない状態になる「訴訟手続の停止」の制度を設けています。この停止には、当事者が交代すべき事情が生じた場合の「中断」と裁判所・当事者に障害がある等の場合の「中止」とがあります。

なお、訴訟手続きの停止の制度は判決手続に準ずる督促手続、民事保全手続などにも準用されます。

② 中断

訴訟手続の中断とは、訴訟係属中、一方の当事者側の訴訟追行者に交代すべき事由が発生した場合、その当事者の手続関与の機会を実際に保障するために新追行者が訴訟に関与できるようになるまで手続の進行を停止することをいいます。

中断事由としては、当事者の死亡や法人の合併により当事者が消滅する場合、訴訟能力、法定代理権の喪失、当事者の訴訟追行資格の喪失が挙げられます。

③ 中止

訴訟手続きの中止とは、裁判所または当事者に障害がある等の事由から、訴訟を進行することができないか、またはそれが不適当な場合に、法律上当然にまたは裁判所の訴訟指揮上の処分によって認められる停止です。

④ 弁論の併合・分離・制限

裁判所の訴訟指揮として、弁論の整理がなされることがあります。裁判所は事案の性質と必要に応じて、2つの訴訟手続を1つとする「弁論の併合」、反対に1つの手続を2つとする「弁論の分離」、数個の請求のうちのあるものに審理を限定する「弁論の制限」などがこれに当たります。

用語 ☞ **訴訟当事者の死亡と中断**

訴訟の進行中に訴訟の当事者が死亡した場合には、訴訟当事者の地位を相続する者が出てくるまで、訴訟当事者を保護するために訴訟の進行を中断することにしています。ただし、弁護士などの訴訟代理人がいる場合は、代理人によって訴訟を進行できますから中断はしません。

訴訟当事者の相続人が訴訟を再開する受継の申立てがあり、これを相手方に通知したとき、または通知を怠り、裁判所から訴訟の続行を命じられた場合に、訴訟の中断は解消され、訴訟は続行されることになります。

訴訟手続の中断・中止のしくみ

 中断は一定の事由が生じたときに受継者が訴訟の続行をできるようになるまで進行を止めることで、中止は一定の事由が生じたときに訴訟手続を終了すること。

訴訟手続の中断と受継者

中断事由	受継者など
①当事者の死亡（124条1項1号）	相続人。訴訟費用は、敗訴の当事者の負担とする
②当事者である法人の合併による消滅（同2号）	合併によって設立された法人又は合併後存続する法人
③当事者の訴訟能力の喪失又は法定代理人の死亡若しくは代理権の消滅（同3号）	法定代理人又は訴訟能力を有するに至った当事者
④右記イからハまでに掲げる者の信託に関する任務の終了（同4号）	イ　当事者である受託者→新たな受託者又は信託財産管理者若しくは信託財産法人管理人 ロ　当事者である信託財産管理者又は信託財産法人管理人→新たな受託者又は新たな信託財産管理者若しくは新たな信託財産法人管理人 ハ　当事者である信託管理人→受益者又は新たな信託管理人
⑤一定の資格を有する者で自己の名で他人のために訴訟の当事者となるものの死亡その他の事由による資格の喪失（同5号）	同一の資格を有する者
⑥選定当事者の全員の死亡その他の事由による資格の喪失（同6号）	選定者の全員又は新たな選定当事者

（注）1. 上表の規定は、訴訟代理人がある間は適用しない。
2. 上表①（1号）に掲げる事由がある場合においても、相続人は、相続の放棄をすることができる間は、訴訟手続を受け継ぐことができない。
4. 上表②の規定は、合併をもって相手方に対抗することができない場合には、適用しない。
5. 上表③の法定代理人が保佐人又は補助人である場合にあっては、同号の規定は、次に掲げるときには、適用しない。
　（1）被保佐人又は被補助人が訴訟行為をすることについて保佐人又は補助人の同意を得ることを要しないとき。
　（2）被保佐人又は被補助人が前号に規定する同意を得ることを要する場合において、その同意を得ているとき。

訴訟手続の中止

中止事由	内容
①裁判所の職務執行不能（130条）	天災その他の事由によって裁判所が職務を行うことができないときは、訴訟手続は、その事由が消滅するまで中止。
②当事者の故障（131条）	当事者が不定期間の故障により訴訟手続を続行することができないときは、裁判所は、決定で、その中止を命ずる。なお、裁判所は、前項の決定を取り消すことができる。

◆中断および中止の効果
　判決の言渡しは、訴訟手続の中断中であっても、することができる（1項）。また、訴訟手続の中断又は中止があったときは、期間は、進行を停止する。この場合においては、訴訟手続の受継の通知又はその続行の時から、新たに全期間の進行を始める（2項）。

証拠の収集は訴える前に万全を…

第6章
訴えの提起前における
証拠収集の処分等

18

訴える前における準備と証拠収集等

通知・照会・証拠収集・記録の閲覧

132条の2〜132条の9

☞訴える前に一定要件を満たせば、照会や証拠の収集、事件記録の閲覧等ができる。

① 訴え提起前の証拠収集手続の拡充

迅速かつ充実した民事裁判の実現のため、平成15年改正により「計画審理の推進」、「専門委員制度の創設」、「簡易裁判所の機能の充実」などと並んで、「証拠収集方法の拡充」についての規定が設けられました。

訴えを提起しようとする者（「予告通知者」）が訴えの被告となるべき者に対して提訴予告通知をした場合、この予告通知者は、①訴え提起前の照会、および②訴え提起前の証拠収集のための処分（文書送付嘱託、調査嘱託および専門的知見を有する者への意見陳述の嘱託、執行官への調査命令）の申立ができるようになったのです。

② 訴え提起前の照会

訴え提起前の照会は、従前より存在する訴訟係属中においての当事者照会制度を訴訟係属前にも行うことができるようにしたものです。

この照会に対し、回答を拒絶する場合には正当な理由が必要であり、この正当理由としては、回答に不相当な費用や時間を要するなど当事者照会と同様の事項のほか、相手方又は第三者の私生活に関する照会などが挙げられています。

正当な理由なく回答を拒絶した場合でも、特に制裁等が課されるものではなく、この制度の果たす機能については疑問も提示されていますが、正当な理由のない回答拒絶も弁論の全趣旨として考慮され、不利に作用する可能性はあることが指摘されています。

③ 訴え提起前の証拠収集のための処分

訴え提起前の証拠収集のための処分は、訴えが提起された場合の立証に必要であることが明らかであること、申立人がこれを自ら収集することが困難である場合であること、証拠の収集に要すべき時間や嘱託を受けるべきものの負担が不相当になるなど相当でない場合でないことを要件に、裁判所の判断を経て行われます。

なお、これについては、訴え提起前の照会における回答者も申立てをすることが可能です。

◆照会の回答拒否と裁判

訴えを提起する前の情報収集の手段として用いられるのが、「訴え提起前の照会制度」です。ただ、これには法的強制力はなく、個人情報だからという理由で拒否されることがほとんどです。

これに対して、平成23年に拒否の理由が正当ではないのに拒否したことは違法性があるとして慰謝料を請求した訴訟が大津地裁で起こされたのですが、照会を受けた者は回答の義務を負うことは認めましたが、回答を拒否したことはやむを得ないとして、慰謝料の請求は認められませんでした。

訴える前の証拠収集等のしくみ

要旨 証拠収集等には、相手への照会や裁判所を通じての証拠収集、事件記録の閲覧がある。

証拠収集の仕方

訴える相手に対する照会

訴えを提起しようとする者 ── 訴えの提起の予告通知 ── **書面** ── 訴える相手方

4カ月以内

訴えを提起した場合に主張・立証をするために必要な事項について、相当の期間を定めて書面で回答を求めることができる（照会できない場合あり）。

予告通知者か上記の返答をもらえない場合、訴えを提起された場合の主張・立証に必要な事項について、相当の期間を定めて書面で回答するよう求めることができる。

訴え前の証拠収集と裁判所の処分

訴えを提起しようとする者 ── 訴えの提起の予告通知 ── 訴える相手方

照会について書面で通知

裁判所 …管轄の地方裁判所

証拠処分の裁判の申立て

証拠の処分（立証に必要な必要な書類で、自ら収集が困難なもの）
①文書の所持者にその文書の送付を嘱託すること
②必要な書類の調査を官公署等に嘱託すること
③専門家に意見の陳述を嘱託すること
④執行官に対して調査を命ずること

事件の記録の閲覧等

申立人

相手方

・裁判所書記官に対し、処分の申立て（上記参照）に係る事件記録の閲覧・謄写、その正本・謄本・抄本の交付、当該事件に関する事項の証明書の交付を請求することができる。
・訴訟記録の閲覧等についても同様。

第7章
電子情報処理組織
による申立て等

オンラインによる申立てもできる

19 オンラインによる申立て等

132条の10

☞電子情報処理による申立ては、オンラインによる申立てを可能にするが、現状は一定の裁判所でのみ行われている。

裁判所も電子化の時代！

1　民事訴訟手続における申立て等のオンライン化

民事手続き全般に対し、近年の社会における情報通信技術の発展への対応を強化し、権利実現の一層の円滑化を図る必要性が指摘されていました。

そうした観点から、民事訴訟法の平成16年改正では、民事訴訟法などの法令上書面によるものとされる申立てなどであって最高裁判所規則で定めるものについては電子情報処理組織を利用して行うことを可能としました。

2　民事訴訟法第132条の10

民事訴訟手続における申立てなどのうち、「当該申立てなどに関するこの法律などの規定により書面等をもってするものとされているものであって、最高裁判所の定める裁判所に対してするものについては、当該法令の規定にかかわらず、最高裁判所規則で定めるところにより、電子情報処理組織を用いてすることができる」ものとされます。

この場合、裁判所の使用に係る電子計算機に備えられたファイルに記録された際に、その申立てなどが裁判所に到達したものとみなされ、その際、裁判所は、当該ファイルに記録された情報の内容を書面に出力します。

そして、訴訟記録の閲覧もしくは謄写又はその正本、謄本もしくは抄本の交付する

場合は、その書面をもってすることとなります。当該申立てなどに係る書類の送達又は送付も同様です。

なお、申立てに署名が必要とされている場合などは、最高裁判所規則で定めるところにより、署名とは別個に氏名又は名称を明らかにする措置を講じることとなります。

3　民事訴訟法第397条

電子情報処理組織を用いての督促手続を取り扱う裁判所として最高裁判所規則で定める簡易裁判所の裁判所書記官に対しては、第383条の通常の支払督促の申立てとは別に、最高裁判所規則で定めるところにより電子情報処理組織を用いて支払督促の申立てをすることができます。

◆書面による申立てはなくなるのか？

法律の世界でも、電子情報技術の発展と無関係ではいられなくなったようです。本来、訴訟の申立ては書面によるのが原則でしたが、平成16年の民事訴訟法の改正により電子情報処理組織を使ったオンラインによる申立が認められるようになりました。

また、令和4年改正により訴状等のオンライン提出が一律に可能となりました。今後、オンラインによる申立てが増加してゆくことが見込まれます。

オンラインによる申立て等のしくみ

 要旨 オンライン申請は札幌地方裁判所、支払督促の申立ては東京簡易裁判所、大阪簡易裁判所など全国的に実施されている。

オンラインによる申立て等

民事訴訟の申立て

- ▶ はじめて使う場合（事前）
  電子証明書の取得など
- ▶ 札幌地方裁判所（本庁のみ）

督促手続

- ▶ はじめて使う場合
  電子証明書の取得など
- ▶ 債権者の情報の登録
- ▶ 全国の簡易裁判所で展開（支部等除く）

保管金電子納付

- ▶ 初めて使う場合
  登録コードの取得
- ▶ 納付番号等の付与
- ▶ インターネットバンキング、ATM 等より

【利用できる申立て】
- ・期日指定の申立て
- ・期日変更の申立て
- ・証拠申出書
- ・鑑定申出書
- ・調査委託申出書
- ・文書送付委託申出書
- ・証拠説明書

【利用できる申立て】
- ・貸金
- ・立替金
- ・求償金
- ・売買代金
- ・通信料
- ・リース料

※督促手続⇒136ﾍﾟ以下参照

【保管金】
- ・手数料
- ・予納郵便など

※電子納付ができる裁判所がどうかについては、当該裁判所で確認のこと

◎実体法と手続法

　民事事件は私人間の紛争のことですが、この紛争の解決では実体法（民法など）と手続法が係わってきます。

　例えば、貸したお金が弁済されない場合、実体法としては民法が係わり、債務不履行により貸したお金と利息の約束があれば利息相当分の損害賠償の請求ができますが、これは自力で取り立てることはできませんので、訴訟手続等によって債権回収をすることになります。この手続を定めた法律が民事訴訟法などの手続法です。

　そして、訴訟に勝っても、相手が金銭を支払わない場合は、勝訴の確定判決（債務名義という）を基に強制執行ができることになります。この強制執行についての規定は元々は民事訴訟にありましたが、今は独立の法律として民事執行法で規定しています。

第１審の訴訟手続

133条〜280条

◆民事訴訟法第２編「第１審の訴訟手続」では、訴えから判決までの手続、および特則について定めている。

■訴訟手続とその他の紛争解決手続

（民事）訴訟手続は、争いのある権利・義務や法律関係につき、裁判所の公権的判断である判決を言渡すことにより民事紛争の解決を試みますが、民事紛争を解決する手段としては必ずしも訴訟手続が唯一の手段というわけではありません。これとならんで、調停手続（家事調停→216☞・民事調停→234☞参照）や仲裁手続（252☞参照）なども多く利用されています。

なお、調停手続も仲裁手続も、進め方につき訴訟手続のような厳格なルールは設けられていません。

■訴訟手続と審級構造

訴訟手続は、判決の言渡しによって紛争解決を図りますが、この判決も神ならぬ人間である裁判官によってなされるものである以上、誤った判断がなされる危険性はぬ

ぐい得ません。こうした誤判への対策として、民事訴訟法は、当事者に不服申立の機会を認める上訴制度を採用しています。

この不服申立の機会を何回認めるべきかは一つの問題ですが、民事訴訟法は、多くの諸国と同様、当事者に２回までの不服申立の機会を認める三審制度を採用しています。

当事者がこうした不服申立の機会を使い切り、それ以上の不服申立ができない状態となったとき、判決が「確定」するという言い方をします。

■第１審の訴訟手続

民事訴訟法の採用する三審制度の下、本編では、訴訟手続の最初の段階である第１審の訴訟手続について概観することにします。

◎民事訴訟法「第2編 第1審の訴訟手続」の条文の構成

民事訴訟法 第2章 第1審の訴訟手続

◎**第1編** **総 則** （1条～132条の10）

◎**第2編** **第1審の訴訟手続** （133条～280条）

○第1章 訴え （133条～147条）
○第2章 計画審理 （147条の2・147条の39）
○第3章 口頭弁論およびその準備 （148条～178条）
○第4章 証拠 （179条～242条）
○第5章 判決 （243条～260条）
○第6章 裁判によらない訴訟の完結 （261条～267条）
○第7章 大規模訴訟等に関する特則 （268条～269条の2）
○第8章 簡易裁判所の訴訟手続に関する特則 （270条～280条）

◎**第3編** **上 訴** （281条～337条）

◎**第4編** **再 審** （338条～349条）

◎**第5編** **手形訴訟及び小切手訴訟に関する特則** （350条～367条）

◎**第6編** **少額訴訟に関する特則** （368条～381条）

◎**第7編** **督促手続** （382条～402条）

◎**第8編** **執行停止** （403条～405条）

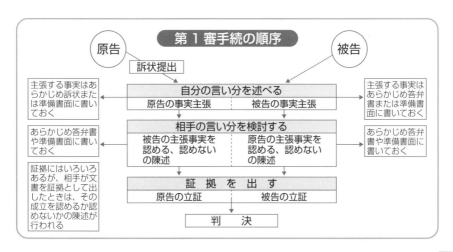

第1審手続の順序

第1章
訴え
1

133条〜147条

訴えは、まず、裁判所に訴状を提出する

訴えの提起と訴状

訴状を書くのは大変！

☞訴状を裁判所に提出すると不備がないか審査され、問題がなければ被告に送達され、呼出しがある。

◩　手続法としての民事訴訟法

民事訴訟は、当事者間の紛争に裁判所による判決を言渡すことによってその解決を図る手続きです。

民事訴訟法は、この裁判所による判決が導き出されるまでの手続、すなわちその手順や段取りを詳細かつ厳格に定めています。

◩　訴えの意義

訴えは、当事者（原告）が一定内容の請求を示してそれに対する判断（判決）裁判所に対して要求する行為であり、この訴えによって第1審の訴訟手続が開始することになります。

訴えがなければ訴訟が開始することはありません。民事訴訟は裁判所が扱う司法権の一作用ですが、この司法権は行政権と異なって発動が受動的であり、裁判所は訴えを待ってはじめた訴訟手続を開始するのであり、当事者の訴えもないのに裁判所が率先して民事紛争の解決に乗り出すことはありません。

そして、裁判所はこの訴えをもって申し立てられた事項にのみ判断を下すのであって、申し立てられていない事項についてもついでだから判断するというようなことも許されません。

私法上の権利、法律関係をめぐる紛争については、そもそも紛争解決を求めるかどうか、求めるとしてどの範囲で求めるかに

つき、当事者に自主決定権を認める「処分権主義」の一場面です。

◪　訴えの提起

訴えは、原告が裁判所に訴状を提出することによって提起されます。令和4年改正法はオンラインによる提出も可能としました。裁判所はこの訴状を審査し、不備がなければ第1回期日の呼出状とともにこれを被告に送達し、この段階で訴訟係属の状態ということになります。

◫　訴えの提起の効果

訴え提起には、種々の効果が認められていますが、なかでも時効の更新（時効完成猶予）の効果とさらに同じ訴えを提起できないという「二重起訴の禁止」が重要です。

厳密には、時効の更新は訴状提出時、二重起訴禁止効は訴訟係属時に効果が発生すると考えられています。

用語　👉　二重起訴の禁止

訴訟が係属している事件と当事者も同一、請求内容も同一という場合に、後から訴訟を起こすことを二重起訴といいます。このように一つの事件について二重三重に裁判所を煩わすことは、他の審理を遅らせることにもなり、民事訴訟法では二重起訴の禁止としてこれを許してはいません（142条）。

訴 え の 提 起 のしくみ

要旨 訴えには、①給付の訴え、②確認の訴え、③形成の訴えがあり、訴えの提起は裁判所に訴状を提出する。

訴えの種類と提起

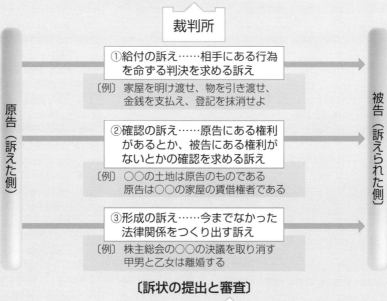

裁判所

原告（訴えた側）

①給付の訴え……相手にある行為を命ずる判決を求める訴え
〔例〕家屋を明け渡せ、物を引き渡せ、金銭を支払え、登記を抹消せよ

②確認の訴え……原告にある権利があるとか、被告にある権利がないとかの確認を求める訴え
〔例〕○○の土地は原告のものである　原告は○○の家屋の賃借権者である

③形成の訴え……今までなかった法律関係をつくり出す訴え
〔例〕株主総会の○○の決議を取り消す　甲男と乙女は離婚する

被告（訴えられた側）

〔訴状の提出と審査〕

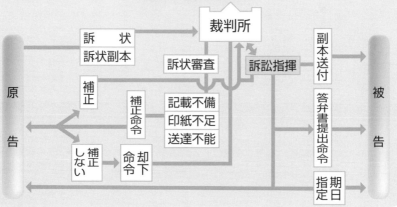

裁判所

原告

訴状
訴状副本

訴状審査　訴訟指揮

補正

補正命令

記載不備
印紙不足
送達不能

補正しない

却下命令

副本送付

答弁書提出命令

期日指定

被告

（訴え提起の方式）

第133条 訴えの提起は、訴状を裁判所に提出してしなければならない。

2 訴状には、次に掲げる事項を記載しなければならない。

一 当事者及び法定代理人

二 請求の趣旨及び原因

◆訴状のサンプル（貸金返済請求事件）

```
┌──────┐
│ 収 入 │        訴      状
│ 印 紙 │
└──────┘
（2万9000円）


                              令和○○年○月○○日


○○地方裁判所　御中


        原告訴訟代理人弁護士　　　甲 野 太 郎　　㊞ ※1


〒○○○－○○○○　東京都△△区□□丁目○○番○号
              原　　　告　　　甲 山 一 郎
〒○○○－○○○○　東京都○区×丁目○番○号□ビル○階
              甲野法律事務所（送達場所）      ※2
        上記訴訟代理人弁護士　　　甲 野 太 郎
                  電　話　03－○○○○－○○○○
                  ＦＡＸ　03－○○○○－○○○○
〒○○○－○○○○　東京都△△区□丁目○番○─○○○号
              被　　　告　　　乙 川 次 郎


    保証債務請求事件
      訴訟物の価額　　　470万円
      ちょうよう印紙額　2万9000円




                    － 1 －
```

※1　本人訴訟の場合は、「原告○○○○○㊞」と記載する。
※2　本人訴訟の場合は不要。

コメント

①訴訟は、訴状を裁判所に提出して行う。訴状の用紙は、日本工業規格A4判の用紙を使用し、書き方は横書きで左綴じにする。

　なお、訴訟価額が140万円以下の場合は、訴状は簡易裁判所に提出することになるが、簡易裁判所には、訴状の用紙とその記入方法を説明したものが備え付けられているので、これを利用すると便利である。

②訴状は、原則として、相手方の住所地を管轄する裁判所に、相手方の数に1を加えた数を提出する（当事者間に合意がある場合は、その裁判所）。また、相手方の住所が分からない場合には、分かっている最後の住所地を管轄する裁判所に申し立てることになる。

③訴状の表題部には、(1)申立年月日、(2)原告（申立人あるいは訴訟代理人）の氏名を書き押印、(3)原告および訴訟代理人、被告の住所・氏名を記載。なお、原告の送達場所、電話、ファックス番号も記載する。

第1　請求の趣旨

　1　被告は原告に対し金400万円及びこれに対する令和○
　　○年2月1日から同年5月31日まで年1割の、同年6月
　　1日から支払済みまで年2割の各割合による金員を支払え。

　2　訴訟費用は被告の負担とする。

　3　仮執行宣言

第2　請求の原因

　1　原告は被告に対し、令和○○年2月1日、金500万円
　　を次の約定で貸し付けた。

　・弁済期　　令和○○年5月31日

　　利　息　　年1割

　　期限後の損害金　年2割

　2　よって、原告は被告に対し、上記元金400万円と、こ
　　れに対する令和○○年2月1日から同年5月31日まで年
　　1割の割合による利息、並びに上記元金に対する同年6月
　　1日から支払済みまで年2割の割合による遅延損害金の
　　支払いを求めるものである。

証　拠　方　法

1　甲1号証　　借用証　　原告、被告作成　　原本

附　属　書　類

2　甲1号証　（写し）　　1通

―2―

また、当事者が会社の場合は代表者名も書き、会社の商業登記事項証明書を付属書類として提出する。

(4)事件名、(5)訴訟物の価額、(6)貼用印紙額を記載する。

④2枚目以降には、(1)請求の趣旨、(2)請求の原因、(3)証拠方法、(4)付属書類を記載する。

請求の趣旨には、相手方に対する請求の内容を簡潔に書く。

請求の原因は、紛争の内容とそれに対する申立人の言い分を詳しく書く。

⑤訴状の提出の際には、手数料と郵便切手（予納郵券）が必要で、手数料は収入印紙を貼って納める。また、郵便切手は、各裁判所および事件の種類により異なるので、訴状を提出する裁判所に尋ねてください。

◆口頭弁論期日呼出状

原告　○○　○○　　　　被告　○○　○○

　　　　　　　　　　　令和○○年月○日

　　原告　○○　○○

　　　　○○地方裁判所民事第○部

　　　　　　裁判所書記官

　　　　　　　○○　○○　㊞

口頭弁論期日呼出状

口頭弁論期日は令和○○年○月○日と定められました。
同期日に当裁判所民事第○号法廷（裁判所第○庁舎○階○号室に出頭して下さい（出頭の際は、この呼出状を法廷に示してください）。

コメント

①訴状が不備がなく受理されると、副本が訴えの相手方に送達される。そして、原告と被告の双方に第1回口頭弁論期日呼出状が送られてくる。この日は裁判所に出頭しなければならない。

②裁判所からの口頭弁論期日の呼出しにどうしても出頭できないときは、期日変更の申立てができる。

令和○○年（ワ）第○○○○号　保証債務請求事件

原　告　甲　山　一　郎

被　告　乙　川　次　郎

答　弁　書

令和○○年○○月○○日

○○地方裁判所民事第○部○係

〒○○○－○○○○

東京都○○区△△○丁目○番○号□ビル

乙島法律事務所（送達場所）

訴訟代理人弁護士　乙　島　三　郎　㊞

電　話　03－○○○○－○○○○

FAX　03－○○○○－○○○○

第1　請求の趣旨に対する答弁

1　原告の請求を棄却する。

2　訴訟費用は原告の負担とする。

第2　請求の原因に対する認否

1　請求の原因1の事実は認める。

2　請求原因2の事実は否認する。被告は後述のとおり、
　　全部弁済の抗弁を主張する。

—1—

コメント

答弁書は、訴えられた人（被告）が訴えた人（原告）に対して、どのような反論（言い分・主張）があるかを裁判所に明らかにする書面である。

したがって、訴状をよく検討して、どの部分は認め、どの部分は争うかを明確にしなければならない。答弁書の記載方法は、訴状の記載に対応して、「請求の趣旨に対する答弁」「請求の原因に対する認否」の双方を記載する。

また、反論についての証拠資料があれば、付属書類として添付する。

第3 抗弁事実（全部弁済）

1 明子は，令和○○年○○月○○，原告に対し，本件貸金に対する返済として400万円を弁済した。

2 関連事実

(1) 明子は，多数の債権者から弁済を迫られていたので，令和○○年○月ころ，債務を整理するため，自宅を売却した。明子は，上記売却代金の中から，原告に対し，本件弁済として400万円を持参して支払った。

(2) 原告は，明子が上記弁済についての領収書を求めたところ，「400万円を返したことは，連帯借用証書（甲1）に記載しておくから大丈夫だ。」などと言って領収証を書こうとはしなかった。そのため，明子は，欠かさずつけている日記帳に400万円を弁済したことを記載しておいた。

（以上，乙1、証人明子）

第4 予想される争点について

全部弁済の有無も争点になると考える。

第5 結論

上記のとおりであるから，原告の請求は理由がない。

証　　拠　　方　　法

1 乙1号証　日記帳

附　　属　　書　　類

1 乙1号証の写し　　　　　1通

2 訴訟委任状　　　　　　　1通

〔注〕 否認……事実と相違し、否定し認めないこと。不知……知らないこと、確信が持てないこと。

—2—

第2章
計画審理

2

訴訟の公正・迅速な進行のために

訴訟の迅速化と計画審理

早く結論を
出して欲しい

147条の2〜147条の3　☞裁判所は、審理する事項が多数・錯綜しているなどの
場合、必要があれば審理計画を定めなければならない。

1　司法制度改革と計画審理

　司法制度改革の一環として民事訴訟法も改正され（平成16年4月1日施行）、訴訟の適正・迅速審理の実現のために「計画審理」の章が新設されました。

2　訴訟手続の計画的進行（147条の2）

　計画審理とは、訴訟の「適正かつ迅速な審理の実現のための計画的な進行を図ること」をいい、これを裁判所および当事者の責務としています（147条の2）。これは、平成15年7月に制定された「裁判の迅速化に関する法律」の同法2条では、「裁判の迅速化は、第1審の訴訟手続については2年以内のできるだけ短い期間内にこれを終局させることにより行う」という趣旨を受けて改正民事訴訟法に新設されたものです。

3　審理の計画（147条の3）

　審理の計画については、「裁判所は、複雑な事件について適正かつ迅速な審理を行うため必要があると認められるときは、当事者双方と協議をして、その結果を踏まえて審理の計画を定めなければならない」（1項）としています（当事者との合意の成立は必要ない）。

　審理計画は、次の事項を定めなければなりません（必要的策定事項⇒2項）。
①争点及び証拠の整理を行う期間
②証人及び当事者本人の尋問を行う期間

③口頭弁論の終結及び判決の言渡しの予定時期

　任意的策定事項としては、以下のものがあります（3項）。
①特定の事項についての攻撃又は防御の方法を提出すべき期間
②その他の訴訟手続の計画的な進行上必要な事項

　なお、審理計画は、事態の推移に応じて変更せざるをえない場合もあるので、「裁判所は、当事者双方と協議をし、その結果を踏まえて第1項の審理の計画を変更することができる」としています（4項）。

4　審理計画の効力

　審理計画には、次の効力等があります。
①攻撃防御方法の却下（157条の2）

　審理計画の中で攻撃防御方法の提出期間が定められている場合に、当事者がその期間経過後に提出する攻撃防御方法については、裁判所は、申立てにより又は職権で、却下の決定をすることができます。
②訴訟費用の負担（63条関連）

　計画審理のために特定事項について定められた攻撃防御方法の提出期間内に攻撃防御方法が提出されなかったことにより訴訟の遅滞が生じたときには、裁判所は、その攻撃防御方法の提出者が勝訴した場合でも、遅滞によって生じた訴訟費用の全部または一部を負担させることができます。

審理の計画のしくみ

 訴訟手続の公正・迅速な進行は裁判所と当事者の責務で、複雑な事件は必要と認められれば審理計画が策定される。

計画審理

① 訴訟手続き計画的進行（147条の2）

実現のため適正・迅速な審理

◆裁判所と当事者は、適正・迅速な審理の実現のため、訴訟手続の計画的な進行をはからなければならないとして、裁判所と当事者の責務を明らかにした。

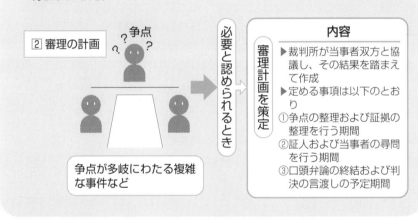

② 審理の計画

？争点？

争点が多岐にわたる複雑な事件など

必要と認められるとき

審理計画を策定

内容

▶裁判所が当事者双方と協議し、その結果を踏まえて作成

▶定める事項は以下のとおり
①争点の整理および証拠の整理を行う期間
②証人および当事者の尋問を行う期間
③口頭弁論の終結および判決の言渡しの予定期間

（訴訟手続の計画的進行）
第147条の2 裁判所及び当事者は、適正かつ迅速な審理の実現のため、訴訟手続の計画的な進行を図らなければならない。
（審理の計画）
第147条の3 裁判所は、審理すべき事項が多数であり又は錯そうしているなど事件が複雑であることその他の事情によりその適正かつ迅速な審理を行うため必要があると認められるときは、当事者双方と協議をし、その結果を踏まえて審理の計画を定めなければならない。
2 前項の審理の計画においては、次に掲げる事項を定めなければならない。
　一　争点及び証拠の整理を行う期間
　二　証人及び当事者本人の尋問を行う期間
　三　口頭弁論の終結及び判決の言渡しの予定時期
3 第1項の審理の計画においては、前項各号に掲げる事項のほか、特定の事項についての攻撃又は防御の方法を提出すべき期間その他の訴訟手続の計画的な進行上必要な事項を定めることができる。
4 裁判所は、審理の現状及び当事者の訴訟追行の状況その他の事情を考慮して必要があると認めるときは、当事者双方と協議をし、その結果を踏まえて第1項の審理の計画を変更することができる。

第3章
口頭弁論及びその準備

第1節▶口頭弁論

3

148条～160条

口頭弁論とは何か

お互いの主張を
言い合う

☞口頭弁論は種々の意味があるが、通常、裁判官の面前で直接口頭により、弁論、証拠調べを行う手続をいう。

1　口頭弁論における手続ルール

民事訴訟の手続においては、当事者が紛争解決に必要な主張や立証をたたかわせる場面として、「口頭弁論」が開かれなければならないとされていること（**必要的口頭弁論の原則**）は既に述べたとおりです。

この口頭弁論においては、審理の充実・当事者間の公平など様々な観点から種々の手続ルールが定められています。

2　裁判所の訴訟指揮権

訴訟指揮権とは、裁判所（裁判長）に認められた民事訴訟手続を適法かつ効率的に進行させるための適切な措置をとる権限のことをいい、民事訴訟においては、この訴訟指揮権が裁判所（裁判長）に認められています。

民事訴訟においては、訴訟の開始・終了や主張については当事者にイニシアティブを委ねていますが、訴訟の進行については**職権進行主義**の下、裁判所にイニシアティブが委ねられています。裁判所（裁判長）の訴訟指揮権はこの職権進行主義の一場面ということができます。

なお、この訴訟指揮権の一内容として、裁判所（裁判長）には訴訟関係を明瞭にするために問いを発するなどの「釈明処分」、「釈明権」が認められている他、裁判所には事案に応じて別事件の口頭弁論を併合したり、事案を2つの事件に分けるため口頭弁論を分離したりすることもできます。

3　適時提出主義

旧民事訴訟法は、主張や証拠などの攻撃防御方法につき、随時提出主義を定めていましたが、平成8年新法は、適切な時期の提出を求める「適時提出主義」に改正し、時機に遅れた攻撃防御方法の却下の規定をもって同主義を実効あらしめようとしています。

4　その他口頭弁論におけるルール

最初の口頭弁論期日に限り、被告は出頭しなくても答弁書が陳述されます（**擬制陳述**）。また、当事者が口頭弁論で相手方の主張した事実を明らかには争わない場合、その事実については自白したものとみなされます（**擬制自白**）。

用語　攻撃方法・防御方法

攻撃方法とは、原告が自分の申立てが適法であり、訴状記載どおりの申立てが理由がある（認容）ことを主張するために提出する一切の訴訟資料のこと。

防御方法とは、被告が原告の訴えが不適法（却下）あるいは請求の理由のないこと（請求棄却）を理由づけるためにする一切の訴訟資料のこと。

なお、裁判所は、時機に遅れた攻撃防御の方法は却下でき、また、攻撃防御の方法で趣旨が明瞭でないのに釈明しない場合も同様です。

口頭弁論のしくみ

要旨 訴訟においては、口頭弁論での攻撃防御による主張が最も重要である。主張しなければ事実だとしても認めてくれない。

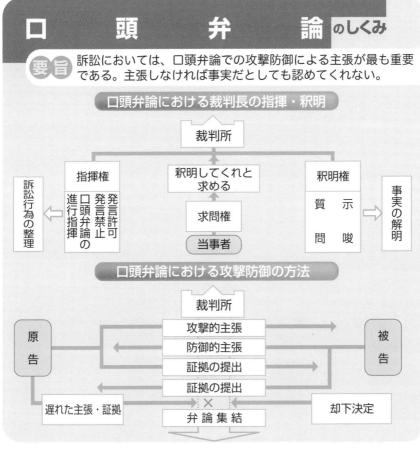

◆口頭弁論期日請書のサンプル

令和○○年（ワ）第○○○○号　○○○○請求事件

原　告　　○　　○　　○　　○
被　告　　○　　○　　○　　○

口頭弁論期日請書

　　　　　　　　　　　　　　　　　　　令和○○年○○月○○日

○○地方裁判所民事第○部○係
　　　　　　　　原告訴訟代理人弁護士　　甲　野　太　郎　㊞

　頭書の事件につき，口頭弁論期日を令和○○年○○月○○日午前○○時○○分と指定告知されましたので，同日時に出頭します。

※期日にどうしても出頭できない場合は、口頭弁論期日変更申請書を提出

準備書面の作成と手続

書面にする必要がある

☞準備書面は、口頭弁論で陳述しようとする攻撃防御方法を記載して裁判所に提出し、相手方に直送（ファクシミリ可）する。

◼ 口頭弁論における準備

民事訴訟手続に現れる事件については内容が複雑であったり、専門的であったりするものも数多くあります。そうした事件においては、口頭弁論の場で当事者がいきなり新たな主張を始めるような場合、裁判所も相手方も理解が困難であり、円滑な手続に支障を生じるでしょう。

こうした観点から、民事訴訟法は、当事者や裁判所が口頭弁論に臨むにあたり、あらかじめ主張を整理し、争点を明確にする口頭弁論の準備のための諸制度を設けています。

口頭弁論の準備のための制度には、①準備書面制度と②争点及び証拠の整理手続が設けられています。

◼ 準備書面の意義

準備書面とは、口頭弁論に先立ち、弁論の内容を相手方に予告する書面をいいます。

この準備書面は、民事訴訟規則上、前もって相手方が対応するのに十分な時間的余裕をもって裁判所および相手方に送付すべきものとされています。この送付については、ファクシミリを用いることが可能であり、実際に良く利用されています。

◼ 準備書面提出・不提出の効果

準備書面を提出しておいた場合、最初の期日においては、提出者が欠席した場合でも準備書面どおりの内容が陳述されたものとみなされます。答弁書の陳述擬制と同様の効果が準備書面にも認められているわけです。

また、準備書面を提出しておけば相手方が欠席した期日においてもその記載事実を陳述できるため、その期日において相手方に擬制自白を成立させる可能性も出ます。

反対に、準備書面を提出しない場合はもちろん、準備書面を提出した場合でも、そこに記載されていない事実は、相手方が在廷しないときには口頭弁論で主張することはできません。

欠席当事者が全く知り得ない主張について、欠席当事者に反論のチャンスを全く与えずに擬制自白が成立するとすれば、著しく酷となるからです。

用語👉　　当事者照会

当事者は、訴訟の係争中、相手方に対して、主張または立証を準備する必要な事項について、相当の期間を定めて、書面で回答するよう、書面で照会することができます（163条）。

ただし、以下の場合はできません。
①具体的または個別的でない照会
②相手方を侮辱し、困惑させる照会
③既にした照会と重複する照会
④意見を求める照会
⑤相手方が回答するために不相当な費用または時間を要する照会
⑥相手方が証言を拒絶することができる事項についての照会

準備書面等のしくみ

要旨 準備書面は、自分の主張・立証を予告して、相手方に応答の準備をさせ、裁判所にも対応措置を準備させるもの。

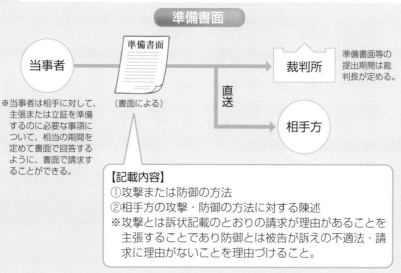

準備書面

当事者 ──→ 準備書面（書面による）

※当事者は相手に対して、主張または立証を準備するのに必要な事項について、相当の期間を定めて書面で回答するように、書面で請求することができる。

直送

裁判所

準備書面等の提出期間は裁判長が定める。

相手方

【記載内容】
①攻撃または防御の方法
②相手方の攻撃・防御の方法に対する陳述
※攻撃とは訴状記載のとおりの請求が理由があることを主張することであり防御とは被告が訴えの不適法・請求に理由がないことを理由づけること。

◆準備書面の書式サンプル

令和○○年（ワ）第○○○○号　保証債務請求事件

原　告　甲　山　一　郎

被　告　乙　川　次　郎

第1準備書面

令和○○年○○月○○日

○○地方裁判所民事第○部○係　御中

原告訴訟代理人弁護士　　甲　野　太　郎　㊞

1　本件連帯保証契約の締結について

本件貸付については，連帯借用証書（甲1）が作成されている。その連帯保証人欄の被告の署名押印は，いずれも乙川明子がしたものであるが，被告は，これに先立ち明子に対し，本件連帯保証契約締結の代理権を授与している。明子は，この署名押印をすることにより，被告のためにすることを示して本件連帯保証契約を締結したものである。

（以下省略）

※答弁書の書式サンプルについては 66・67 ページ参照

第3節▶争点及び証拠の審理手続①

争点・証拠の整理手続

何が争点か、証拠はあるか

☞争点・証拠の整理を目的とする口頭弁論で、証人尋問や当事者尋問なども含めて公開の法廷で行われる。

■ 争点整理の重要性

民事訴訟は、当事者間に争いのある事実が争点となり、この争点について必要な証拠調べを行い、裁判所がこれについて判決という形で判断を下すというのが基本構造です。したがって、適正で迅速な裁判の実現のためには、早期に争点を明確にして、争点に的を絞った効率的な証拠調べをすることが不可欠の要請ということができます。

■ 旧法下における審理方式の欠陥

しかし、旧法下においては、争点および証拠の整理手続が十分ではなく、1カ月に1回程度開かれる口頭弁論期日において互いに準備書面を交換するという進め方が主流であったため（「五月雨方式」と批判された）、そもそも当事者の主張がひととおり出そろうまでに膨大な時間を要しますし、出そろった後も、当事者の主張がかみ合わず、争点が不明確なまま証拠調べ手続に入り、審理が錯綜するといった例も多く見られました。

■ 弁論兼和解

そうした状況の下、早期に争点を明確化する手段として、「弁論兼和解」という審理方式が実務ではしばしば用いられました。これは、法廷とは異なる準備室などのカジュアルな雰囲気の下、裁判官と当事者が話し合いを進め、弁論や争点整理、証拠調べ、和解の勧試などを行うものです。

しかし、こうした審理方式については、

法的な根拠が必ずしも明らかではなく、また、口頭弁論の公開主義との関係でも問題点が指摘されました。

■ 新法における対応

こうした状況の下、平成8年新法においては、①準備的口頭弁論、②弁論準備手続、③書面による準備手続という3つの手続が用意され、争点の効率的整理の実現を図ったのです。

新法下では、必要に応じて、口頭弁論とは別個にこれらの手続が利用され、令和4年改正により電話（音声のみ）による参加が可能な場合もますます増えてきています。

用語 ☞ **準備的口頭弁論**

民事訴訟法では、訴訟をスムースに進行させるため、お互いが争おうとしている事実や証拠によって証明すべき事実を事前に裁判所と当事者が協議する制度を設けています。これが準備的口頭弁論です。裁判所は必要があると判断したときは、当事者の意向とは関係なく準備的口頭弁論を開始でき、証拠調べにより証明すべき事実が明確になったときに終了することになっています。準備的口頭弁論は、争点・証拠の整理に必要な行為を公開の法廷ですることができます。また、儀式張らずに話し合うためにラウンドテーブル法廷によって行なうことも認められています。

準 備 的 口 頭 弁 論 のしくみ

要旨 争点・証拠の整理を目的とした口頭弁論で、公開の法廷で行われる手続である。

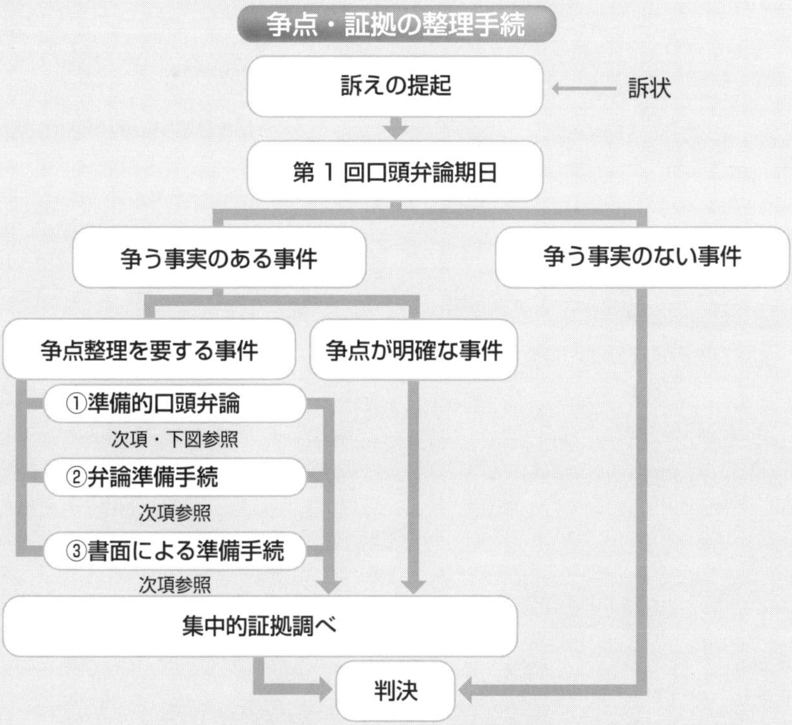

争点・証拠の整理手続

訴えの提起 ←── 訴状

第1回口頭弁論期日

争う事実のある事件 / 争う事実のない事件

争点整理を要する事件 / 争点が明確な事件

①準備的口頭弁論
次項・下図参照

②弁論準備手続
次項参照

③書面による準備手続
次項参照

集中的証拠調べ

判決

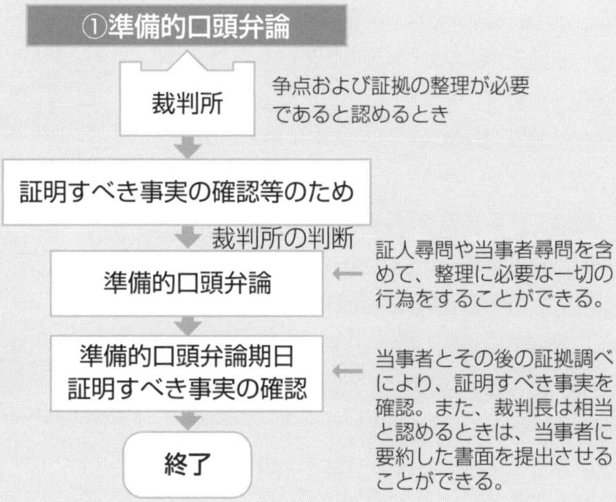

①準備的口頭弁論

裁判所 ─── 争点および証拠の整理が必要であると認めるとき

証明すべき事実の確認等のため

↓ 裁判所の判断

準備的口頭弁論 ←── 証人尋問や当事者尋問を含めて、整理に必要な一切の行為をすることができる。

準備的口頭弁論期日
証明すべき事実の確認 ←── 当事者とその後の証拠調べにより、証明すべき事実を確認。また、裁判長は相当と認めるときは、当事者に要約した書面を提出させることができる。

終了

6 3つの整理手続

☞争点および証拠の整理手続には、前項の準備的口頭
弁論の他、弁論準備手続、書面による準備手続がある。

1 争点及び証拠の整理手続の意義

民事訴訟における充実した審理の促進のためには、証拠調べ手続の前に当事者及び裁判所の間で争点及び証拠を整理し、事件の実体についての認識を共通にしておくことが不可欠です。

そこで、民事訴訟法は、事件の内容・性質に応じた適切な手続選択を可能とするため、3種の争点及び証拠の整理手続を設けています。

2 準備的口頭弁論

準備的口頭弁論とは、争点及び証拠の整理を口頭弁論期日において行う手続をいいます。

争点及び証拠の整理という目的の制約は存しますが、準備的口頭弁論も口頭弁論である以上、公開法廷で行われることになります。したがって、この手続は公開法廷におきる争点整理を相当とする事件類型に適するといえ、社会の注目を集める事件や当事者や関係人が多数いる事件などがこれにあたるとされています。

3 弁論準備手続

弁論準備手続とは、口頭弁論期日外の期日において、争点及び証拠の整理を目的として行われる手続をいいます。

旧法下で行われた弁論兼和解の調書を承継し、諸規定を整備したものです。

この手続きは、口頭弁論とは区別されますから一般への公開は必要とされません。したがって、多数の証拠を整理する場合や

図面やビデオテープの内容確認を行うなど機動的な争点整理に適した類型とされ、多くの事案で極めて頻繁に利用されています。

なお、弁論準備手続後の口頭弁論において、当事者は弁論準備手続の結果を陳述するものとされています。

4 書面による準備手続

書面による準備手続とは、当事者の出頭なしに、準備書面の提出等により争点及び証拠の整理をする手続きです。

裁判所は、当事者が遠隔地に居住しているなど相当な場合にこの手続を選択でき、当事者の出頭の補充として電話会議の方法がとられます。

用語☞ 書面による準備手続

争点・証拠整理手続きの方法の一つですが、当事者が遠隔地に居住している場合、または裁判所が相当と認めるときには、裁判所に出頭せずに、準備書面を基本として、電話会議の方法によって、争点・証拠の整理に関する事項、その他口頭弁論の準備のために必要な事項について、当事者双方と協議するものです。

裁判所は、事前に当事者の意見を聴いてこの手続きを実施するかどうかを決めます。また、裁判所は、この手続きを終了するに際して、争点整理の結果を要約した書面を提出させることができます。

弁論準備手続、書面による準備手続 のしくみ

> **要旨** 簡単に言えば、弁論準備手続は弁論で、書面による準備手続は書面により行う準備手続である。

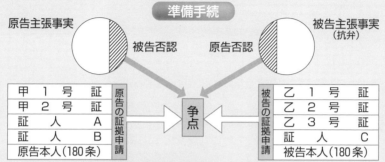

準備手続

原告主張事実　　　　　　　　　　　　　　　　　被告主張事実（抗弁）

被告否認　　　原告否認

甲 1 号 証	原告の証拠申請
甲 2 号 証	
証 人　　　A	
証 人　　　B	
原告本人（180条）	

争点

被告の証拠申請	乙 1 号 証
	乙 2 号 証
	乙 3 号 証
	証 人　　　C
	被告本人（180条）

（注）原告の出す書証は順番に甲1号証と甲2号証と番号をふる。
被告の書証についても同じであるが、これは乙号証と呼ぶ。

争点整理および証拠整理手続	①準備的口頭弁論（弁論方式で行う⇒前項図参照） ②弁論準備手続（弁論方式で行う⇒下図参照） ③書面による準備手続（書面により行う⇒下図参照）

②弁論準備手続

裁判所
↓
事前に当事者の意見を聞いて決定
↓
弁論準備手続

← 争点・証拠の整理が必要であるが、公開の準備的口頭弁論よりも非公開の手続が適切であると判断したときに非公開で行われる。電話会議方式も可能。

弁論呼出し期日
・証明すべき事実を明確にする
・裁判所と当事者が上記の事実を確認
・当事者が上記の結果を要約した書面を提出（裁判所の判断）
↓
終了

← 口頭弁論期日において、弁論準備手続の結果を陳述

▶弁論…当事者が決定で行う手続

③書面による準備手続

裁判所
↓
事前に当事者の意見を聞く
↓
書面による準備手続

← 争点・証拠整理が必要な場合に、当事者双方が裁判所に出頭することなく、準備書面（電話会議の方式もある）により当事者双方が協議する。

← この手続は、当事者が遠隔地に居住しているとき、その他、裁判所が相当と認めるとき。

実施時期
・実施時期については特に制限はない（第1回口頭弁論期日前でも可）
・証明すべき事実を明確にする
・裁判長と当事者双方が上記の事実を確認
・上記の結果を要約した書面（文書）を提出（裁判長の判断）
↓
終了

← 口頭弁論期日において、書面による準備手続の結果を陳述

第4章
証拠

7

179条〜189条

第1節▶総則
証拠と証拠調べ

いよいよ証拠調べが始まるよ！

☞争われている事実の存在を明確にするのが証拠で、その手続が証拠調べである。

◤1◢ 証拠の意義

証拠とは、事実認定の基礎となる資料のことをいいます。

民事訴訟は、具体的事実に法律や規則を適用して権利・義務や法律関係を判断してゆく手続であり、裁判所がいかなる具体的事実を認識するかは結果にとって極めて重要です。

そして、裁判が公正であるためには、この事実認定が客観的で合理的なものでなければならず、裁判所の事実認定は証拠に基づかなければならないものとされているのです（証拠裁判主義）。

◤2◢ 証明と疎明

証明とは、ある事項を証拠によって明らかにすることですが、民事訴訟法上、これは裁判官の心証の程度に応じて証明と疎明に分けられます。

証明を要する事実（要証事実）の存在につき、裁判官が確信を抱いた状態にまで持ち込む場合が「証明」、確信にまで至らないが一応そうだろうという状態が「疎明」であり、ここでの「確信」とは、通常人が合理的な疑いを容れない程度の心証と説明されます。

◤3◢ 証明が不要な事項

証明の対象は原則として事実であり、特殊なものを除き、法規や経験則は証明の必要がありません。

また、事実であっても、そもそも主張されていない事実、争いのない事実、裁判所に顕著な事実も不要証事実とされています。

◤4◢ 証明責任

当事者双方がある事実の存在、不存在を争い、それぞれが立証活動を行った結果が真偽不明（ノン・リケット）の状態に至る場合が考えられます。

その事実が訴訟物たる権利関係に直接結びつく主要事実の場合、裁判所が判決という形で訴訟物に結論を出すためには存在・不存在のどちらかに確定する必要があり、真偽不明を理由に判断を拒絶することは許されません。

ここで登場するのが証明責任（立証責任）という法技術であり、主張事実が真偽不明の場合、どちらとするかのルールが予め定まっているのです。

用語🔏 **自由心証主義**

裁判官が、事実認定について、審理に現われたすべての資料・状況に基づいて、法律の制約を受けずに、自由な心証によって行なうことをいいます。裁判官には証拠方法を制限せず、また証拠力についても法定せず、いずれも裁判官の自由な評価にゆだねられることになっています。

証 拠 と 証 拠 調 べ のしくみ

 裁判所の審理における証拠および証拠調べの結果が判決に影響する。その意味では証拠調べこそが最大のポイントといえる。

証拠と証拠調べ

証拠の種類

事実の存在を明確にする材料

 証人、鑑定人、当事者本人
※証拠調べは尋問による

 文書　※証拠調べは書証（閲読）
検証物　※証拠調べは検証

※裁判所において当事者が自白した事実、顕著な事実は明らかにする必要はない

証拠の申出（当事者）

証拠調べ（裁判所）

※争点および証拠整理が終了した後集中して行う

裁判所
（裁判官）────自由心証主義

証明

裁判官が要証事実の存在について確信を得た状態⇒証拠として認められる

疎明

裁判官が、事実の存在が一応確からしいとの認識を得た状態⇒原則として、明文で定める場合に限られる

証明なし

証拠として認められない

判決

※証拠原因（証拠資料のうち、事実の存否につき確信を抱くようになったもの）は、判決理由中で主文の判断にどのように役立ったか表示される

（証明することを要しない事実）
第179条　裁判所において当事者が自白した事実及び顕著な事実は、証明することを要しない。
（証拠の申出）
第180条　証拠の申出は、証明すべき事実を特定してしなければならない。
　2　証拠の申出は、期日前においてもすることができる。

証拠① 証人と尋問

190条〜206条　☞証人は証拠の1つで、証拠調べは当事者の申出により、尋問によって行われる。

証人は、原則、出頭義務がある

1　証拠方法

証拠調べにおいて、取調べの対象となる有形物を証拠方法といいます。

証拠方法が人である場合を人証、物である場合を物証といいます。人証を調べる証拠調べとして、証人尋問、当事者尋問、鑑定などがあります。

2　証人

証人とは、過去の事実や状態につき自己の経験により認識したことを訴訟において供述すべき当事者およびその法定代理人以外の者をいいます。

当事者とその法定代理人は、証人適格を有しません。わが国の裁判権に服する者は、原則として**出頭義務**、**宣誓義務**、**供述義務**を総称した**証人義務**を負担するものとされます。

3　証人尋問手続

証人尋問は、証明すべき事実を特定しての当事者からの申出に対し、裁判所がそれを採用し、**期日に証人を呼び出すこと**によって実施されます。

尋問は、原則として交互尋問の方式により、尋問の申出をした当事者がまず**主尋問**を行い、続いて相手方当事者が**反対尋問**を行い、さらに申出当事者が**再主尋問**を行うという順序で行われます。

尋問の内容によっては、裁判所は、申立てにより、または職権でこれを制限することができます。誘導質問、重複質問、争点に関係のない質問、意見の陳述を求める質問などがこの制限に服する場合とされています。

4　証人尋問の実施方法

証人の陳述は口頭によることを原則としますが、裁判長の許可があるときは書類、あるいは図面や写真などを利用しての尋問も許されます。

同一期日に尋問すべき証人が数名ある場合は、後に尋問すべき証人が同席しないように尋問すべきものとされています。証人の陳述が影響を受けることを防ぐ趣旨です。

証人尋問の特殊な実施方法としては、証人に遮へいの措置や付添いの措置がとられる場合や映像と音声の送受信による「**ビデオリンク方式**」による証人尋問の方法などがあります。

用語　👉　**ビデオリンク方式**

裁判で証人尋問をする際に、証人を法廷以外の場所に召喚し、映像と音声をモニターできる装置を使うことによって、法廷から尋問をする方式です。性犯罪の被害者の苦痛を和らげるため、刑事事件では平成13年から利用されていましたが、平成21年に民事訴訟法でも規定が新設され、導入されています。民事訴訟では、証人が遠隔地に居住する場合、証人が諸事情により出廷して証言をすると精神の平穏を著しく害するおそれがあると認められる場合に利用されます。

証 人 尋 問 のしくみ

要旨 証人には尋問を受ける義務があるが、一定の親族等には証言拒絶権がある。

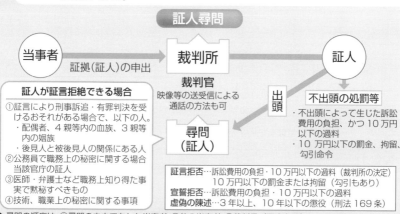

証人尋問

| 当事者 | 証拠（証人）の申出 → | 裁判所 | | 証人 |

裁判官
映像等の送受信による通話の方法も可

出頭

不出頭の処罰等
・不出頭によって生じた訴訟費用の負担、かつ10万円以下の過料
・10万円以下の罰金、拘留、勾引命令

尋問（証人）

証人が証言拒絶できる場合
①証言により刑事訴追・有罪判決を受けるおそれがある場合で、以下の人。
　・配偶者、4親等内の血族、3親等内の姻族
　・後見人と被後見人の関係にある人
②公務員で職務上の秘密に関する場合
　当該官庁の証人
③医師・弁護士など職務上知り得た事実で黙秘すべきもの
④技術、職業上の秘密に関する事項

証言拒否…訴訟費用の負担・10万円以下の過料（裁判所の決定）
　　　　　10万円以下の罰金または拘留（勾引もあり）
宣誓拒否…訴訟費用の負担・10万円以下の過料
虚偽の陳述…3年以上、10年以下の懲役（刑法169条）

▶尋問の順序は、①尋問の申立てをした当事者、②他の当事者、③裁判長（下表参照）

〔尋問の順序〕

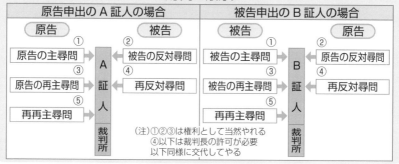

原告申出のA証人の場合		被告申出のB証人の場合	
原告 ①	② **被告**	**被告** ①	② **原告**
原告の主尋問 → A証人 ← 被告の反対尋問 ③	④	被告の主尋問 → B証人 ← 原告の反対尋問 ③	④
原告の再主尋問 → ← 再反対尋問 ⑤		被告の再主尋問 → ← 再反対尋問 ⑤	
再再主尋問 → 裁判所		再再主尋問 → 裁判所	

（注）①②③は権利として当然やれる
　　　④以下は裁判長の許可が必要
　　　以下同様に交代してやる

◆証拠申出書（証人尋問）の書式サンプル

令和○○年 （ワ） 第○○○○号　保証債務請求事件
原　告　　甲　山　一　郎
被　告　　乙　川　次　郎

証拠申出書

　　　　　　　　　　　　　　　　　　　令和○○年○○月○○日
○○地方裁判所民事第○部○係　御中
　　　　　　　　　原告訴訟代理人　　甲　野　太　郎　㊞

第1　証人尋問の申出
　1　証人の表示
　　　〒○○○－○○○○　　　　東京都××区△△○丁目○番○○号
　　　　　　　乙　川　明　子　（呼出し・主尋問20分）
　2　立証の趣旨
　　(1)　被告の乙川明子に対する連帯保証契約締結の代理権授与の事実
　　(2)　被告の追認の事実
　3　尋問事項
　　　別紙尋問事項記載のとおり（別紙略）

第4章
証　拠

9

207条〜211条

第3節▶当事者尋問

証拠② 当事者の尋問

不出頭だと相手の
主張が認められる

☞裁判所は申立てまたは職権で、当事者本人の尋問を
することができる。職権の場合、証明が十分でない場合。

１　当事者尋問

当事者尋問とは、当事者本人を証拠方法として、その経験した事実について質問し、争いのある事実についての証拠資料を得ようとする証拠調べです。

法人が当事者の場合、代表者に対する尋問は当事者尋問となりますが、その代表者が当該訴訟においてその法人を代表していない場合は、証人尋問の手続によることになります。

なお、当事者尋問は代理人によってなされる場合が通常ですが、本人訴訟によっても行うことができます。

２　補充性とその緩和

当事者尋問は、旧法においては、係争事実について他の証拠調べによっては心証を得ることができない場合に限って認められるものとされていました（**当事者尋問の補充性**）。

この補充性は、事件の直接の利害関係人たる当事者に公正な供述を期待し難いこと、制裁をもって当事者に供述を強制するのは酷であることに基づいたものでした。

しかし、当事者本人は、事実関係を最もよく知る者でありますし、わが国においては、当事者本人の供述が第三者の証言と比較して必ずしも信用性が乏しいとはいえないとの認識が一般的であり、立法論として補充性を削除すべしとの主張がなされてきました。

そうした背景から、現行法では、証人お

よび当事者本人の尋問を行うときは、原則として証人尋問を先行しなければならないとしつつも、適当と認めるときは当事者の意見を聴いて当事者尋問を先行させることができるとして、**補充性の要件を緩和する**に至りました。

３　当事者尋問の手続

当事者尋問の手続きも、証人尋問手続と概ね同様であり、申立てまたは職権により開始します。

もっとも、宣誓が強制されないほか、不出頭や証言拒絶に対しての制裁も準用されませんが、当事者の正当な理由ない拒絶の場合、裁判所は、尋問事項に関する相手の主張を真実と認めることができます。

用語 ☞ 　　**宣誓拒否**

事件の証人として法廷に出頭するものは、特別な定めがある場合を除いて、宣誓をしなければなりません。実際は、事前に宣誓書に署名押印し、証人尋問の開始時にこれを読み上げることになります。正当な理由がなく宣誓を拒否すると、10万円以下の罰金または過料に処せられることがあります。

当事者尋問でも、宣誓することが求められます。この宣誓を拒否すると、相手方の主張が事実と認められる場合があります。また、裁判所の決定により10万円以下の過料に処せられることがあります。

当 事 者 尋 問 のしくみ

要旨 当事者尋問は、申立てまたは職権により行うことができる証拠方法の一つである。

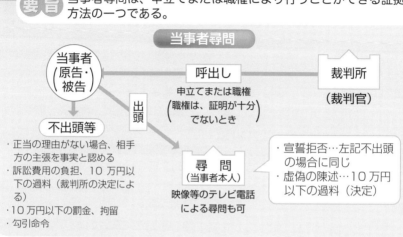

◆証拠申出書（当事者尋問）の書式サンプル

令和○○年（ワ）第○○○○号　保証債務請求事件
原　告　甲　山　一　郎
被　告　乙　川　次　郎

証拠申出書

令和○○年○○月○○日

○○地方裁判所民事第○部○係　御中

原告訴訟代理人　甲　野　太　郎　㊞

第1　証人尋問の申出（省略：前項参照）
第2　本人尋問の申出
　1　原告本人の表示
　　東京都△△区□□○丁目○○番○号
甲　山　一　郎　（同行・主尋問 30 分）

　2　立証の趣旨
　　1　被告の乙川明子に対する連帯保証契約締結の代理権授与の事実
　　2　被告の追認の事実
　　3　乙川明子が原告に交付した 50 万円が不動産売却の謝礼として支払われた事実
　3　尋問事項
　　別紙尋問事項記載のとおり（別紙省略）

10 証拠③ 鑑 定

第4節▶鑑 定

鑑定の対象は
多くあるよ

212条〜218条

☞鑑定は証拠調べの1つで、裁判所の指定した鑑定人の報告、またはその知識を具体的事実に当てはめて得た判断の報告をいう。

1 鑑定の意義

法規あるいは経験則についての専門的知識または経験則を利用して得られた事実判断を裁判所の命令により報告する者を鑑定人といい、この報告を獲得するための証拠調べを鑑定といいます。

鑑定人という人を証拠方法とする点で証人尋問や当事者尋問と同様、人証に関する証拠調べということになります。

2 鑑定人

鑑定人は鑑定に必要な学識経験を用いた意見を述べる点で、自らの認識や経験を述べる証人とは異なります。

鑑定人の有すべき学識経験は一般的なものですから、その能力を有している者であれば代替性があるのに対し、証人は当該人の認識や経験が重要である点で非代替的ということができます。

鑑定人たりうる者は第三者に限られ、また、証言や宣誓を拒絶できる者と同一の地位にある者や宣誓義務のない者は鑑定人になることができないとされています。これらの者による鑑定は、誠実公正を疑わせる事情があるからです。

わが国の裁判権に服し、鑑定人に必要な学識経験を有する者は鑑定義務を負うものとされています。証人の場合の証人義務と同種の規定であり、具体的には、出頭義務、宣誓義務、鑑定意見陳述義務がこれに当たります。

なお、鑑定人については、公正確保のため、裁判官の場合と同様、忌避(きひ)の制度も認められています。

3 鑑定手続

鑑定は、申出をもって開始します。この申出には、鑑定事項を表示すれば足り、鑑定人の指定までは必要ありません。

鑑定人は学識経験のある第三者の中から裁判所が指定し、その後、裁判所による鑑定人の呼出し、人定、宣誓、鑑定事項の告知、鑑定意見の報告という順に手続が進められます。

鑑定の結果の報告については、裁判長の裁量により書面または口頭で意見を述べさせることが可能です。口頭で意見を述べる場合は、まずは鑑定人が意見を述べ、その後必要に応じ、裁判長や当事者が質問するものとされています。

用語 👉 鑑定人の義務

鑑定とは、特別な学識経験を持つ鑑定人に、その専門知識をもとに得られる判断、意見を裁判所へ報告させ、それを証拠とするものです。鑑定人は裁判所が指名します。鑑定に必要な学識経験がある者は、指名されたときは裁判所に出頭する義務を負い、鑑定意見報告義務を負い、宣誓義務を負うことになっています。これを怠った場合には、罰金等の制裁があります。鑑定人は書面または口頭で意見を述べます。

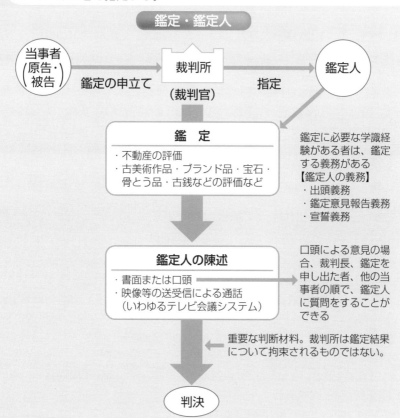

鑑定と鑑定人のしくみ

要旨 鑑定は当事者の申出により、裁判所が鑑定に必要な学識経験がある者を指定する。

鑑定・鑑定人

当事者（原告・被告） → 鑑定の申立て → 裁判所（裁判官） → 指定 → 鑑定人

鑑定
・不動産の評価
・古美術作品・ブランド品・宝石・骨とう品・古銭などの評価など

鑑定に必要な学識経験がある者は、鑑定する義務がある
【鑑定人の義務】
・出頭義務
・鑑定意見報告義務
・宣誓義務

鑑定人の陳述
・書面または口頭
・映像等の送受信による通話（いわゆるテレビ会議システム）

口頭による意見の場合、裁判長、鑑定を申し出た者、他の当事者の順で、鑑定人に質問をすることができる

重要な判断材料。裁判所は鑑定結果について拘束されるものではない。

判決

（鑑定義務）
第212条 鑑定に必要な学識経験を有する者は、鑑定をする義務を負う。
　2　第196条又は第201条第4項の規定により証言又は宣誓を拒むことができる者と同一の地位にある者及び同条第2項に規定する者は、鑑定人となることができない。
（鑑定人の指定）
第213条 鑑定人は、受訴裁判所、受命裁判官又は受託裁判官が指定する。
（忌避）
第214条 鑑定人について誠実に鑑定をすることを妨げるべき事情があるときは、当事者は、その鑑定人が鑑定事項について陳述をする前に、これを忌避することができる。鑑定人が陳述をした場合であっても、その後に、忌避の原因が生じ、又は当事者がその原因があることを知ったときは、同様とする。
　2　忌避の申立ては、受訴裁判所、受命裁判官又は受託裁判官にしなければならない。
　3　忌避を理由があるとする決定に対しては、不服を申し立てることができない。
　4　忌避を理由がないとする決定に対しては、即時抗告をすることができる。

11

第5節▶書 証

証拠④ 書 証

☞書証は、書面（文書）を証拠にすることで、物的証拠の1つである。

契約書などがある

1 物証に関する証拠調べ

物体ないし物理的現象を対象とする証拠調べが書証と検証です。

書証は、裁判実務における事実認定において、量的にも質的にも極めて重要な役割を果たしています。

2 書証の意義

書証とは、**文書という証拠方法**により、その思想内容を証拠資料とするために行われる証拠調べです。

文書とは、人の思想内容が文字その他の可読的符号により表示されたものと定義され、その思想内容の表示主体をその文書の作成者といいます。

書証の場合、その文書の記載内容がどれほど証明に資するかという面（実質的証拠力）とその文書が本当に作成者とされる者の意思に基づいて作成されたものか否か（形式的証拠力）という面との2つの側面が常に問題となってきます。

私文書の場合、印影が本人の印章によって顕出されたものであるときは、本人の意思に基づいて顕出されたものと推定され、その場合、文書の成立の真正、すなわち文書の形式的証拠力も推定されることとなります（二段の推定）。

3 書証の手続

書証は当事者の申出により始まります。書証の申出の方法には、自ら所持する文書を提出する場合と文書の所持者にその提出を命ずることを申立てる場合（**文書提出命**令の申立、文書送付嘱託の申立）とがあります。

自ら所持する文書の提出の申出は、口頭弁論期日において原本を提出してこれをなすのが原則であり、実務では、原告が提出した文書を甲号証、被告が提出した文書を乙号証と呼び、第1号証から順次番号を付して提出します。

4 文書提出命令、文書送付嘱託

文書提出命令は、提出義務ある所持者に対し、裁判所による提出決定を求める手続であり、当事者がそれに従わないときは、相手の主張を真実を認めることができるなどの効果が認められています。

文書送付嘱託は、文書提出義務のない者に対してなされる文書の送付の嘱託を求める手続です。

用語 👉 文書提出義務

文書を証拠として証明しようとする場合に、文書が手元にあればそれを裁判所へ提出すればよいのですが、文書が相手や第三者の下にある場合には、裁判所に申し立てて文書提出命令を出してもらいます。

この命令を受けた文書の所持者は、自分が使用するために作られた文書、または証言拒絶権が認められている内容の文書以外であれば、これを提出しなければなりません。文書提出命令に従わない場合には、20万円以下の過料の制裁があります。

証　拠　と　書　証 のしくみ

要旨 書証は、争いのある事実を立証するための方法の1つで、実務上は文書そのもののことである。

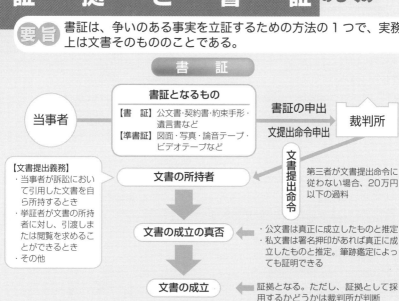

書　証

当事者

書証となるもの
【書　証】公文書・契約書・約束手形・遺言書など
【準書証】図面・写真・論音テープ・ビデオテープなど

書証の申出

文提出命令申出

裁判所

【文書提出義務】
・当事者が訴訟において引用した文書を自ら所持するとき
・挙証者が文書の所持者に対し、引渡しまたは閲覧を求めることができるとき
・その他

文書の所持者

文書提出命令

第三者が文書提出命令に従わない場合、20万円以下の過料

文書の成立の真否

・公文書は真正に成立したものと推定
・私文書は署名押印があれば真正に成立したものと推定。筆跡鑑定によっても証明できる

文書の成立

証拠となる。ただし、証拠として採用するかどうかは裁判所が判断

令和○○年㈦第○号○○請求事件
文書提出命令申立書
　　　　　　　　原　告　Ａ株式会社
　　　　　　　　被　告　○○　○○
令和○○年○月○日
　　　　　　　　原　告　Ａ株式会社
　　　　　　　　代表取締役　○○　○○　㊞
○○地方裁判所民事第○部　御中
申立の内容
　原告事実立証のため下記文書の所持人である被告（または第三者○○）に対し同文書の提出を命じられたく申立てます。
1. 証すべき事実　原告主張事実のうち○○の事実
2. 文書の表示
(1)令和○○年○月○日Ｘ署名の○○契約書　1通
(2)同月付けのＹ署名の○○書　1通
3. 文書の趣旨※(1)……
　(2)……
4. 文書の所持人の住所、氏名
5. 文書提出義務の原因　被告（または第三者○○）は○○のため本文書を作成したものであるから民事訴訟法第312条○号により文書提出の義務がある。
　　　　　　　　　　　　　　　　　　以　上

文書送付嘱託申立書
　　　　　　　　原　告　○○　○○
　　　　　　　　被　告　○○　○○
令和○○年○月○日
　　　　　　　　被　告　○○　○○　㊞
令和○○年○月○日
○○地方裁判所民事第○部　御中

　○○の事実立証のため○○地方検察庁に対し下記の書類の送付をされたく申立てます。

文書の表示

被疑者○○に対する令和○○年○月○日、○市○町○番地おける交通事故に関する道路交通法違反事件の関係者書類中、司法警察員○○○○令和○○年○月○日に作成にかかる実況検分調書　1通

　　　　　　　　　　　　　　　　　　以　上

※文書内容、何のために作られたかを大体でよいから書く。

第6節▶検 証

証拠⑤ 検 証

☞検証とは、裁判書が証拠物の形状・性質・状態を観察し、その結果得られた内容を証拠資料とする証拠調べの手続。

証拠物を観察するんだ

1 検証の意義

検証とは、裁判官が自己の感覚作用（視覚、聴覚、味覚、嗅覚、触覚など）によって、直接に人体または事物の形状、性質等を認識し、その結果を証拠資料とする証拠調べをいいます。検証の対象となる事物を検証物と呼びます。

人証や書証の証拠資料が人の思想であるのに対し、検証は裁判官が五感の作用によって知覚しえた結果が証拠資料となる点で、証拠資料が人の認識や思想である人証や書証とは異なります。したがって、人であっても、その容姿、身体を検査するときは人証ではなく検証となりますし、文書であっても、その記載内容ではなく、その存在、紙質、筆跡等を調べるときは書証ではなく検証ということになります。

2 検証受忍義務

検証の目的物を所持する者は、裁判所の命令に応じてこれを提示し、検証を受忍すべき義務を負担します。

この義務の性質についてですが、受忍義務の規定が概ね書証についての規定を準用しながらも、文書についての提出義務の規定は準用していないことを根拠として、証人義務と同様、一般義務と理解されています。

3 検証手続

検証手続は、検証の目的を表示して、当事者が申出をすることによって行われます。

検証物提示命令の発令手続やこれに従わない場合の効果などは書証についての場合と同様です。

検証物の提示または送付を困難とする事情があるときは、裁判所外で検証を実施し、あるいは、受命・受託裁判官に検証をさせることも可能です。

受訴裁判所や受命裁判官などは、検証の際、必要に応じて、職権でも鑑定を命ずることができるものとされます。検証の実施に当たって、専門的知識経験を必要とする場合が考えられるからです。

検証は、裁判官自身の認識が証拠資料となるものであり、この認識は検証の結果として調書に記載されることになります。

用語 ☞ 境界訴訟と検証

証拠調べの方法の一つに、「検証」という制度があります。これは事件の当事者が、理由を付して裁判官に申し立てて行なわれるものです。たとえば，隣家との境界争いでモメている場合、裁判官に現地に赴いてもらって、境界杭の有無など、裁判官の五感を働かせてもらって、形状、性質、状態を観察してもらい、その結果として得られた内容を証拠資料とするものです。検証の対象となるもの（検証物）が、相手方や第三者の支配下にあるときには、提出命令を裁判所に申し立てなければなりません。

証 拠 物 の 検 証 のしくみ

要旨 検証は裁判官が五感作用により直接事実を認識する証拠調べであるが、物だけではなく人も含む。

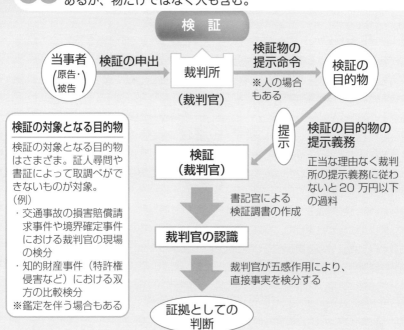

検証

当事者（原告・被告） → 検証の申出 → 裁判所（裁判官） → 検証物の提示命令 ※人の場合もある → 検証の目的物

検証の目的物の提示義務
正当な理由なく裁判所の提示義務に従わないと20万円以下の過料

提示 → 検証（裁判官）

書記官による検証調書の作成

裁判官の認識

裁判官が五感作用により、直接事実を検分する

証拠としての判断

検証の対象となる目的物

検証の対象となる目的物はさまざま。証人尋問や書証によって取調べができないものが対象。
（例）
・交通事故の損害賠償請求事件や境界確定事件における裁判官の現場の検分
・知的財産事件（特許権侵害など）における双方の比較検分
※鑑定を伴う場合もある

検証申出書

　　　　　　　　　　　　　　　　　原　告　○○　　○○

　　　　　　　　　　　　　　　　　被　告　○○　　○○

　当事者間の令和○○年（ワ）第○号○○請求事件につき、原告は下記のとおり検証願いたく申請致します。
　令和○○年○月○日

　　　　　　　　　　　　　　　　　原　告　○○　○○　㊞

○○地方裁判所民事第○部　御中

申立ての内容

1. 証すべき事実
　　…………………………………………
2. 検証の目的物
　　…………………………………………
3. 検証によって明らかにしようとする事項
　　…………………………………………

　　　　　　　　　　　　　　　　　　　以　上

第7節▶証拠保全

証拠保全の手続

証拠は前もって
保存を…

☞あらかじめ証拠を保全しておかないとその証拠を使用
することが困難となる場合に、申立てにより認められる。

1　特殊な証拠調べ

証拠の章の最後として、本項では特殊な証拠調べである証拠保全手続と証拠の利用につき民事訴訟法が採用する自由心証主義について述べます。

2　証拠保全の意義

証人が重体であったり、検証物の現状変更のおそれがある場合など、本来の証拠調べ手続を待っていたのでは証拠調べが不可能あるいは困難となるおそれがある場合があります。こうした場合に、将来に結果を利用するため、予め証拠調べをしておく場合を証拠保全といいます。

実務においては、医療訴訟や公害訴訟など加害者側が証拠を独占するような類型の不法行為訴訟などでしばしば利用されますが、訴え提起前に相手方の手持ち証拠の開示を企図してこの手続が利用される例も見られ、本来の趣旨を逸脱するものとの指摘もなされます。

3　証拠保全の手続

証拠保全手続は、原則として当事者による書面による申立てによって開始しますが、この申立ての際には、証拠保全の必要性を疎明することが必要です。

管轄裁判所は訴え提起の前後によって区別されており、提起前は保存対象の所在地を管轄する地方裁判所または簡易裁判所、提起後はその証拠を使用する裁判所となります。

申立ての当否は決定によって示され、証拠保全決定への不服申立てはできないことになっています。

4　自由心証主義

民事裁判における事実認定に際し、裁判官は種々の証拠や経験則を用いて心証を形成していくわけですが、この心証形成の方法につき、民事訴訟法は、証拠方法や経験則に特に限定を加えず、裁判官の自由な取捨選択に委ねるものとしています。

この建前を自由心証主義といい、これに一定の制約を施す法定証拠主義と対比されます。

自由心証主義は、証拠方法の無制限と証拠力の自由評価という2つの内容を包含するものです。

用語　　証拠保全の申立て

訴訟の開始を待っていては、証拠が散逸したり消失してしまう恐れがある場合、裁判所に申し立てて証拠保全の手続きをとってもらうことができます。これは訴訟が開始した後でも可能です。証拠保全の申立ては、書面でしなければならず、この書面には、①相手方の表示、②証明すべき事実、③証拠、④証拠保全の事由を記載しなければなりません。なお、証拠保全の事由については、疎明（証明より簡単でよい）をしなければならず、疎明に必要な書類等があれば、これも記載して申し立てます。

証　　拠　　保　　全 のしくみ

要旨 証拠保全は前もって証拠を確保する手続で、訴訟の提起前でも訴訟の提起後でもできる。

証拠保全の手続

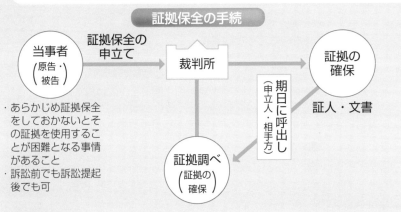

・あらかじめ証拠保全をしておかないとその証拠を使用することが困難となる事情があること
・訴訟前でも訴訟提起後でも可

【証拠保全の例】
・重要な証人が高齢でいつ死亡するかしれない場合
・相手方や第三者が持っていく資料で、訴訟となったときに隠したり、滅失してしまうおそれがある場合

収入印紙

証拠保全の申立

　住　所　○○県○市○丁目○番○号
申立人（すでに訴訟を提起しているときは原告　○○　○○）
　住所　○○県○市○丁目○番○号
相手方（または被告）○○　○○

証すべき事実

　申立人と被申立人で令和○○年○月○日申立人が被申立人に○○を金○○万円で売り渡す旨の売買契約をした事実。

証拠方法

1. 下記の証人に対して別紙尋問事項につき尋問を求める。

証人の表示

　住所　○○○○○○○○○
　　　証人　○○　○○

証拠保全の事由

　証人は前記申立人と相手方間の契約の締結に立ち会ったものであり、上記契約には他に証拠がないのであるが、相手方は上記事実を否認しているところ、当該証人は○○の病気にかかり生命が心配されている。
　以上のような状態にあるから、証人について至急尋問を行わなければ、その証言を用いるに困難な事情があるので、本申立てに及ぶものである。

疎明方法

1. 診断書　　　　1通
2. 上申書（申立人作成）　　1通
　　　　　　　　　　　　　　　以上

令和○○年○月○日
　　　　　　　申立人　○○　○○　㊞
○○地方裁判所　御中

第5章 判決 （243条〜260条）

第1審裁判は終局判決で終結する

判決の種類と効力

主張が真実か
どうかで判断

☞裁判所が口頭弁論に基づいて、一定の方式に従った判決原本を作成して言い渡す裁判。

1 判決の意義

民事訴訟は、当事者間の紛争に裁判所が判決を言渡すことによってその解決を図る手続です。

実務上は、後の項に述べる当事者の自主的解決方式によって終了する例も多く見られますが、判決言渡しによる解決が民事訴訟の想定する最も基本的な解決方式ということができます。

2 判決の種類

判決は、通則の箇所（52㌻参照）で述べたように、決定・命令と並ぶ裁判の一類型ですが、その判決をさらに様々な観点から分類することが可能です。

原告の訴訟上の請求（本案）についての判断が本案判決であり、これが判決の典型例といえますが、本案の前提である訴訟要件についての判断によって訴訟を終了させる場合があり、これを「訴訟判決」といいます。

また、紛争についての解決方法を最終的に示す場合の「終局判決」と前提となる争点への判断を中途で示す「中間判決」といった分類、あるいは事件の全部に判断を示す「全部判決」に対し、一部を切り離して判断する「一部判決」といった分類も存在します。

さらには、判決の命じる内容により、「給付判決」、「確認判決」、「形成判決」に分類することもできます。

3 確定判決に付随する裁判

終局判決には、付随的に仮執行宣言や訴訟費用の裁判が言い渡される場合があります。

仮執行宣言とは、確定前の終局判決に対し、確定判決と同一の執行力を付与するものであり、訴訟費用の裁判とは、その訴訟のために当事者や裁判所が必要的に支出した費用の分担を定めるものです。

4 判決の効力

判決の効力としては、既に述べた紛争蒸し返しを防止する既判力が最も重要ですが、それ以外にも、物の給付を命じる給付判決の場合、強制執行を可能とする「執行力」、法律関係の変動・形成を宣言する形成判決に認められる「形成力」などがあります。

用語👉 **原因判決**

請求訴訟において、請求原因と請求金額が争われる場合、まず、請求原因が正当であるかどうかを判断し、判決を下す場合があります。これは中間判決の一種で、原因判決と言われています。この判決が下された後で、金額について審理が行なわれることになります。金額をめぐる判決を下すに当たっては、この原因判決の判断を基礎にしなければなりません。

判決の言渡しのしくみ

要旨 判決には終局判決と中間判決があり、終局判決には全部判決と一部判決がある。

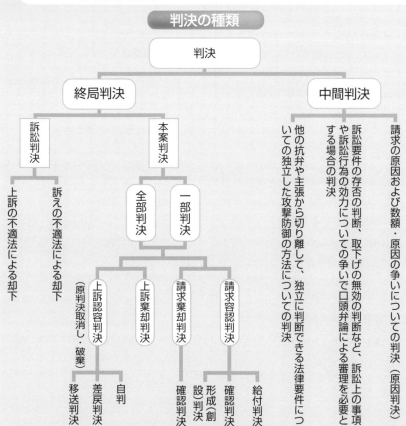

判決の種類

判決
- 終局判決
  - 訴訟判決
    - 上訴の不適法による却下
    - 訴えの不適法による却下
  - 本案判決
    - 全部判決
    - 一部判決
      - 上訴認容判決（原判決取消し・破棄）
        - 移送判決
        - 差戻判決
        - 自判
      - 上訴棄却判決
      - 請求棄却判決
        - 確認判決
      - 請求容認判決
        - 形成（創設）判決
        - 確認判決
        - 給付判決
- 中間判決
  - 他の抗弁や主張から切り離して、独立に判断できる法律要件についての独立した攻撃防御の方法についての判決
  - 訴訟要件の存否の判断、取下げの無効の判断など、訴訟上の事項や訴訟行為の効力についての争いで口頭弁論による審理を必要とする場合の判決
  - 請求の原因および数額・原因の争いについての判決（原因判決）

◎**終局判決**…終局判決とは、訴え（または上訴）によって訴訟係属した事件の全部または一部を現在係属している審級の訴訟事件として終結させる判決。
　▷**全部判決**…訴訟係属している事件の全部が結論を下せるような状態になったとき、その全部を同時に裁判する終局判決
　▷**一部判決**…訴訟事件の一部を他の部分と切り離し独立に裁判ができるような状態になったときに、その部分だけを裁判する終局判決。
◎**中間判決**…訴訟の進行中に問題となった実態上または訴訟上の各個の争点をあらかじめ判断・解決しておき、終局判決を準備するためになされる判決（（上表3つがある）。

（終局判決）
第243条 裁判所は、訴訟が裁判をするのに熟したときは、終局判決をする。
　2 裁判所は、訴訟の一部が裁判をするのに熟したときは、その一部について終局判決をすることができる。
　3 前項の規定は、口頭弁論の併合を命じた数個の訴訟中その一が裁判をするのに熟した場合及び本訴又は反訴が裁判をするのに熟した場合について準用する。

判決は、通常、判決書を基に言い渡される

判決の言渡しと判決書

主文で訴訟の勝敗がわたる

☞判決書には、主文、事実、理由などが記載されている。この判決書は当事者に送達される。

1 判決の言渡し

　裁判所は、訴訟が裁判をするのに熟したときは、終局判決をします。判決は、口頭弁論の全趣旨および証拠調べの結果をしん酌し、裁判所の自由な心証により行われます。裁判所が原告の請求に理由があると判断したときは請求認容判決、理由がないと判断したときは請求棄却判決を言い渡します。

　この判決の言渡しは、口頭弁論を担当した裁判官が行い、判決はこの言渡しによって効力を生じます。また、判決の言渡しは口頭弁論終結日から2カ月以内が原則です。

2 判決言渡しの手続

　判決の言渡しは、言渡期日に公開の法廷で裁判長が判決書の原本に基づいて、通常、主文の部分を朗読する方法で行われます。当事者が在廷しなくてもできます。

　判決書には、①主文、②事実、③理由、④口頭弁論の終結の日、⑤当事者および法定代理人、⑥裁判所の記載がなされ、事実の記載においては、請求を明らかにし、かつ、主文が正当であることを示すのに必要な主張を摘示しなければなりません。

　なお、被告が口頭弁論において原告の主張した事実を争わず、その他何らの防御の方法をも提出しない場合や、被告が公示送達による呼出しを受けたにもかかわらず口頭弁論の期日に出頭しない場合は、判決の言渡しは判決書に基づかなくてもよく、この場合は、裁判所書記官により主文等が調書に記載されます（判決に代わる調書）。

3 判決書等の送達

　判決原本等は判決言渡し後、遅滞なく書記官に交付され、書記官は判決原本に基づいて判決正本を作成し、これを当事者に送達します（裁判所で受け取ることもできる）。

4 判決に問題があるとき

①判決に法令の違反があることを発見したときは、裁判所は、その言渡し後1週間以内に限り、変更の判決をすることができます（原則）。

②判決に計算違い、誤記その他これらに類する明白な誤りがあるときは、裁判所は、いつでも更正決定をすることができます。

③裁判所が請求の一部について裁判を脱漏したときは、訴訟は、その請求の部分については、なおその裁判所に係属します。また、訴訟費用の負担の裁判を脱漏したときは、決定で、費用負担の裁判をします。

◆仮執行宣言が付される場合

　判決において仮執行宣言が付される場合があります。

①財産権上の請求に関する判決について、裁判所が必要があると認めるとき（担保が必要な場合もある）

②手形または小切手による金銭の支払の請求およびこれに附帯する法定利率による損害賠償の請求に関する判決をする場合（原則として担保不要）

　なお、この仮執行の宣言は、判決の主文に掲げられます。

判決書の記載のしくみ

要旨 判決の言渡しは、判決書の原本に基づいてなされるが、判決書には主文など（下表参照）が記載されている。

判決書の内容と記載順の例

裁判所			判決文								理由		
					原告の言い分		被告の言い分						裁判所
					主張	証拠	主張	証拠					

判決	事件番号	当事者	主文	事実	主張事実	抗弁に対する答え（認否）	提出証拠	被告提出の証拠の認否	抗弁事実	原告の主張に対する答え	提出証拠	原告提出の証拠の認否	争いのない点	争点と証拠等による事実があるかないかの判断	裁判所	裁判官 ㊞
	事件名	原告 代理人 / 被告 代理人														

請求棄却 原告の請求を棄却する 訴訟費用は原告の負担とする

訴え却下 原告の訴えを却下する 訴訟費用は原告の負担とする

請求認容 被告は原告に金○○円を支払え 訴訟費用は被告の負担とする

この理由中の判断は他の裁判を拘束しない

判決更正決定の申立

原 告 ○○ ○○

被 告 ○○ ○○

　上記当事者間の御庁令和○○年（ワ）第○号○○請求事件について、同○○年○月○日言渡された判決の当事者の表示中被告の氏名 A 男とあるのは A 夫の誤謬であることが明白であるから、更正の決定をされるよう申立てます。

　令和○○年○月○日

原 告 ○○ ○○ ㊞

○○地方裁判所民事○部　御中

第6章
裁判によらない
訴訟の完結

16

261条〜267条

裁判によらずに訴訟が終わることもある
取下げ・和解・請求の放棄・認諾

取下げや和解は
結構多い

☞裁判によらない訴訟の完結には、訴えの取下げ・訴訟
上の和解・請求の放棄または認諾がある。

1　総説

民事訴訟法の大原則である**処分権主義**からすれば、民事訴訟による権利救済を求めるか否かが当事者の意思に委ねられている以上、訴えにより手続が開始された後にも、当事者が判決による解決を望まないのであれば、その意思を尊重すべきといえます。

もっともこれについては、手続を開始した相手方当事者や裁判所の立場にも配慮する必要があります。

2　訴えの取下げ

訴えの取下げとは、訴えによる**審判要求**を撤回する旨の裁判所に対する意思表示をいいます。

原告は、終局判決が確定するまではいつでも訴えの取下げができます。第1審係属中はもちろん上訴審においてもこれは可能です。もっとも、被告が請求の当否について準備書面の提出など防御活動を開始した後は被告の同意が必要となります。

実務では、裁判外で和解が成立した場合などに訴えが取り下げられる例がしばしば見られます。

3　請求の放棄・認諾

請求の放棄は、請求に理由のないことを自認する原告の裁判所に対する意思表示であり、請求の認諾は、**請求に理由のあること**を認める被告の裁判所に対する意思表示です。これが調書に記載されると確定判決

と同一の効力を生じ、訴訟は終了します。

4　訴訟上の和解

訴訟上の和解とは、訴訟係属中に当事者双方が違いに譲歩して、訴訟を終了させる旨の期日における合意をいいます。この合意が調書に記載されると確定判決と同一の効力が認められ、訴訟は終了します。

訴訟上の和解は、一刀両断的解決と異なり、当事者間の円満な関係維持を期待できること、簡易迅速に柔軟な解決が図れること等から実務においても積極的に利用されています。

裁判上の和解には、**書面受諾和解、裁定和解**などの方法もあります。

用語 👉 **訴えの取下げの擬制**

訴えの取下げは、一定の手続を踏めば、原則として自由にできますが、一定の行為をすること、あるいはしないことにより、訴えを取り下げたものとみなされる場合があります。これが、訴えの取下げの擬制と呼ばれるもので、以下の場合です。
①当事者双方が、弁論期日に出頭せず、または弁論もしくは弁論準備手続における申述をしないで退廷もしくは退席した場合において、1月以内に期日指定の申立てをしないとき
②連続2回以上①と同じことをしたとき

裁判によらない訴訟の完結 のしくみ

 要旨 裁判により判決や命令により訴訟は終わるが、この他にも訴訟が終了する場合がある。

裁判によらない訴訟の完結

①訴えの取下げ

訴えを提起した後に、審判を求めない旨の裁判所に対する意思表示

原告 → 裁判所 → 被告

訴え

訴え取下書
書面。口頭弁論・弁論手続・和解の期日においては口頭でも可

取下げ
・判決が確定するまでできる
・準備書面の提出・弁論準備手続において陳述、口頭弁論後は相手方の同意
・最初から訴えがなかったことになる

訴訟の終了
再訴の禁止
（終局判決後に取下げた場合）

②訴訟上の和解

紛争の当事者が裁判官の面前で互いに譲歩し合って訴訟の全部または一部について争いを終了させること

原告 → 裁判所 → 被告

訴え

和解の申立
裁判官が勧める場合もある

和 解
・裁判官による和解条項（案）の作成

受諾

和解調書の作成
判決と同一の効力がある
（執行可能）

訴えの終了
※裁判外で和解し取下げる場合。訴え提起前の和解もある

③請求の放棄・認諾

放棄は、原告が主張する権利の全部または一部が理由がないことを裁判所に陳述すること
認諾は、被告が原告の主張が理由のあることを認めること

原告 → 裁判所 → 被告

訴え

陳述　　陳述

請求の放棄
・自分の権利主張が実務上根拠のないことを認めること

請求の認諾
・原告の請求が理由のあることを認めること

訴訟の終了

訴えの取下書

原告　○○　○○

被告　○○　○○

　上記当事者間の御庁令和○○年（ワ）第○号○○請求事件について、原告は被告の同意を得て訴えの全部を取下げます。
　令和○○年○月○日

原告　○○　○○　㊞

上記の訴えの取下げに同意します。
　令和○○年○月○日

被告　○○　○○　㊞

○○地方裁判所民事第○部　御中

第7章
大規模訴訟等
に関する特則

17

268条〜269条の2

当事者が多数等の訴訟には特則がある

大規模訴訟の特則は3つ

訴訟を迅速に
進める目的

☞大規模訴訟は紛争が長期化するため、迅速な紛争解決を図るために特則を設けている。

1　大規模訴訟に関する特則の意義

平成8年改正法以前の旧法下では、受命裁判官または受託裁判官による証拠調べは裁判所外で行う場合に限定され、また、証人などの尋問の実施の要件についても厳格に規定されていました。

しかし、薬害訴訟や公害訴訟など**当事者が著しく多数で、かつ、尋問すべき証人や当事者も多数に及ぶ訴訟**においては、迅速な紛争解決のために機動的な尋問を実施する高度の必要性が認められます。

このような背景から、平成8年新法は大規模訴訟において、証人などの尋問および合議体の構成につき特則を設け、迅速な紛争解決の実現を企図しています。

2　受命裁判官による証人等の尋問

法は、当事者が著しく多数で、かつ、尋問すべき証人または当事者本人が著しく多数である訴訟を大規模訴訟を位置づけ、この大規模訴訟においては、裁判所は当事者に異議のないときは、受命裁判官（28☞参照）に裁判所内で証人または当事者本人の尋問をさせることができるとしています。

これにより、個別の損害の立証のために必要とされる被害者等をはじめとする多数の証人または当事者本人の尋問を迅速に行うことが可能となり、さらに次の述べる5人の合議体での審理や計画審理の実践なども活用することで、より一層の審理の充実

や紛争解決の迅速性が期待できます。

3　合議体の構成

地方裁判所の合議制は3人構成が原則です。しかし、当事者が著しく多数で、かつ、尋問すべき証人または当事者本人が著しく多数である大規模訴訟については例外的に5人の合議体で審理・裁判をする旨の決定をその合議体でなすことができます。

合議体の下での慎重な審理を確保しつつ、機動的な尋問を実施することにより大規模訴訟の審理の効率化・適正化を図る趣旨です。なお、判事補は同時に3人以上が合議体に加わったり、裁判長になることはできないものとされています。

用語　集団訴訟

薬害事件、公害事件などのように、同一の事件について多数の被害者が原告となって起こす民事訴訟のことを集団訴訟といいます。特に原告の数が大多数のものは大規模訴訟といいます。旧民事訴訟法では、このような大多数の原告の起こす訴訟は想定しておらず、共同訴訟として「訴訟の目的である権利又は義務が数人について共通であるとき」または「同一の事実上及び法律上の原因に基づくとき」に、複数の原告が1個の訴訟手続で請求できる定めしかありませんでした。

大規模訴訟の特則 のしくみ

要旨 本特則は、①受命裁判官による証人などの尋問、②合議体の構成、③特許権等の訴えにおける合議体について定める。

民事訴訟法の規則上の特則

原告

【大規模訴訟とは】
当事者が著しく多数で、かつ、尋問すべき証人または当事者が著しく多数である訴訟。具体的には原告が 100 人以上などの場合（条文には規定はない）。
（例）薬害訴訟、公害訴訟、知的財産権訴訟など

裁判所

特則①
【受命裁判官による証人等の尋問（268条）】
当事者に異議がないときは、受命裁判官が証人、当事者本人の尋問をすることができる。これは尋問を迅速にすることを目的とする。

特則②
【合議体の構成（269条）】
地方裁判所においては、5 人の裁判官の合議体で審理・裁判をする旨の決定をその合議体ですることができる。これは紛争の整理や証拠調べを分担し、迅速に審理することを目的とする。

特則③
【特許権等の訴えでの合議体の構成（269条の2）】
第 6 条第 1 項各号（特許権等に関する訴え等の管轄）に定める裁判所においては、特許権等に関する訴えに係る事件について、5 人の裁判官の合議体で審理及び裁判をする旨の決定をその合議体ですることができる。ただし、第 20 条の 2 第 1 項の規定（特許権等に関する訴え等に係る訴訟の移送）により移送された訴訟に係る事件については、この限りでない。目的については、① と同じ。

民事訴訟規則上の特則

実務上の運用
①適正かつ迅速で、充実した審理とするため、進行協議期日を利用し、審理計画を定める。
②当事者の一方につき訴訟代理人が数人いるときは、訴訟代理人はその中から連絡担当の訴訟代理人を兼任し、これを裁判所に届け出ることができる。
③裁判所は、判決書の作成など必要があると認める場合であって、当事者が裁判所に提出した書面に記載した内容が記録されている磁気記録媒体などの複製物の提出を、その当事者に対し、求めることができる。

第8章
簡易裁判所の訴訟
手続に関する特則

18

270条〜274条・276条〜280条

地方裁判所における手続より簡単

簡易裁判所の手続と特則

本人でもやり易い

☞簡易裁判所では、訴額が140万円以下の訴訟を取扱い、手続は簡素化されている。

1　総説

簡易裁判所は、少額軽微な紛争を簡易な手続により、迅速に解決するために設けられた裁判所です。

そのため法は、簡易裁判所の訴訟手続を国民にとって利用しやすいものとするため、地方裁判所の第1審手続に対する種々の特則を設けています。

2　訴え提起における簡素化

簡易裁判所においては訴状を用いない口頭起訴が可能です。また、当事者双方が揃えば、直ちに口頭弁論の開始を求めることもできます。

また、簡易裁判所においては、訴状において必要とされる請求の原因に代えて紛争の要点を明らかにすれば足りるものとされます。法的知識に乏しい一般市民の利用に配慮したものです。

3　審理手続の簡素化

簡易裁判所においては準備書面の制度がとられておらず、当事者は口頭弁論に出頭して自らの主張をなせば足ります。

また、簡易裁判所では準備書面を提出することにより、続行期日においても欠席の際の擬制陳述が可能です。

簡易裁判所においては、証人等に対する書面尋問の要件が緩和されている他、口頭弁論調書の記載や判決書の記載についても簡素化が図られています。

4　司法委員の立会

簡易裁判所においては、一般国民の良識を反映させ、市民感覚に適合した解決を探るという趣旨から司法委員の立会の制度が設けられています。司法委員は、和解の補助や審理に立ち会わせて事件についての意見を聴くことができます。

5　和解に代わる決定

金銭の支払請求を目的とする訴えにつき、被告が原告の主張事実を争わず、何らの防御方法も提出しないような場合、裁判所は原告の意見を聴いた上で、支払期限の猶予や分割払いを内容とする和解に代わる決定を下すことが可能です。

これにつき当事者からの異議が出なければ、裁判所の和解と同一の効力を有することとなります。

用語　☞　少額訴訟手続

簡易裁判所が扱う訴訟に少額訴訟があります。これは訴額が60万円以下の金銭の支払を請求する事件に限られています。（128㌻以下参照）。

また、簡易裁判所は、訴え提起前の和解、支払督促（簡易裁判所所記官）、民事調停も取り扱います。

簡易裁判所の訴訟手続と特則 のしくみ

要旨 簡易裁判所の訴訟手続は簡略化され、例えば、訴えの提起は訴状ではなく口頭でもよく、準備書面も出さなくてもよい（例外あり）。

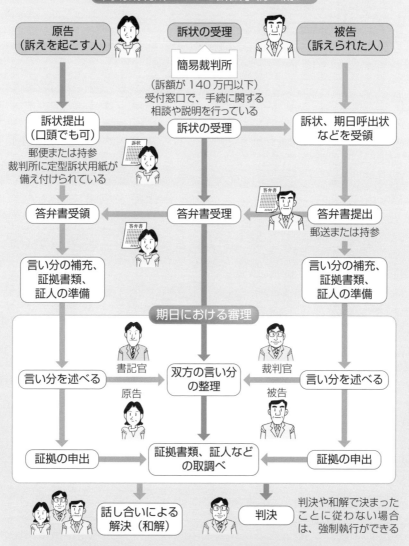

簡易裁判所における訴訟手続の流れ

原告（訴えを起こす人）

訴状の受理
簡易裁判所
（訴額が 140 万円以下）
受付窓口で、手続に関する相談や説明を行っている

被告（訴えられた人）

訴状提出（口頭でも可）
郵便または持参
裁判所に定型訴状用紙が備え付けられている

訴状の受理

訴状、期日呼出状などを受領

答弁書受領 ← 答弁書受理 ← 答弁書提出
郵送または持参

言い分の補充、証拠書類、証人の準備

言い分の補充、証拠書類、証人の準備

期日における審理

言い分を述べる　書記官　原告

双方の言い分の整理

裁判官　被告　言い分を述べる

証拠の申出

証拠書類、証人などの取調べ

証拠の申出

話し合いによる解決（和解）

判決

判決や和解で決まったことに従わない場合は、強制執行ができる

60 万円以下の金銭の支払いを求める場合は、少額訴訟手続を利用することができる（128ㄅー以下参照）

和解・決定についての特則もある

訴え提起前の和解等

ニーズに合わせ
て利用を…

☞簡易裁判所の訴訟手続に関する特則には、「訴え提起
前の和解」と「和解に代わる決定」がある。

1 訴え提起前の和解の意義

訴え提起前の和解とは、訴訟係属を前提としない簡易裁判所の専属管轄に属する裁判上の和解をいいます。指定した最初の期日で和解が成立することが多いことから、実務上は「即決和解」とも呼ばれます。

訴訟係属を前提としない点で訴訟上の和解とは異なりますが、その効力については両者に違いはありません。したがって、訴え提起前の和解調書は「債務名義」として強制執行ができます。

2 訴え提起前の和解の機能

訴訟外の交渉過程において形成された合意内容で「債務名義」として最終的には強制執行による権利実現を担保する制度としては、この訴え提起前の和解の他、公正証書の作成という方法もあります。

もっとも、公正証書の場合、債務名義とする場合には、金銭の一定額の支払い等であり、かつ、債務者が直ちに強制執行に服する旨の執行認諾文言の記載が必要となりますが、訴え提起前の和解にはそのような制限がありません。したがって、一定期日における建物明渡しの合意を債務名義としたい場合などにしばしば利用されています。

3 手続

訴え提起前の和解の申立ては、請求の趣旨および原因並びに紛争の実情を表示してこれを行います。

和解が成立するとこれを調書に記載します。この和解調書の記載は確定判決と同一

の効力を有しますので、債務名義となり、強制執行も可能です。

和解が調わない場合、期日に出頭した当事者双方の申立てにより、裁判所は訴訟の弁論を命じます。当事者の一方が期日に欠席したときは、裁判所は、和解が調わないものとみなして手続を終結をします。

訴え提起前の和解は、当事者が手続に出頭することが想定されているため、簡易裁判所の通常訴訟におけるような書面受諾和解、裁定和解の適用はなされません。

なお、この手続は民事訴訟法中に規定が設けられていますが、訴訟とは全く異なる手続です。

用語 債務名義

所持する債権に執行力があることを法律上認められた公文書が債務名義です。債権者が債務者の財産に対して強制執行をする場合に、この債務名義がなければ強制執行はできません。

債務名義となるものは、①確定判決、②仮執行宣言付判決、③仮執行宣言付支払督促、④執行証書（執行認諾文言付き公正証書）、⑤和解調書、調停調書など。債務名義を所有する債権者は、執行機関に対して執行を依頼することになります。執行の対象が不動産の場合には執行裁判所に、不動産以外であれば執行官に依頼することになります。

訴え提起前の和解・和解に代わる決定 のしくみ

 要旨 訴え提起前の和解は、争いについての裁判所の和解調書を作成しておきたいときなどに利用される。

簡易裁判所における和解等の特則

訴え提起前の和解

当事者 ➡ 紛争 ⬅ 当事者

①民事上の争い
②双方の合意の見込みがある場合

訴え提起前の和解の申立

相手方の住所地を管轄する簡易裁判所

簡易裁判所

和解期日に出頭

合意できない場合、双方の申立があれば訴訟へ

合意

和解調書の作成
確定判決と同じ効力がある

和解に代わる決定

原告 ➡ 紛争 ⬅ 被告

金銭を目的とする訴え

簡易裁判所

口頭弁論
被告が口頭弁論において、原告の主張した事実を争わず、何ら防御の方法を提出しない

裁判所は、支払時期の定めもしくは分割払いの定め等をする

金銭の支払を命ずる決定
決定後2週間内に異議の申立てがあれば失効

※和解に代わる決定の解説は 100 ﾍﾟ参照

◎訴訟の手数料（印紙代） ※民事訴訟費用等に関する法律（261ﾍﾟ以下参照）

訴状には訴訟価額（訴額）に応じて、下記の手数料を印紙で納めます。

- 訴額が 10 万円の場合……1000 円
- 訴額が 50 万円の場合……5000 円
- 訴額が 100 万円の場合…1 万円
- 訴額が 200 万円の場合…1 万 5000 円
- 訴額が 300 万円の場合…2 万円
- 訴額が 400 万円の場合…2 万 5000 円
- 訴額が 500 万円の場合…3 万円
- 訴額が 600 万円の場合…3 万 4000 円
- 訴額が 700 万円の場合…3 万 8000 円
- 訴額が 800 万円の場合…4 万 2000 円
- 訴額が 900 万円の場合…4 万 6000 円
- 訴額が 1,000 万円の場合…5 万円
- 訴額が 1,500 万円の場合…6 万 5000 円
- 訴額が 2,000 万円の場合…8 万円

※訴額が算定不能の場合は訴額を 160 万円で計算。訴訟費用はこの他にも予納郵券等が必要。

民事訴訟法

第3編

上　訴

281条〜337条

◆民事訴訟法第3編「上訴」では、第1審判決に不服なときの控訴（第1章）、控訴審判決に不服なときの上告（第2章）、さらには抗告（第3章＝決定・命令に対する不服申立て）について定めている。

■上訴の意義

上訴とは、裁判が確定する前に、上級裁判所にその取消し、または変更を求める不服申立方法をいいます。わが国の裁判制度は、誤判からの救済と法令の解釈の統一をも目的に、上訴の回数を2回とする三審制を採用し、裁判の適正を期しています。

■上訴の種類

上訴には、控訴、上告、抗告の3種類があります。控訴と上告はともに判決に対してなす上訴です。控訴は第1審の終局判決への法律上・事実上の点に対する不服を理由に第2審に対してなす上訴であり、上告は控訴審の終局判決の憲法違反等を理由とする上訴です。

控訴審は第1審と同じく、事実についての審理もすることから第1審とともに事実審と呼ばれて、上告審は事実について

の審理がなされず、法律上の争点のみを審理することから法律審と呼ばれます。

一方、抗告は、決定・命令に対する上訴であり、訴訟法が特に定める場合にのみ認められる即時抗告という制度もあります。

■上訴の要件

上訴の要件とは、上訴が適法となるための要件であり、上訴の際にそれが欠けていれば、上訴は不適法として却下されます。

上訴要件としては、①上訴提起が法定の方式に従っていること、②上訴が法定の上訴期間内になされていること、③原裁判に対して上訴人が不服部分をもっていること（上訴の利益）、④不上訴の合意や上訴権の放棄がないこと、などがそれに該当します。

■上訴権の濫用

上訴は、権利（上訴権）ですが、権利である以上、その濫用的行使は許されません。

◎民事訴訟法「第3編 上訴」の条文の構成

民事訴訟法 第3編 上訴

◎第1編	総 則	（1条〜132条の10）
◎第2編	第1審の訴訟手続	（133条〜280条）
◎第3編	上 訴	（281条〜337条）

○第1章 総則（281条〜310条の2）
○第2章 上告（311条〜327条）
○第3章 抗告（328条〜337条）

◎第4編	再 審	（338条〜349条）
◎第5編	手形訴訟及び小切手訴訟に関する特則（350条〜367条）
◎第6編	少額訴訟に関する特則	（368条〜381条）
◎第7編	督促手続	（382条〜402条）
◎第8編	執行停止	（403条〜405条）

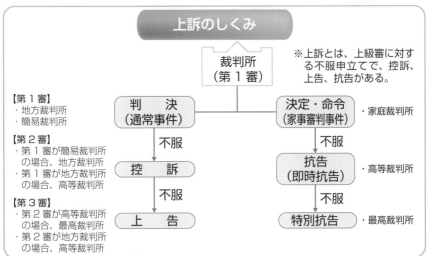

上訴のしくみ

裁判所
（第1審）

※上訴とは、上級審に対する不服申立てで、控訴、上告、抗告がある。

【第1審】
・地方裁判所
・簡易裁判所

判　決
（通常事件）

決定・命令
（家事審判事件） ・家庭裁判所

不服

不服

【第2審】
・第1審が簡易裁判所の場合、地方裁判所
・第1審が地方裁判所の場合、高等裁判所

控　訴

抗告
（即時抗告） ・高等裁判所

不服

不服

【第3審】
・第2審が高等裁判所の場合、最高裁判所
・第2審が地方裁判所の場合、高等裁判所

上　告

特別抗告 ・最高裁判所

【三審制】裁判が確定するまでに上訴できる裁判は2回あり、当事者が希望する場合は、計3回まで審理を受けることができる。しかし、最高裁判所の上告審では、上告理由に当たらないとして上告か棄却される場合が多いため、現実は2審制との批判もある。

第1章
控訴
1

281条〜301条

第1審の判決に不服なとき

控訴とは何か

一定の期間内の
申立てが必要

☞控訴は、第1審の判決に不服なときに、第2審（上級審）の裁判所に上訴できる制度。

1　控訴の意義

控訴とは、第1審の裁判所の終局判決に対して、その事実認定または法律判断を不当として、**不服を申し立てる上訴**です。

控訴審は第2の事実審であり、原裁判の事実認定、法律判断の両面にわたってこれを審判することができます。

簡易裁判所が第1審であるときは地方裁判所、地方裁判所が第1審であるときは高等裁判所が控訴裁判所となります。

控訴審は**第2の事実審**として、第1審判決に対する当事者の不服申立ての当否を判断するのに必要な範囲で、改めて事実認定と法律判断をし直すものです。控訴裁判所では、第1審の訴訟資料と控訴審で追加された訴訟資料とで控訴審の弁論終結時において第1審判決をなお維持できるか否かを判断します。

2　控訴審の手続

控訴の提起は、**控訴状を第1審裁判所**に提出してこれをなします。

控訴状を受理した第1審裁判所は、控訴状の形式的事項を審査し、不備がなければ遅滞なく控訴裁判所の書記官に対し訴訟記録を送付します。

控訴裁判所の裁判長は控訴状の要件を審査し、不備がなければ控訴状を被控訴人に送達します。

控訴審の口頭弁論は、第1審の口頭弁論の続きとして行われます。当事者は第1審に現れた一切の訴訟資料を控訴審に提出しなければならず、第1審においてなした訴訟行為は控訴審においてもその効力を有します。

3　控訴の取下げ

いったん提起した控訴を一方的に撤回することも可能です（控訴の取下げ）。控訴の取下げは、それまでの控訴人の手続を遡及的に消滅させますが、控訴期間中であれば再控訴も可能です。

4　附帯控訴

附帯控訴とは、被控訴人が控訴人の控訴を契機として、原判決を自己に有利に変更するように求める申立てをいいます。

附帯控訴は主たる控訴を前提としますので、控訴の取下げ又は却下があれば付随的に失効します。

用語☞ **不利益変更禁止の原則**

控訴審で行なわれる審判は、原則として控訴する側の不服申立ての範囲に限られます。控訴人の控訴が棄却された場合でも、一審判決で勝訴した部分まで不利益を受けることはありません。これを不利益変更禁止の原則といいます。このように控訴人に有利に働く控訴に対抗する被控訴人の対抗策が「附帯控訴」です。

控 訴 と 手 続 のしくみ

要旨 控訴は、第1審の判決が送達された日から14日以内に控訴状を第2審の裁判所に提出して行う。

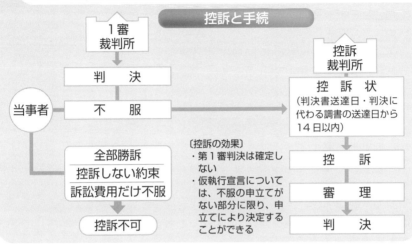

控訴状

収入
印紙

住　所　○○○○○○○○○○
控訴人（被告）○○　○○
住　所　○○○○○○○○○○
被控訴人（原告）○○　○○

貸金請求控訴事件

訴訟物の価格　　○○○万円
貼用印紙額　　　○万○○○○円

上記当事者間の○○地方裁判所民事第○部令和○○年（ワ）第○号貸金請求事件につき、同裁判所で令和○○年○月○日に言い渡された下記判決に対しては全部不服であるから控訴する。

原判決の表示

主　文
被告は原告に対し金○○○万円および内金○○○万円に対する令和○○年○月○日から完済に至るまで年6分の割合による金員を支払え。
原告のその余の請求は棄却する。
訴訟費用は被告の負担とする。
この判決は仮に執行することができる。

控訴の趣旨

判決を取り消す。
被控訴人の請求を棄却する。
訴訟費用は第1審、2審ともに被控訴人の負担とする。

控訴の理由

原判決中被控訴人の請求を認容した部分は、○○の理由により事実の認定を誤ったもので、不服であるから、その変更を求める。

証拠方法

第1審提示のとおり証拠を提出し、なお新たな証拠を追って提出する。
　令和○○年○月○日

控訴人　○○　○○　㊞

○○高等裁判所　御中

不服があれば原告・被告双方が控訴できる

控訴審（第2審）の裁判

判決の1部に
不服でも可

☞第2審（上級審）における裁判の判決は、控訴棄却
あるいは原判決の取消しとなる。

１ 控訴審の判決

控訴審における終局判決は、原判決が正当である場合は①控訴棄却であり、不当である場合には②原判決取消しとなります。

２ 控訴棄却

原判決が正当であり、控訴又は附帯控訴に理由がないと判断される場合には、控訴審は控訴棄却または附帯控訴棄却の判決を下すことになります。

原判決の判示する理由ではその結論を正当化できなくても、他の理由によって正当化できるのであればやはり控訴棄却判決となります。

控訴棄却により第1審判決が確定する場合、既判力の基準時は控訴審の口頭弁論終結時となります。

控訴提起が訴訟の遅延を遅らせることのみを目的とした控訴権の濫用と認められる場合には、控訴裁判所は控訴人に対し、控訴提起の手数料として納付すべき金額の10倍以下の金銭の納付を命じることができます。

３ 原判決取消し

第1審判決が不当である場合、第1審手続が法律に違反している場合、当初の訴え自体が不適法である場合（第1審裁判所では看過された訴訟要件の欠缺を控訴審裁判所が発見し、補正不可能な場合）においては、控訴審は第1審判決を取消すことになります。

控訴裁判所により第1審判決を取消された場合、控訴審は原則として自判をなすことになります。控訴審が第1審の続審たる性質を有しているからです。

その場合、原判決を変更することになりますが、不服申立ての限度を超えて控訴人に有利に変更することや不服が申立てられていない部分につき控訴人に不利益に変更することは許されません（利益変更・不利益変更禁止の原則）。処分権主義、弁論主義に立脚するものです。

なお、原審が下した訴え不適法却下の訴訟判決に対し、控訴裁判所がこれを取消すときは、原則として第1審に差し戻す必要があります。本案についての第1審の判断が示されておらず、当事者の審級の利益を確保する必要があるからです。

用語 👉 **差戻し**

控訴審裁判所が、原判決を破棄した後に、審理をやり直させるために、事件を第1審裁判所に送り返すことを「差戻し」といいます。

例えば、第1審の裁判所が訴権や訴訟能力の欠かん等を理由に訴えを不適法として却下した判決を不適法ではないとして取り消す場合は、第1審裁判所に必ず差し戻さなければなりません（必要的差戻し）。また、それ以外の理由によって現判決を取り消す場合でも、弁論をする必要があると認めるときに、事件を第1審裁判所に差し戻すことができます。

控訴審の裁判のしくみ

要旨 控訴審は、第1審の裁判所が地方裁判所の場合は高等裁判所、第1審が簡易裁判所の場合は地方裁判所である。

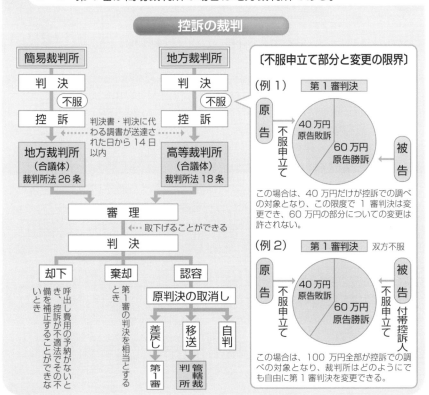

控訴の裁判

簡易裁判所 → 判決 →（不服）→ 控訴 → **地方裁判所（合議体）裁判所法26条**

地方裁判所 → 判決 →（不服）→ 控訴 → **高等裁判所（合議体）裁判所法18条**

判決書・判決に代わる調書が送達された日から14日以内

→ **審理** ⟵取下げることができる → **判決**

- **却下** 呼出し費用の予納がないとき、控訴が不適法でその不備を補正することができないとき
- **棄却** 第1審の判決を相当とするとき
- **認容** → **原判決の取消し** 第1審の判決を相当とする
  - **差戻し** → 第1審
  - **移送** → 判決 管轄裁判所
  - **自判**

〔不服申立て部分と変更の限界〕

（例1） 第1審判決

原告 ←不服申立て 40万円原告敗訴 / 60万円原告勝訴→ 被告

この場合は、40万円だけが控訴での調べの対象となり、この限度で1審判決は変更でき、60万円の部分についての変更は許されない。

（例2） 第1審判決 双方不服

原告 ←不服申立て 40万円原告敗訴 / 60万円原告勝訴→ 被告 不服申立て 付帯控訴人

この場合は、100万円全部が控訴での調べの対象となり、裁判所はどのようにでも自由に第1審判決を変更できる。

（控訴棄却）
第302条 控訴裁判所は、第一審判決を相当とするときは、控訴を棄却しなければならない。
2 第一審判決がその理由によれば不当である場合においても、他の理由により正当であるときは、控訴を棄却しなければならない。
（控訴権の濫用に対する制裁）
第303条8 （略）
（第一審判決の取消し及び変更の範囲）
第304条 第一審判決の取消し及び変更は、不服申立ての限度においてのみ、これをすることができる。
（第一審判決が不当な場合の取消し）
第305条 控訴裁判所は、第一審判決を不当とするときは、これを取り消さなければならない。
（第一番の判決の手続が違法な場合の取消し）
第306条 第一審の判決の手続が法律に違反したときは、控訴裁判所は、第一審判決を取り消さなければならない。
（事件の差戻し）
第307条 控訴裁判所は、訴えを不適法として却下した第一審判決を取り消す場合には、事件を第一審裁判所に差し戻さなければならない。ただし、事件につき更に弁論をする必要がないときは、この限りでない。

上告は、通常、最終審！

第2章
上告

3

上告は、三審制では最後の裁判

上告とは何か

311条〜327条

☞第2審の判決に不服なときは上告（第3審）できる。ただし、上告理由がないとされると口頭弁論を経ないで上告は棄却される。

１　上告の意義

上告とは、控訴審の終局判決に対し、法令違反を理由に不服申立てをする上訴です。

上告制度は、控訴と同じく誤っている原判決を取消して当事者を救済するという役割の他、法規の解釈適用の統一を図るという役割も重視されるため、上告審ではもはや事実審理は行われないとされます（**法律審**）。

したがって、上告理由も法律問題に限定され、上告審が最高裁判所である場合、①憲法解釈の誤りまたはその他憲法違反、②重大な手続違反に限られ、上告審が高等裁判所である場合は①②の他、③判決に影響を及ぼすべきことが明らかな法令違反が上告理由となります。

２　上告審の手続

上告は、原判決またはこれに代わる調書の送達を受けた日から2週間以内に上告状を**原裁判所に提出**することによりこれをなします。原裁判所は上告状が適式であるか否か、上告内容が適法であるか否かを審査し、それらに不備がなければ事件を上告裁判所に送付します。

上告審の終局判決としては、①上告の適法要件を欠く場合の**上告却下**、②不服の主張につき理由がない場合の**上告棄却**、③上告を認容する場合になされる**原判決破棄**が主なものであり、③はさらにその後の手続により、原審級に差し戻される場合と上告審で自判される場合とに分かれます。

３　上告受理申立て（裁量上告）

上告理由が制限されていることの反面として、上告受理制度が設けられています。最高裁判所は、法令解釈の統一確保の観点から、上告理由に当たらない場合でも、**法令解釈に関する重要な事項**を含むと認めた場合には申立てにより上告事件として事件を受理することができるとされています。

４　特別上告

高等裁判所が上告審となる場合、最高裁判所による憲法判断を受ける機会を保障するとの観点から**特別上告**の制度が認められています。

用語　　絶対的上告理由

手続法に重大な違反がある次のような場合には、常に上告理由となります（312条2項）。

①法律に従って判決裁判所を構成しなかったこと、②法律により判決に関与することができない裁判官が判決に関与したとき、③専属管轄に関する規定に違反したとき、④法定代理権、訴訟代理権または訴訟行為をするのに必要な授権を欠いたとき、⑤口頭弁論の公開の規定に違反したとき、⑥判決に理由を付せず、または理由に食い違いがあること。

上 告 と 手 続 のしくみ

要旨 上告は、高等裁判所が控訴審の場合は最高裁判所、地方裁判所が控訴審の場合は高等裁判所となる。

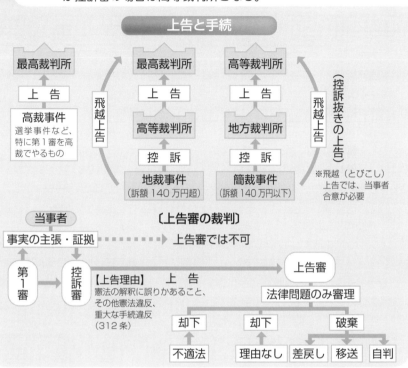

上告と手続

最高裁判所

上 告

高裁事件
選挙事件など、特に第1審を高裁でやるもの

飛越上告

最高裁判所

上 告

高等裁判所

控 訴

地裁事件
（訴額140万円超）

最高裁判所

上 告

地方裁判所

控 訴

簡裁事件
（訴額140万円以下）

（控訴抜きの上告）
飛越上告

※飛越（とびこし）
上告では、当事者
合意が必要

当事者

〔上告審の裁判〕

事実の主張・証拠 ……▶ 上告審では不可

第1審 → 控訴審

【上告理由】 上 告
憲法の解釈に誤りかあること、その他憲法違反、重大な手続違反（312条）

上告審

法律問題のみ審理

却下 — 不適法
却下 — 理由なし
破棄 — 差戻し / 移送 / 自判

上 告 状

収入
印紙

住　所　○○○○○○○○○
　上　告　人　○○　○○
住　所　○○○○○○○○○
　被上告人　○○　○○

　○○請求上告事件
上記2審判決は不服であるから上告する。
　　第2審判決の表示
○○高等裁判所令和○○年（ワ）号事件
　主　文
本件控訴を棄却する。
控訴費用は控訴人の負担とする。
　　上告趣旨
原判決全部を破棄する旨の判決を求める。
　　上告の理由
追って上告理由書をもって明らかにする。
　令和○○年○月○日

上告人　○○　○○　㊞

最高裁判所　御中

第3章
抗告

決定・命令に対する不服申立てもできる

4

抗告とは何か

決定・命令に
不服な場合

328条〜337条

☞抗告は下級裁判所の決定または裁判長の命令の取消し、変更を求める不服申立て制度です。

1 抗告の意義

訴訟手続に関連してなされる裁判のうち、判決以外の裁判としては決定および命令があります。

これらの裁判は事件の実体と直接の関係がなく、派生的事項に関するものである場合も多いため、これらについての不服申立てにつき、法は、控訴・上告とは別に抗告という不服申立方法を認め、簡易迅速な手続により、事件を処理することとしています。

2 抗告をすることができる裁判

抗告をすることができる裁判は、①口頭弁論を経ないで訴訟手続に関する申立てを却下したこと、②特に個別的にまたは特別の定めがある場合に限って抗告が許されている決定または命令、③決定または命令で裁判すべき根拠がないのにされた決定または命令とされています。

3 抗告の手続

抗告を管轄する裁判所としては、簡易裁判所の決定および命令に対しては地方裁判所、地方裁判所のそれに対しては高等裁判所となります。抗告の提起は、控訴に準じ、原裁判所に抗告状を提出することによりこれをなします。

原裁判をした裁判所または裁判長は、自ら抗告の当否を審査して、理由があると認めるときは原裁判を変更することができます（更正）。理由がないと認めるときは、

原裁判所が意見を付して事件を抗告裁判所に送付します。

抗告裁判所は、口頭弁論を開くかにつき裁量で決定し、開かないときは利害関係人を審尋することができます。

4 再抗告・特別抗告・許可抗告

再抗告は、抗告審の終局決定に対し、憲法違反または法令違反を理由として不服申立てをする抗告です。

特別抗告は、特別上告と同様の制度であり、決定・命令に対し最高裁判所による憲法判断を受ける機会を保障するために認められている抗告です。

許可抗告は、原裁判所たる高等裁判所が許可した場合に、一般の法令違反を理由とする不服申立てに最高裁判所の判断を受ける機会を認める制度です。

用語 👉 即時抗告

裁判所のなした決定や命令に対する不服申立てが「抗告」です。「即時抗告」は、裁判の告知を受けた日から1週間（家事審判法、民事保全法、破産法等では2週間）内にしなければなりません。原決定や命令を迅速に確定される場合に用いられ、執行を停止させる効力を持ちます。これに対して、通常抗告には申立て期間の制限はありません。

抗 告 と 手 続 のしくみ

 抗告は、原則として、決定・命令が地方裁判所の場合は高等裁判所に、決定・命令が簡易裁判所の場合は地方裁判所に申し立てる。

抗 告

下級裁判所

裁判所の決定
裁判長の命令

↓ 不服

抗告申立て

通常抗告は、申立て期間に制限はない

即時抗告は、裁判の告知があった日から1週間以内

上級裁判所

抗 告

決定または命令の取消しを求める

通常の申立てができる場合
①口頭弁論を経ないで訴訟手続に関する申立てを却下した決定または命令
②決定または命令により裁判することができない事項についての決定または命令
③その他、訴訟法等が特別に明文で即時抗告ができるとした場合

【抗告の種類】

▶ **通常抗告**…即時抗告（下記参照）と異なり申立て期間の定めはなく、執行停止の効力もない抗告（328条）。抗告裁判所は裁量で執行停止ができる（334条2項）。対象は、口頭弁論を経ないで訴訟手続に関する申立てを却下した決定または命令（328条1項）、違反の決定または命令。
▶ **即時抗告**…裁判の告知を受けた日から1週間（家事事件手続法・民事保全法・破産法においては2週間）内に申立てなければならない。一般に、明文で定められ、決定・命令を迅速に確定させる必要がある場合で、執行停止の効力がある。
▶ **再抗告**…抗告裁判所の決定に対する再度の抗告。例えば、地方裁判所の決定に対する抗告裁判所（高等裁判所）の決定に対して、憲法解釈の誤り、その他憲法違反があること、法令違反がある場合に限り、再抗告ができる。
▶ **特別抗告**…訴訟法で不服申立てができる決定・命令に対して、憲法解釈の誤り、その他憲法違反を理由とするときに、特に、最高裁判所の判断を求める抗告。
▶ **許可抗告**…高等裁判所の決定・命令に対する抗告のうち、法令解釈に関する重要な事項を含むとして、高等裁判所に対して許可を求め、許可があれば最高裁判所が判断する。

◎上訴（控訴・上告・抗告）と申立期間

　上告でまず気を付けたいのが、申立期間です。以下で、簡単にまとめてみました。

①控訴…第1審の判決に不服な場合に控訴審（第2審）に申立てます。控訴期間は、判決書の送達を受けた日から2週間以内です。

②上告…控訴審の判決に不服な場合は上告審（第3審）に申立てます。上告期間は、控訴審の判決書の送達を受けた日から2週間以内です。

③抗告…抗告は裁判所が出した決定や命令に対する不服申立てです。通常抗告には申立期間の制限はありませんが、即時抗告は裁判の告知を受けた日から1週間以内です（民事訴訟法の対象外の民事事件では2週間の場合もある）。

民事訴訟法
第4編

再 審

338条〜349条

◆民事訴訟法第4編「再審」では、確定した終局判決に対して不服を申し立てる要件や申立ての方法、再審開始の決定などについて定めている。

■再審の意義

刑事事件における再審は、よく耳にしますが、民事事件についても再審は用意されています。

再審とは、法定の再審事由を主張することにより確定判決を取消し、これにより終結した従来の訴訟の**再審判**を求める訴えをいいます。確定判決に対し、その判決をした裁判所の再審判を求めるものである点で上訴とは異なります。

通常予定されている控訴や上告などの不服申立て方法が尽きると裁判は確定し、紛争解決の客観的基準として機能することになります。しかし、裁判が確定してしまった場合であっても、その手続に重大な瑕疵が発見されたり、あるいは判断の基礎とされた資料に犯罪的行為が関わっている場合などは、それを看過した裁判をそのまま維持することは、裁判の適正に対する疑念を生じさせ、ひいては裁判制度に対する信頼を失わせるおそれもあります。

そこで、確定判決であっても一定の重大な瑕疵を内在する裁判に限り、これを取消して再審理を許すとする再審の制度が設けられているのです。

■再審の性質

再審訴訟は、確定判決の取消とその事件の再審判を目的としますから、前者の面では訴訟上の**形成の訴え**として位置づけられ、後者の面では付随訴訟として位置づけられます。

再審のこのような二面性に応じて、再審訴訟は、再審事由の存否に関する手続と再審事由が存在するものと認められた場合の原確定判決審理手続とに分離した手続構造を有しています。

◎民事訴訟法「第4編 再審」の条文の構成

民事訴訟法 第4編 再審

【内容】再審の事由・管轄裁判所・再審の訴訟手続・再審期間・再審の訴状の記載事項・不服の理由の変更・再審の訴えの却下等・再審開始の決定・即時抗告・本案の審理及び裁判・決定又は命令に対する再審

（再審の事由）

第338条　次に掲げる事由がある場合には、確定した終局判決に対し、再審の訴えをもって、不服を申し立てることができる。ただし、当事者が控訴若しくは上告によりその事由を主張したとき、又はこれを知りながら主張しなかったときは、この限りでない。

　一　法律に従って判決裁判所を構成しなかったこと。
　二　法律により判決に関与することができない裁判官が判決に関与したこと。
　三　法定代理権、訴訟代理権又は代理人が訴訟行為をするのに必要な授権を欠いたこと。
　四　判決に関与した裁判官が事件について職務に関する罪を犯したこと。
　五　刑事上罰すべき他人の行為により、自白をするに至ったこと又は判決に影響を及ぼすべき攻撃若しくは防御の方法を提出することを妨げられたこと。
　六　判決の証拠となった文書その他の物件が偽造又は変造されたものであったこと。
　七　証人、鑑定人、通訳人又は宣誓した当事者若しくは法定代理人の虚偽の陳述が判決の証拠となったこと。
　八　判決の基礎となった民事若しくは刑事の判決その他の裁判又は行政処分が後の裁判又は行政処分により変更されたこと。
　九　判決に影響を及ぼすべき重要な事項について判断の遺脱があったこと。
　十　不服の申立てに係る判決が前に確定した判決と抵触すること。

2　前項第四号から第七号までに掲げる事由がある場合においては、罰すべき行為について、有罪の判決若しくは過料の裁判が確定したとき、又は証拠がないという理由以外の理由により有罪の確定判決若しくは過料の確定裁判を得ることができないときに限り、再審の訴えを提起することができる。

3　控訴審において事件につき本案判決をしたときは、第一審の判決に対し再審の訴えを提起することができない。

申立て要件は厳しい

再審

1

確定した終局判決に対しても争う方法がある

再審制度と手続

338条〜342条

☞一定の事由があれば、確定した終局判決に対して、再審の訴えにより、再審の申立てができる。

① 再審事由

再審事由は法定の一定の事由に限定されています。これらの事由に当たる事実がそれぞれ再審の訴えの請求原因となり、各個の事由ごとに別個の請求となります。

具体的には、①裁判所の構成に違法があること、②当事者の訴訟追行に障害があること、③判決の基礎資料に犯罪と関係する重大な欠陥があること、④判決の基礎の変更、⑤重大な判断の遺脱、⑥既判力の抵触、が再審事由として定められています。

② 再審の二次性

再審事由が存在する場合でも、当事者が判決の確定前に上訴の場面において主張して棄却されている場合、またはこれを知りながら上訴の場面においてこれを主張することなく判決を確定させてしまった場合は、その事由に基づいて再審の訴えを提起することができないとされています。

このことは、再審事由が判決確定前であれば当然に上告理由となり、上告の際に主張しておくべきであることを意味します。

③ 再審の対象

再審の訴えは、確定した終局判決を対象とします。中間的裁判には、独立の再審の訴えは許されませんが、これらに再審事由があればそれに基づき、終局判決に対する再審事由とすることができます。

同一事件に対する下級審判決とこれに対する上級審判決とがともに確定していれば、原則として、各別に再審の対象となり

ます。この場合、再審開始決定が確定すると、再審の対象たる判決の審級に従い再審の審判が行われ、再審の本案判決に対する上訴もその審級に対応します。しかし、控訴審において控訴棄却の本案判決がなされたような場合、控訴審において第1審の訴えに対し全面的に再審判がなされることになりますから、第1審判決に対する再審の訴えは許されないとされています。

④ 出訴期間

代理権の欠缺、確定判決の抵触を理由とする場合は出訴期間の制限はありませんが、そのほかの場合は、確定判決後、再審事由のあることを知った日から30日の不変期間内で、かつ、判決確定後から5年以内に提起しなければなりません。

⑤ 当事者適格

確定判決の効力を受け、その取消しを求める利益を有する者が再審原告としての当事者適格を有する者となり、原則として、前訴の当事者で全部または一部敗訴した者がこれに当たります。

用語 👉 再審の種類

民事訴訟法による再審には、①確定した終局判決に対する不服申立て、②即時抗告ができる裁判が確定した終局決定・命令に対する不服申立て、③裁判上の和解、請求の放棄・認諾に対する不服申立てがあります。

再審と手続のしくみ

要旨 再審の訴えをするためには、一定の要件が必要である。この要件をクリアするのは結構、難しい。

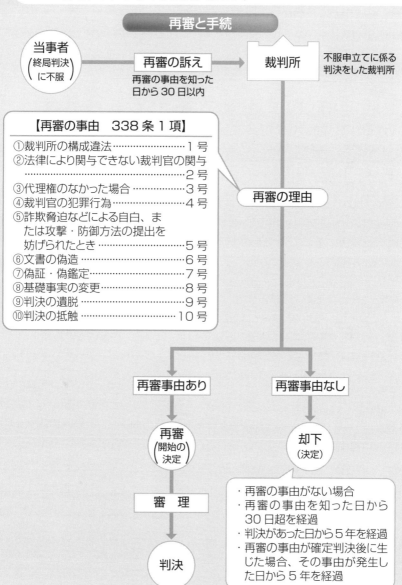

再審と手続

当事者
(終局判決
に不服)

再審の訴え
再審の事由を知った
日から30日以内

裁判所

不服申立てに係る
判決をした裁判所

【再審の事由　338条1項】

①裁判所の構成違法………………………… 1号
②法律により関与できない裁判官の関与
………………………………………………… 2号
③代理権のなかった場合 ………………… 3号
④裁判官の犯罪行為………………………… 4号
⑤詐欺脅迫などによる自白、ま
　たは攻撃・防御方法の提出を
　妨げられたとき ………………………… 5号
⑥文書の偽造 ………………………………… 6号
⑦偽証・偽鑑定……………………………… 7号
⑧基礎事実の変更…………………………… 8号
⑨判決の遺脱………………………………… 9号
⑩判決の抵触 ……………………………… 10号

再審の理由

再審事由あり

再審事由なし

再審
(開始の)
決定

却下
(決定)

審理

判決

・再審の事由がない場合
・再審の事由を知った日から
　30日超を経過
・判決があった日から5年を経過
・再審の事由が確定判決後に生
　じた場合、その事由が発生し
　た日から5年を経過

再審

2 再審の訴えと審理・裁判

再審の訴えは訴状に申立ての理由等を記載

再審事由があれば手続開始

343条〜349条

☞裁判所は再審の訴えが不適法の場合は却下するが、不適法でなく再審の理由がある場合は再審開始を決定する。

1 管轄

再審は、不服申立てにかかる判決をした裁判所の専属管轄となります。訴額や審級には関わりません。もっとも、審級の異なる裁判所が同一事件についてした判決に対する再審の訴えを併合して提起する場合は、上級裁判所が管轄するものとされています。

2 訴えの提起

再審の訴状には、再審の趣旨および不服の理由として具体的な再審事由を記載する必要があります。そのほか、不服の申立てにかかる判決の写しも添付します。

なお、再審の訴えの提起は、前訴およびその判決に対して直接の影響を及ぼしません。したがって、原判決の執行力は当然には停止されず、裁判所は、申立てにより厳格な要件のもとにおいて、強制執行の一時停止またはその取消しについての仮の処分ができるに過ぎません。

3 審理および裁判

再審の訴えは、確定判決の取消しとその判決に代わる新判決を求めるという二面を有しているため、審理手続も再審開始拒否を審理する場面と本案の実体審理の場面とに分かれることになります。

まず、裁判所は再審訴訟の訴訟要件を調査し、これが適法であれば再審事由の審理を本案に先行して審理します。

そして、再審事由が認められない場合には決定で再審の請求を棄却し、これが確定すれば同一の事由を理由とする更なる再審の訴えは許されません。

一方、再審事由があると認めるときは、裁判所は、相手方当事者を審尋の上、再審開始決定をすることになります。

再審開始決定が確定した場合には、裁判所は原訴訟の終結前の状態に戻り、瑕疵（かし）の部分は除去し、当事者から提出される新たな訴訟資料も吟味し、あらためて本案についての判断を示すことになります。

4 準再審

即時抗告をもって不服を申し立てることができる決定・命令が確定した場合にも、判決の再審手続に準じた再審手続が設けられています。

用語 　文書偽造と再審

刑事裁判では、「明らかな証拠を新たに発見したとき」が再審開始理由とされています。民事裁判では、民事訴訟法338条6号は、「判決の証拠となった文書その他の物件が偽造若しくは変造されたものであったこと」と再審事由を掲げています。だからと言って、そのことだけで民事の再審理由とはされません。

再審理由となるためには、文書や物の偽造または変造があったことに加え、その犯罪行為が有罪判決を受け確定することが必要です。それだけ民事の再審は困難と言えます。

再審の訴状のしくみ

要旨 再審の訴状には、再審の理由を記載しなければならないが、再審の事由があると判断されれば手続が開始する。

再審の訴状

収入
印紙

住　所　○○○○○○○○○
再審原告　○○　○○
住　所　○○○○○○○○○
再審被告　○○　○○

○○請求事件の○○判決に対する再審請求事件

訴訟物の価額　　○○○万円
貼用印紙　　　　○万○○○○円

　上記当事者間の御庁令和○○年（ワ）第○号○○請求事件につき、令和○○年○月○日言渡され、同年○月○日に確定した下記判決に対して再審の訴えを提起する。

原判決主文

被告は原告に対し、○市○区○町○番宅地○○平方メートルを、その地上にある木造瓦葺平屋建て住居床面積○○平方メートルを収去して明渡せ。
訴訟費用は被告の負担とする。

再審の趣旨

原判決を全部取り消す。
再審被告の請求を棄却する。
訴訟費用は全部再審被告の負担とする。

再審の理由

原判決には○○の事由があるから、民事訴訟法第338条1項第○号の再審事由に該当するところ、再審原告は令和○○年○月○日に至り上記事由を知ったので、原判決の変更を求めるために本訴に及ぶ。

立証方法

1. 乙第○号証をもって○○の事実を立証する。

添付書類

1. 乙第○号証写
　令和○○年○月○日

再審原告　○○　○○　㊞

○○地方裁判所　御中

◎再審制度の対象事件

　再審は、通常の方法による上訴の道がなくなった等の場合に、確定判決に重大な誤りがある場合に、その判決をした裁判所に、さらに当否を審査してもらう制度です。再審は確定判決についてだけでなく、裁判上の和解、請求の放棄・認諾、決定や命令についても適用の対象となります。

民事訴訟法

第5編

手形訴訟及び小切手訴訟に関する特則

350条～367条

◆民事訴訟法第5編「手形訴訟及び小切手訴訟に関する特則」では、正当な所持人の権利を迅速に実現するために民事訴訟の特則を定めている。

■手形訴訟とは何か

手形訴訟は、正当な手形所持人の権利を迅速に実現するために、手形金の支払請求およびこれに付帯する法定利率による損害賠償請求について、証拠を制限して迅速に判決し、その判決に職権で仮執行宣言を付して手形の所持人に債務名義を与える**特別訴訟手続**です。

手形訴訟は証人尋問に制限があり、原則として証拠は書証（約束手形）と当事者尋問だけで、しかも振出人より偽造・変造の抗弁（主張）がない限り、1回で口頭弁論は終結します。したがって、訴訟の申立てから判決までに要する期間は短く、通常の訴訟に比べて迅速です。

ただし、被告から手形偽造の抗弁がなされたり、手形訴訟で勝訴しても異議申立てがなされることが予想される場合には、通常訴訟に移行しますので、最初から通常訴訟による方が早い場合もあります。

前記のとおり、手形訴訟では仮執行宣言が付きますので、手形訴訟の判決書を債務名義として手形振出人や裏書人の財産に対して迅速に強制執行ができます。その準備も怠りなくしておくことです。

■小切手訴訟とは何か

小切手訴訟は、小切手金の支払請求およびこれに付帯する法定利率による損害賠償請求のための**特別訴訟手続**です。

この小切手訴訟の特則の目的は、正当な小切手所持人の権利を迅速に実現することです。

なお、小切手訴訟には手形訴訟の規定が全面的に準用されています。

◎民事訴訟法「第5編 手形訴訟及び小切手訴訟に関する特則」の条文の構成

民事訴訟法 第5編 手形訴訟及び小切手訴訟に関する特則

- ◎第1編 **総 則** (1条～132条の10)
- ◎第2編 **第1審の訴訟手続** (133条～280条)
- ◎第3編 **上 訴** (281条～337条)
- ◎第4編 **再 審** (338条～349条)
- ◎第5編 **手形訴訟及び小切手訴訟に関する特則** (350条～367条)

【内容】手形訴訟の要件・反訴の禁止・証拠調べの制限・通常の手続への移行・口頭弁論の終結・控訴の禁止・異議申立て・異議申立ての放棄・口頭弁論を経ない異議の却下・異議の取下げ・異議後の手続・異議後の判決・異義後の判決における訴訟費用・事件の差戻し・訴え提起前の訴訟から手形訴訟への移行・督促手続から手形訴訟への移行・小切手訴訟

- ◎第6編 **少額訴訟に関する特則** (368条～381条)
- ◎第7編 **督促手続** (382条～402条)
- ◎第8編 **執行停止** (403条～405条)

（手形訴訟の要件）
第350条 手形による金銭の支払の請求及びこれに附帯する法定利率による損害賠償の請求を目的とする訴えについては、手形訴訟による審理及び裁判を求めることができる。

2 手形訴訟による審理及び裁判を求める旨の申述は、訴状に記載してしなければならない。

（反訴の禁止）
第351条 手形訴訟においては、反訴を提起することができない。

（証拠調べの制限）
第352条 手形訴訟においては、証拠調べは、書証に限りすることができる。

2 文書の提出の命令又は送付の嘱託は、することができない。対照の用に供すべき筆跡又は印影を備える物件の提出の命令又は送付の嘱託についても、同様とする。

3 文書の成立の真否又は手形の提示に関する事実については、申立てにより、当事者本人を尋問することができる。

4 証拠調べの嘱託は、することができない。第186条の規定による調査の嘱託についても、同様とする。

5 前各項の規定は、裁判所が職権で調査すべき事項には、適用しない。

（通常の手続への移行）
第353条 原告は、口頭弁論の終結に至るまで、被告の承諾を要しないで、訴訟を通常の手続に移行させる旨の申述をすることができる。

2 訴訟は、前項の申述があった時に、通常の手続に移行する。

3 前項の場合には、裁判所は、直ちに、訴訟が通常の手続に移行した旨を記載した書面を被告に送付しなければならない。ただし、第1項の申述が被告の出頭した期日において口頭でされたものであるときは、その送付をすることを要しない。

4 第2項の場合には、手形訴訟のため既に指定した期日は、通常の手続のために指定したものとみなす。

手形訴訟では迅速さが勝負

手形訴訟とは何か

遅いと
困るんだよ！

☞手形訴訟は簡易・迅速さが要求されることから、簡便な手続となっている。

① 手形・小切手訴訟の意義

手形・小切手訴訟とは、証拠を書証に限定して手続を簡略化するなどし、**迅速に債権者に債務名義を取得させることを目的**とした判決手続です。

手形が小切手が高度の流通性と簡易迅速な決済を予定する法制度であることから、権利実現の手続の上でもその趣旨を貫徹することを目的とするものです。

② 通常訴訟手続への移行

手形訴訟は、手形上の権利の実体法としての性質や法技術を訴訟手続にも反映させ、迅速性の要請を優先させた**略式手続**です。したがって、その紛争の終局的解決のためには、なお通常の訴訟手続に移行させる可能性を用意しておく必要があります。

法は、手形訴訟を第1審のみの特別手続とする建前を採用している関係上、この通常手続への移行は第1審係属中に行われることとなりますが、この移行の形態は、手形判決前と手形判決後とで異なっています。

原告が手形訴訟として訴えを提起しても、口頭弁論終結前は被告の承諾を要せずに通常訴訟手続に移行させる旨の申述が可能です。

この申述は裁判所に対する意思表示であり、これにより手形訴訟特有の手続上の制限が解除され、訴訟はそのまま通常訴訟に移行します。この場合、手数料の納付を要しませんし、裁判所も申述に対し応答する必要はありません。

いったん移行の効果が発生すれば、もはや撤回は許されません。

③ 手形判決後の通常訴訟への移行

手形判決に対しては、控訴が許されません。不服申立方法としては、同一審級で通常訴訟による審判のやり直しを求める**異議**ということになります。

手形訴訟が略式の手続であることから、異議によって通常手続による第1審の再審理を保障しているのです。

異議は不服の利益を有する者が手形訴訟の判決書又はこれに代わる調書の送達を受けた日から2週間以内に判決裁判所に対してこれをなします。

用語 👉 **為替訴訟**

わが国で民事訴訟法が制定されたのは、明治23年（1890年）と古く、為替手形に関する訴訟は、他の訴訟とは異なり、迅速性が要求されることから、これに応える形で「為替訴訟」が設けられました。

その後、大正15年（1926年）になって、オーストリアの民事訴訟の影響を受けて民事訴訟の大改正が行われ、為替訴訟は廃止されたのですが、財界等の要望により、昭和39年（1946年）にこの為替訴訟が「手形訴訟」として復活し、現行の手形訴訟となっています。

手形訴訟のしくみ

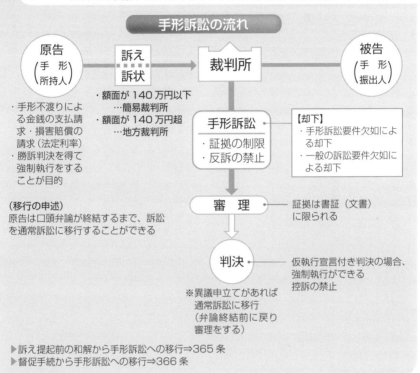

要旨 手形訴訟は、簡易・迅速を目的とする訴訟手続だが、被告より手形偽造の抗弁がなされたり異議申し立てが予想されるときは、最初から通常訴訟によるのがよい。

手形訴訟の流れ

原告（手形所持人）

訴え 訴状 → **裁判所** ← **被告**（手形振出人）

・手形不渡りによる金銭の支払請求・損害賠償の請求（法定利率）
・勝訴判決を得て強制執行をすることが目的

・額面が140万円以下…簡易裁判所
・額面が140万円超…地方裁判所

手形訴訟
・証拠の制限
・反訴の禁止

【却下】
・手形訴訟要件欠如による却下
・一般の訴訟要件欠如による却下

（移行の申述）
原告は口頭弁論が終結するまで、訴訟を通常訴訟に移行することができる

審理 — 証拠は書証（文書）に限られる

判決 — 仮執行宣言付き判決の場合、強制執行ができる 控訴の禁止

※異議申立てがあれば通常訴訟に移行（弁論終結前に戻り審理をする）

▶訴え提起前の和解から手形訴訟への移行⇒365条
▶督促手続から手形訴訟への移行⇒366条

（口頭弁論の終結）
第354条 裁判所は、被告が口頭弁論において原告が主張した事実を争わず、その他何らの防御の方法をも提出しない場合には、前条第3項の規定による書面の送付前であっても、口頭弁論を終結することができる。

（口頭弁論を経ない訴えの却下）
第355条 請求の全部又は一部が手形訴訟による審理及び裁判をすることができないものであるときは、裁判所は、口頭弁論を経ないで、判決で、訴えの全部又は一部を却下することができる。
　2　前項の場合において、原告が判決書の送達を受けた日から2週間以内に同項の請求について通常の手続により訴えを提起したときは、第147条の規定の適用については、その訴えの提起は、前の訴えの提起の時にしたものとみなす。

（控訴の禁止）
第356条 手形訴訟の終局判決に対しては、控訴をすることができない。ただし、前条第1項の判決を除き、訴えを却下した判決に対しては、この限りでない。

（異議の申立て）
第357条 手形訴訟の終局判決に対しては、訴えを却下した判決を除き、判決書又は第254条第2項の調書の送達を受けた日から2週間の不変期間内に、その判決をした裁判所に異議を申し立てることができる。ただし、その期間前に申し立てた異議の効力を妨げない。

（異議申立権の放棄）
第358条 異議を申し立てる権利は、その申立て前に限り、放棄することができる。

123

手形による金銭の支払い請求等が目的
手形訴訟の要件

迅速だけど
相手がどう出るか

☞証拠調べは、原則、書証のみ、反訴はできず、振出人
の偽造・変造の抗弁がない限り審理は1回で終結する。

1 請求適格

手形訴訟特有の特別訴訟要件として、手形訴訟の利用は、「手形による金銭の支払の請求」および「これに附帯する法定利率による損害賠償の請求」を目的とする訴えに限られます。

また、手形訴訟は支払の請求である以上、給付訴訟でなければならず、確認訴訟や形成訴訟は含まれません。

手形による金銭支払請求権とは、手形上の主たる債務者に対する手形金の支払請求権、従たる債務者に対する遡求金額の支払請求権、手形保証人・参加引受人および無権代理人に対する支払請求権などの手形上の権利を意味し、手形自体の引渡請求権や利得償還請求権（手形法85条）などは手形上の権利でないため、手形訴訟によることはできません。

2 審理手続の特則①（期日など）

手形訴訟は、種々の側面から審理の迅速化が図られています。

手形訴訟が提起されたときは、裁判長は、直ちに口頭弁論期日を指定し、当事者を呼び出さなければなりません。手形訴訟においては特に迅速な指定が要請されていると考えられています。

また、手形訴訟においては、最初にすべき口頭弁論期日において審理を完了する必要があり、やむをえず期日の変更や弁論の続行をする場合でも、次回期日は原則として15日以内とされます。

さらには、手続の煩雑化と遅延を避けるため、手形訴訟においては反訴を提起することは許されないとされています。

3 審理手続の特則②（証拠制限）

手形訴訟においては、証拠調べは原則として書証（文書そのもの）に限られます。しかも、証拠方法たる文書は挙証者が所持するものに限られ、文書提出命令や送付嘱託によることは許されません。

ただし、例外的に、文書の成立の真正または手形の提示に関する事実については、申立てにより当事者本人を尋問することができます。これらの事実を文書のみで立証することは困難ですし、当事者本人の尋問であれば証拠調べの即時性という証拠制限の趣旨にも反しないといえるからです。

用語 ☞ **手形訴訟と異議**

手形訴訟は解決の迅速性をモットーとするところから、他の訴訟と違ったいくつかの特徴があります。証拠は書証に制限されたり、反訴ができないことなどです。また、手形判決に対しては控訴もできません。

その代わり、判決をした裁判所に対して異議申立てをすることができます。適法な異議申立てがあれば、通常訴訟になり、この判決に対しては控訴ができることになっています。

手形訴訟の訴状のしくみ

要旨 手形訴訟の訴状には、手形訴訟による審理および裁判を求める旨の記載をする必要がある。手形を証拠として提出する。

〔手形訴訟の訴状のサンプル〕

収入印紙
（　　　円）

訴　　　状

〒○○○−○○○○　東京都△△区□□丁目○○番○号
　　　　　　　　　　　　　　　　　　　（送達場所）
　　　　原　　告　　金野商事株式会社
　　　　代表者代表取締役　金　野　雄　一　㊞
　　　　　　　電　話　03−○○○○−○○○○
　　　　　　　FAX　03−○○○○−○○○○
〒○○○−○○○○　東京都△△区□丁目○番○　○○○号
　　　　被　　告　　乙川産業株式会社
　　　　代表者代表取締役　乙　川　次　郎
約束手形金請求事件
　　訴訟物の価額　　　　　200万円
　　ちょう用印紙額　　　　15,000円
　　　　　　　　　　　　　　　—1—

第1　請求の趣旨
　1　被告は，原告に対し，200万円及びこれに対する令和○○年○○月○○日から支払済みまで年6分の割合による金員を支払え。
　2　訴訟費用は被告の負担とする。
　3　仮執行宣言
本件訴訟は手形訴訟による審理及び審判を求める。
第2　請求の原因
　1　原告は，被告振出の別紙手形目録記載の手形1通を所持している。
　2　原告は上記手形を支払期日に支払のため支払場所に呈示したが支払を拒絶された。
　3　よって，原告は被告に対し，次の金員の支払を求める。
　(1)約束手形金200万円
　(2)上記金員に対する令和○○年○○月○○日から支払済みまで、年6分の割合による利息
　　　　　　　　　　　証　拠　方　法
　1　甲第1号証の1　約束手形　被告作成　原本
　2　甲第1号証の2　付箋
　　　　　　　　　　　附　属　書　類
　1　訴状副本　　　　　　　　　1通
　2　甲1の1，2（写し）　　　各1通
　　　　　　　　　　　　　　　—2—

（別紙）手形目録

金額　　　　　　　200万円
満期　　　　　　　令和○○年○○月○○日
支払地　　　　　　東京都○○区
支払場所　　　　　○○銀行△△支店
振出地　　　　　　東京都××区
振出人　　　　　　被告　乙川産業株式会社
名宛人兼第一裏書人　金野商事株式会社

コメント

①訴状の用紙および書き方については、通常の訴状（64ページ参照）と、ほぼ同様。

　事件名は約束手形金請求事件、小切手金請求事件などと記載。また、請求の趣旨において、「本件訴訟は手形訴訟による審理及び審判を求める。」と記載し、手形訴訟であることを明確にする。

②裏書人がいる場合には、その裏書人も被告として共同の相手として訴えることができる。

　なお、管轄の裁判所は通常の訴訟の管轄の他、支払地の裁判所も認められている。

③手形訴訟では証拠は原則として書証および当事者尋問に限られるので、約束手形や小切手の写しを付属書類として添付することになる。

手形小切手訴訟

3

357条～367条

手形訴訟の提起と判決

判決に対して異議申立てはできるが控訴はできない

異議が出なければいいが…

☞手形（小切手）訴訟の判決に対しては控訴はできず、不服があれば異議申し立てにより通常訴訟に移行する。

1 手形訴訟の提起

原告として訴えを提起しようとする場合に、手形債権者が手形訴訟を選択するなら、訴状には「手形訴訟による審理及び裁判を求める」旨の申述を記載する必要があります。

手形訴訟は特別な手続であるため、原告のその旨の意思が明確であることが必要なのです。

また、訴えの提起に際しては、訴状に手形または小切手の写しを添付しなければなりません。

手形訴訟については、被告の住所地のほか、手形・小切手の支払地を管轄する裁判所にも管轄が認められています。請求金額が140万円以下は簡易裁判所、140万円を超える場合は地方裁判所です。

2 手形判決

手形訴訟の判決においては、判決書自体にその判決が手形訴訟でされたものであることを明らかにする趣旨から、「手形判決」と表示されます。

3 訴訟判決

請求の全部または一部が手形訴訟としての適格を欠くときは、口頭弁論を経ないで、判決で、訴えの全部又は一部を却下することができます。

却下されても通常訴訟によることができますから、これに対して控訴その他の不服申立てをすることは許されません。

請求が一般的な訴訟要件を欠く場合は、訴え却下の訴訟判決をすることになり、補正不能が明白な場合には口頭弁論を経ないで判決を却下することも可能なことは通常訴訟の場合と同様です。

この場合の不服申立てはやはり通常訴訟同様に控訴となり、控訴審が原判決を取消す場合には、原則として第1審に差し戻すことが必要です。

4 本案判決

訴えが訴訟要件を具備するときは、請求認容や棄却の本案判決が下されることとなり、請求認容判決には、職権で、原則として無担保の仮執行宣言を付されます。

手形訴訟の本案判決に対する不服申立ては、控訴ではなく「異議」といい、同一裁判所が通常訴訟手続で再審理するという方法によります。

◆手形訴訟の注意点

手形訴訟は迅速な手続ですが、異議が出されると訴訟に移行します。したがって、異議が出そうな場合は、最初から通常訴訟の方がよい場合もあります。

被告側の注意点としては、判決が出てから異議申立をすればいいと悠長に構えていると、原告の勝訴判決には仮執行宣言が付されますので強制執行をされる場合があります。要注意です。

異　議　申　立　書のしくみ

 手形異議の申立は判決裁判所に対して、判決書または判決に代わる調書の送達を受けた日から2週間以内に行う。

〔手形訴訟の異議申立書のサンプル〕

令和○○年（手ワ）第　　　号　　約束手形請求事件

原告　○○○○
被告　○○○○

異議申立書

令和○○年○○月○○日

○○地方裁判所民事第　　部　　係　御中

被告人訴訟代理人　　○○○○　　㊞

　頭書事件につき、令和○○年○○月○○日に言い渡された手形判決は、不服なので異議の申立てをします。

◎手形訴訟の仮執行宣言付判決

　手形訴訟の判決には、職権で仮執行宣言が付され、手形所持人はすぐに強制執行ができます。このあたりのしくみを知っておかないと、悲劇となることがあります。

　手形の振出人Aさんは、後日、商品を渡すというで約束で手形を振り出しました。手形が満期になり、品物を受け取っていないAさんは債務不履行を理由に銀行に異議申立預託金を積んで支払拒絶をしたのですが、手形所持人Bから手形訴訟を提起されました。

　手形訴訟についての知識がまったくないAさんは、呼出された日に自ら出頭し、裁判官に品物を受け取っていないので手形金を支払わなかった旨を述べ、裁判官も分ってくれたと思っていました。ところが、それから2～3週間後に敗訴の判決書が送られてきたのです。

　その後、Aさんは異議申立てをしました。しかし、すぐにBは、異議申立預託金に執行をかけ、その金を受け取ってしまったのです。異議申立には執行停止の効力はないのです。勿論、通常訴訟で勝てばお金は戻ってきますが、Bが使ってしまい他の資力もなければ取れないこともあるでしょう。

第6編

少額訴訟に関する特則

368条～381条

◆民事訴訟法第6編「少額訴訟に関する特則」では、60万円以下の金銭の支払いを求める場合について、簡便な特別の手続を定めています。

■少額訴訟手続の誕生

かつて、請求金額が少ない訴訟でも、通常の訴訟手続をとる必要がありました。しかし、通常の訴訟手続をとっていたのでは時間と費用がかかりすぎ、訴訟による権利実現が困難な場合もありました。

そこで、平成10年の民事訴訟法の改正で、民事訴訟の特則として少額訴訟手続が誕生しました。

■少額訴訟手続の概要

少額訴訟手続は、請求額が60万円以下の金銭支払の請求をする場合に限られます。また、原則として1回の審理で判決が得られ、極めて簡易迅速な手続です。

本人でも申立てが容易で、弁護士会等に依頼することなく本人訴訟ができます。少額訴訟で多い事件としては、代金の支払、貸金の返済、交通事故などの損害賠償の請求などです。

（少額訴訟の要件等）
第368条 簡易裁判所においては、訴訟の目的の価額が60万円以下の金銭の支払の請求を目的とする訴えについて、少額訴訟による審理及び裁判を求めることができる。ただし、同一の簡易裁判所において同一の年に最高裁判所規則で定める回数を超えてこれを求めることができない。
2 少額訴訟による審理及び裁判を求める旨の申述は、訴えの提起の際にしなければならない。
3 前項の申述をするには、当該訴えを提起する簡易裁判所においてその年に少額訴訟による審理及び裁判を求めた回数を届け出なければならない。

◎民事訴訟法「第6編 少額訴訟に関する特則」の条文の構成

民事訴訟法 第6編 少額訴訟に関する特則

◎第1編	総 則	（1条〜132条の10）
◎第2編	第1審の訴訟手続	（133条〜280条）
◎第3編	上 訴	（281条〜337条）
◎第4編	再 審	（338条〜349条）
◎第5編	手形訴訟及び小切手訴訟に関する特則	（350条〜367条）
◎第6編	少額訴訟に関する特則	（368条〜381条）

【内容】少額訴訟の要件等・反訴の禁止・1期日審理の原則・証拠調べの制限・証人等の尋問・通常の手続への移行・判決の言渡し・判決による支払いの猶予・仮執行の宣言・控訴の禁止・異議・異議後の審理及び裁判・異議後の判決に対する不服申立て・過料

◎第7編	督促手続	（382条〜402条）
◎第8編	執行停止	（403条〜405条）

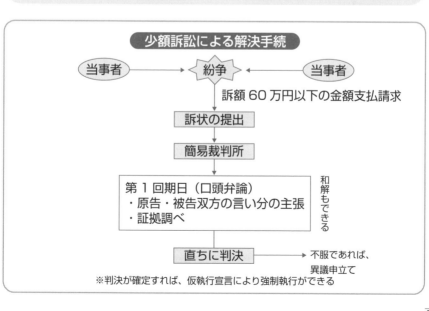

少額訴訟による解決手続

当事者 → 紛争 ← 当事者

訴額60万円以下の金額支払請求

↓

訴状の提出

↓

簡易裁判所

↓

第1回期日（口頭弁論）
・原告・被告双方の言い分の主張
・証拠調べ

和解もできる

↓

直ちに判決 → 不服であれば、異議申立て

※判決が確定すれば、仮執行宣言により強制執行ができる

少額訴訟とは何か

60万円以下の金銭の支払いを求めるとき

原則、1日で判決が出る

☞少額訴訟は、60万円以下の金銭の支払いを求める簡易・迅速な手続で、金銭紛争には、貸金、売掛金、請負代金、家賃、地代、損害賠償などがある。

◼ 少額訴訟の意義

少額訴訟とは、比較的小規模な紛争につき、簡易な手続により迅速に解決することを目的とした訴訟手続であり、簡易裁判所の訴訟手続の特則です。

簡易裁判所は、元々比較的少額・軽微な事件を簡易迅速に解決するために設けられた裁判所であり、手続上も簡易化のための特則が種々設けられているのですが、事件によっては、それでもなお重厚に過ぎるという指摘がなされてきました。

そこで、訴額の上限を一定額以下に抑えた上、手続を大幅に簡略化して迅速かつ弾力的に紛争を解決できるように創設されたのが少額訴訟なのです。

◼ 少額訴訟の特徴

少額訴訟の特徴は、①審理の簡易迅速化のため、審理は、即時に取り調べることができる証拠に限定して1回の期日で審理を終えて判決に至ることを原則とすること、②弾力的な裁判を可能とするため、判決において支払猶予を定めることができること、③迅速な紛争解決の見地から、不服申立方法についても、控訴を禁止し異議による同一審級における是正の余地がありうるにとどまるものとしていること、などを挙げることができ通常の訴訟手続と比較すると、思い切って簡易かつ弾力的な手続として構成されています。

◼ 少額訴訟の対象

簡易裁判所が管轄する事件は訴額が140万円以下の事件ですが、少額訴訟はそのうち60万円以下の金銭の支払の請求を目的とする訴えに限定されています。

金銭を請求する給付訴訟に限られているのは、訴額が60万円以下の事件であっても、金銭以外の請求においては金銭請求に比べれば複雑な場合が多く、簡略化された手続で審理するのは適切でないと考えられたことによります。

なお、少額訴訟の対象となる請求であっても、必ずしも少額訴訟で審理しなければならないわけではなく、簡易裁判所の通常訴訟手続によって審理することも可能です。

◆こんな場合は通常訴訟へ

少額訴訟で審理をしてもらいたいと思っても少額訴訟が行えない場合もあります。①被告が通常訴訟への移行を申述すれば、少額訴訟での審理はありません。また、②事件の内容が、金銭の請求ではない、請求する金額が60万円超である、相手方の所在不明などのため公示送達が必要、などのように法律で定められた少額訴訟の要件を欠く場合、③同一裁判所での少額訴訟の利用回数は制限されているのに利用回数の届を裁判所から命じられたのに届をしない場合、④事件の内容が複雑である、証人が多人数である、審理を進めるには鑑定や現場検証が必要、などの場合、には裁判官は通常訴訟へ移行させます。

少額訴訟のしくみ

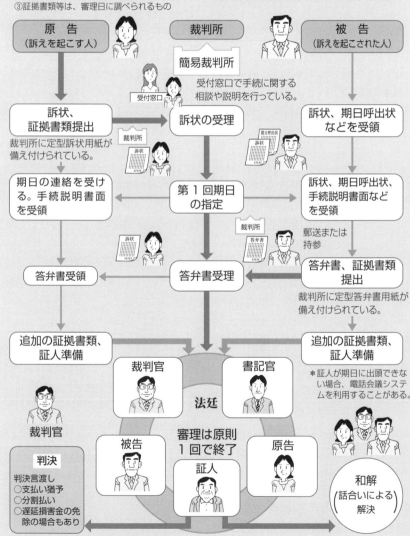

要旨 金銭債権が60万円以下で、紛争の内容が複雑でなく証拠の書類や証人がすぐに準備できる場合で、1期日で審理が完了し直ちに判決が言い渡される。

少額訴訟による訴え

①60万円以下の金銭支払請求に限る
②審理は原則1回、直ちに判決言渡し
③証拠書類等は、審理日に調べられるもの
④分割払や支払猶予の判決となる場合もある
⑤少額訴訟判決に対する不服は異議申立てに限る

原告
（訴えを起こす人）

裁判所

被告
（訴えを起こされた人）

簡易裁判所

受付窓口で手続に関する相談や説明を行っている。

受付窓口

訴状、証拠書類提出

裁判所に定型訴訟用紙が備え付けられている。

訴状の受理

裁判所
訴状

訴状、期日呼出状などを受領

期日呼出状
訴状

期日の連絡を受ける。手続説明書面を受領

第1回期日の指定

訴状、期日呼出状、手続説明書面などを受領

裁判所
訴状
答弁書

郵送または持参

答弁書、証拠書類提出

裁判所に定型答弁書用紙が備え付けられている。

答弁書受領

答弁書受理

追加の証拠書類、証人準備

追加の証拠書類、証人準備

*証人が期日に出頭できない場合、電話会議システムを利用することがある。

裁判官

書記官

法廷

裁判官

判決

判決言渡し
○支払い猶予
○分割払い
○遅延損害金の免除の場合もあり

被告

審理は原則1回で終了

証人

原告

和解
（話合いによる）解決

少額訴訟

2

369条～373条

審理は原則1回、その日に判決が言渡される

少額訴訟による手続

60万円以下の
金銭支払いの請求

☞少額訴訟は、簡略な手続で、申立書式も簡易裁判所に用
意されているので本人だけでも訴訟がしやすくなっている。

■ 少額訴訟の提起

少額訴訟とは、比較的小規模な紛争につき、簡易な手続により迅速に解決することを目的とした訴訟手続で、申立先は簡易裁判所です。

しかし、小規模の紛争の場合、必ずしも少額訴訟で審理しなければならないというものではありません。少額訴訟の要件を満たしても通常の手続で審理することが可能です。

これについての第1次的選択権は原告にあり、原告が少額訴訟を希望する場合、訴え提起の際に少額訴訟による旨を明らかにしてこれをなすことになります。

なお、同一の原告は同一の裁判所に同一年に10回を超えて少額訴訟手続を利用することはできないとされています。広く国民に平等にこの手続を利用する機会を保障するためのものとされます。

■ 被告の移行申述権

原告が少額訴訟手続を選択した事件について、被告は、通常の訴訟手続に移行させる旨の申述をなすことが可能です。

原告に第1次的選択権を与えたこととの公平の観点から、被告にも手続の選択権を認めたものです。

被告がこの申述をなすと、その事件はその後、通常訴訟手続で審理されることになります。被告のこの申述は、被告が最初になすべき口頭弁論期日において弁論をし、または、その期日が終了するまでに限られ

ます。

なお、裁判所が少額訴訟による審理が適当でないと判断した場合、通常訴訟への移行決定をする場合もあります。

■ 審理手続の特則

少額訴訟においては、原則として1回の口頭弁論期日で審理を完了し、その後直ちに判決の言渡しをすることとなっています（1期日審理の原則）。

その関連で少額訴訟における証拠調べは、即時取調べ可能な証拠に限られています。証人尋問も可能ですが、宣誓が不要とされますし、尋問順序についても裁判官が相当と認める方法で行うことができるとされています。

また、1期日審理の原則を採用している関係から、少額訴訟については反訴は禁じられています。

用語 👉 **反 訴**

反訴は、訴訟の係属中に、被告から原告に対し、本訴請求またはこれに対する防御方法と牽連関係にある新たな訴訟を起こすことです。

例えば、原告が売買代金請求訴訟において、被告が品物を受け取っていないと主張（防御方法）するだけでなく、一歩進んで品物の引渡しを請求（反訴）することもできます。

132

少 額 訴 訟 の 訴 状 のしくみ

 少額訴訟の訴状は簡易裁判所に用意されている。書き方など、窓口で相談に応じている。

〔少額訴訟の訴状のサンプル〕

訴 状

事件名　賃金請求事件
☑少額訴訟による審理及び裁判を求めます。本年、この裁判所において少額訴訟による審理及び裁判を求めるのは　　　　回目です。
　　　　　　　　　　簡易裁判所　御中　　　令和　　年　　月　　日

原告（申立人）	〒　住　所（所在地）				
	氏　名（会社名・代表者名）　　　　　　　　　　　　　　　　㊞				
	TEL　　-　　-　　　　　FAX　　-　　-				
	送達場所等の届出	原告（申立人）に対する書類の送達は、次の場所に宛てて行ってください。 □上記住所等 □勤務先 名　称 〒　住　所 　　　　　　TEL　　-　　-　　　　　 □その他の場所（原告等との関係　　　　　　　　　　） 〒　住　所 　　　　　　TEL　　-　　-			
		□原告（申立人）に対する書類の送達は、次の人に宛てて行ってください。 氏　名			
被告（相手方）	〒　住　所（所在地）				
	氏　名（会社名代表者名）				
	TEL　　-　　-　　　　　FAX　　-　　-				
	勤務先の名称及び住所　　　　　　　　　　TEL　　-　　-				

	訴訟物の価額	円	取扱者
	貼用印紙額	円	
	予納郵便切手	円	
	貼用印紙　　裏面貼付のとおり		

一般

請求の趣旨	1　被告は、原告に対して、次の金員を支払え。 金　　　　　　　　　　円 □上記金額□上記金額の内金　　　　　　　　　　　　円に対する 　令和　　年　　月　　日から令和　　年　　月　　日まで の割合による金員 □上記金額□上記金額の内金　　　　　　円に対する 　令和　　年　　月　　日から支払済みまで の割合による金員 □上記金額に対する{□令和　年　月　日／□訴状送達の日の翌日}から支払済みまで の割合による金員 2　訴訟費用は、被告の負担とする。 との判決（□及び仮執行の宣言）を求めます。
紛争の要点（請求の原因）	
添付書類	

コメント

①簡易裁判所には少額訴訟の定型用紙が用意されているので、これを利用するとよい。

②記載事項は、左書式（裁判所の定型書式）のとおり、事件により、いくつかの書式が用意されているので、窓口で尋ねください。

④提出の際は、手数料を印紙で納める（金額については261㌻参照）。また、一定額の郵便切手が必要。

⑤「請求の趣旨」欄は、相手にどのような請求をするかを記載する。左の例は貸金請求（一般）の場合ですが、事件に応じて、損害賠償請求、売買代金請求などの用紙がある。

⑥「紛争の要点（請求の原因）」欄には、紛争の原因となった事実や経過など原告の主張を根拠づける内容を記載する。

判決に不服なら異議申立てができる
判決と異議申立て

異議申立てがあれば通常訴訟へ

☞少額訴訟の請求を認容する判決では、職権で仮執行宣言が付される。異議申立てがなされても執行ができる。

① 総説

簡易迅速を理念とする少額訴訟においては、裁判の終局的場面やその後の権利の実現の場面においても貫徹される必要があります。

すなわち、まず判決の言渡しが迅速になされる必要がありますし、原告勝訴の場合、その判決内容が被告により速やかに履行されることが重要になってきます。

また、原告が強制執行の手段をとらざるを得ないような場合も、迅速にそれに取りかかれることが大切になってきます。

② 即日言渡しの原則

少額訴訟の判決の言渡しは、原則として口頭弁論の終結後、直ちに行います。

もっとも、和解を勧試するなど裁判所が直ちに判決を言い渡すのを「相当でないと認める場合」には、通常の言渡しの方法によることもできます。

③ 支払猶予判決

原告勝訴の判決内容に対する被告の任意の履行を期待するという観点から、裁判所は、請求の全部又は一部を認容する判決をする場合において、被告の資力その他の事情を考慮して特に必要があると認めるときは、認容額の支払猶予や分割払を内容とする判決をすることができるとされています。

④ 強制執行への配慮

また、請求を認容する判決については、裁判所は職権で担保を立てさせて、あるいは無担保で仮執行宣言を付さなければならないとされていますし、簡易迅速な強制執行のため、少額訴訟判決に表示された当事者などに対する強制執行においては、執行文を要しないものとされます。

⑤ 不服申立

少額訴訟判決に対しては控訴が禁止され、その判決をした簡易裁判所に対する異議申立が許されるに過ぎません。

また、その異議審の終局判決についても控訴が禁止され、最高裁判所への特別上告以外の不服申立手段は用意されておりません。

結局、少額訴訟は原則として第1審限りの手続ということになります。

◆少額訴訟の判決に不服の場合

通常の訴訟であれば、裁判の当事者が下された判決に納得できなければ控訴手続をとることができます。少額訴訟は、短期間に紛争を解決することを目的とした制度ですので、控訴を認めていません。

その代わり「異議の申立て」を採用し、少額訴訟を行っていた裁判所と同一の裁判所で行うことにしています。異議申立ては、判決の言渡しをした裁判所に対して、書面で異議の理由を書いて申し立てます。

異議の審理の手続きは、通常の訴訟と同様の手続きで行われますので、1期日審理の原則はなく、また証拠調べの制限もありません。なお、異議の申立ての判決に対しても控訴はできません。

少額訴訟の判決と異議のしくみ

要旨 仮執行宣言を付した判決により、判決をした簡易裁判所にも給料・預金等（金銭債権）に対する強制執行の申立てができる。

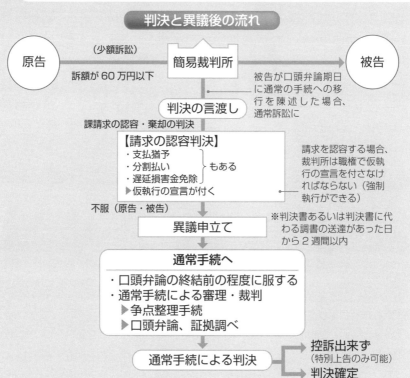

判決と異議後の流れ

原告 ――（少額訴訟）訴額が60万円以下―― 簡易裁判所 ――→ 被告

被告が口頭弁論期日に通常の手続への移行を陳述した場合、通常訴訟に

判決の言渡し

課請求の認容・棄却の判決

【請求の認容判決】
・支払猶予
・分割払い } もある
・遅延損害金免除
▶仮執行の宣言が付く

請求を認容する場合、裁判所は職権で仮執行の宣言を付さなければならない（強制執行ができる）

不服（原告・被告）

異議申立て

※判決書あるいは判決書に代わる調書の送達があった日から2週間以内

通常手続へ
・口頭弁論の終結前の程度に服する
・通常手続による審理・裁判
　▶争点整理手続
　▶口頭弁論、証拠調べ

通常手続による判決 ―― 控訴出来ず（特別上告のみ可能） ／ 判決確定

◎少額訴訟と本人訴訟

少額訴訟は、簡易・迅速な訴訟手続です。したがって、本人でも十分手続ができます。その理由は以下のとおりです。

①請求金額が60万円以下と少ないこと。

②簡易裁判所で手続の概要等については受付窓口で教えてくれること。

③申立用紙・記載例が裁判所に用意されており、これに記載すればよいこと。

④原則、1回の審理で判決まで取得できるので、時間をとられないこと。

⑤判決に不服ならば異議申立てをすれば、通常の訴訟手続となること。

なお、少額訴訟の審理は、原則として1回ですので、当事者は、全ての主張・証拠を提出し、証人がいれば同行しなくてはなりません。

督促手続

民事訴訟法 第7編

382条～402条

◆民事訴訟法第7編「督促手続」では、支払督促の要件等について定めている。支払督促は裁判所の書記官が債権者の申立てにより債務者に支払いを命じる制度である。

■督促手続とは

貸金の返済などの督促（催促）は、内容証明郵便などにより個人で催促することができます。しかし、相手がそれで返済してくれない場合はそれまでで、別途、訴訟などにより解決を図らなければなりません。こうした場合、民事訴訟法で定める「督促手続（支払督促）」を利用するとよいでしょう。

支払督促は、金銭、有価証券、その他の代替物の給付に係る請求について、債権者の申立てにより、その主張から請求に理由があると認められる場合に、支払督促を発する手続であり、債務者が2週間以内に異議の申立てをしなければ、裁判所は、債権者の申立てにより、支払督促に仮執行宣言を付し、債権者はこれに基づいて強制執行の申立てをすることができます。

■支払督促のポイント

支払督促の利用のポイントは、以下のとおりです。

①金銭の支払または有価証券若しくは代替物の引渡しを求める場合に限られる。

②申立ては、相手の住所地を管轄する簡易裁判所の裁判所書記官。

③書類審査のみなので、訴訟の場合のように審理のために裁判所に行く必要はない。

④手数料は、訴訟の場合の半額。

⑤債務者が支払督促に対し異議を申し立てると、請求額に応じ、地方裁判所または簡易裁判所の訴訟の手続に移行する。

なお、最近、支払督促を悪用した架空請求が話題になっています。理由のない支払督促を受けたら直ちに消費生活センターなどで相談してください。

◎民事訴訟法「第7編　督促手続」の条文の構成

民事訴訟法 第7編　督促手続

◎第1編	総　則	（1条～132条の10）
◎第2編	第1審の訴訟手続	（133条～280条）
◎第3編	上　訴	（281条～337条）
◎第4編	再　審	（338条～349条）
◎第5編	手形訴訟及び小切手訴訟に関する特則	（350条～367条）
◎第6編	少額訴訟に関する特則	（368条～381条）
◎第7編	督促手続	（382条～402条）

○第1章　総則　（382条～396条）
○第2章　電子情報処理組織による督促手続の特則　（397条～402条）

◎第8編	執行停止	（403条～405条）

（支払督促の要件）
第382条　金銭その他の代替物又は有価証券の一定の数量の給付を目的とする請求については、裁判所書記官は、債権者の申立てにより、支払督促を発することができる。ただし、日本において公示送達によらないでこれを送達することができる場合に限る。

（支払督促の申立て）
第383条　支払督促の申立ては、債務者の普通裁判籍の所在地を管轄する簡易裁判所の裁判所書記官に対してする。
2　次の各号に掲げる請求についての支払督促の申立ては、それぞれ当該各号に定める地を管轄する簡易裁判所の裁判所書記官に対してもすることができる。
一　事務所又は営業所を有する者に対する請求でその事務所又は営業所における業務に関するもの　当該事務所又は営業所の所在地
二　手形又は小切手による金銭の支払の請求及びこれに附帯する請求
　　手形又は小切手の支払地

（支払督促の発付等）
第386条　支払督促は、債務者を審尋しないで発する。
2　債務者は、支払督促に対し、これを発した裁判所書記官の所属する簡易裁判所に督促異議の申立てをすることができる。

（支払督促の送達）
第388条　支払督促は、債務者に送達しなければならない。
2　支払督促の効力は、債務者に送達された時に生ずる。

（以下略）

債権回収には簡便な方法がある

支払督促とは何か

書類審査のみで支払督促を発付

☞債務（借金）があるのになかなか返済してくれない場合、裁判所の書記官に申し立てれば、書類審査のみで支払を命じてくれる制度。

① 督促手続の意義

督促手続とは、金銭その他の代替物または有価証券についての一定の数量の給付請求権につき、債権者の主張を債務者が争わないことを根拠に、その実質的審理を経ることなく簡易迅速かつ経済的に**債権者に債務名義を取得させる手続**です。

事前の実質的審理を経ることなく債務名義（強制執行ができる）まで形成されてしまう点で訴訟手続とは大きく異なっていますが、債務者からの異議申立があれば通常の給付訴訟に移行する点で訴訟手続の前段階の手続という面を併せもっており、訴訟手続との連続性を有している点から、「**民事訴訟に関する手続**」として民事訴訟法の規律対象とされています。

督促手続では、申立人を債権者、相手方を債務者といいます。申立てに対する審査および発付権限は裁判所書記官にあります。

従前は「支払命令」との呼称で裁判官の権限とされていましたが、平成8年改正により裁判書書記官の権限とされるとともに、呼称も「支払督促」に改められました。

② 支払督促の要件

支払督促は、その目的が金銭その他の代替物または有価証券の一定数量の給付を目的とするものである請求に限られています。

支払督促の目的をこの種の請求に限定したのは、その執行が容易であること、およ

び仮に誤って執行してもその原状回復が容易であることによるものです。

また、支払督促は、債務者に対し、日本国内で公示送達によらずに送達できる場合であることを要します。

支払督促が実体審理を経ずに執行力を付与されることの正当性は、債務者からの異議がないことに求められるものである以上、**異議申立ての機会を実質的に保障する必要がある**からです。

③ 訴えに関する規定の準用

支払督促の申立てには、その性質に反しない限り、訴えに関する規定が準用されます。したがって、申立ては申立ての趣旨および原因を記載した請求を特定し、書面で行うことを要します。

◆ 「命令」から「督促」へ

平成8年改正前の民事訴訟法では、債権者からの申立によって、裁判官が支払を命ずる裁判を支払命令と言っていましたが、平成8年の民事訴訟法の改正後は、申立手続は同じですが、この手続きを行うのが裁判所書記官（申立の宛名も書記官）となり、名称も支払督促と変更されました。

支払命令も支払督促も法的な効果は同じですが、前者が裁判官が支払を命ずるのに対して、後者は支払をするよう督促するというイメージの違いがみられます。

支　払　督　促 のしくみ

要言 申立てにより、裁判所書記官は支払督促の発付をする。異議申立てがなければ仮執行宣言が付され、強制執行ができる。ただし、異議申立てがあれば訴訟手続に移行。

支払督促の手続と流れ

①申立先は、相手方の住所地を管轄する簡易裁判所の書記官
②仮執行宣言の申立期間は、支払督促に対する相手方の異議申立期間（2週間）が過ぎてから30日以内。
③簡易裁判所の書記官に対する手続となる。

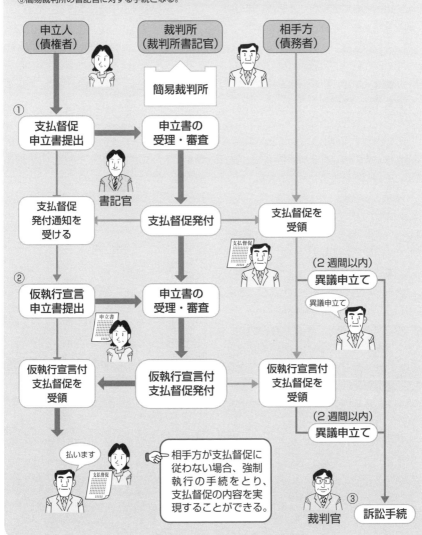

支払督促の申立ては簡易裁判所の書記官にする

支払督促の申立てと発付等

簡便な手続になっている

☞支払督促の申立ては債務者の所在地を管轄する簡易裁判所の裁判所書記官に対して行う。

① 支払督促の申立て

支払督促の申立ては、請求の価格に関わらず、原則として債務者の普通裁判籍の所在地を管轄する簡易裁判所の裁判所書記官に対してこれをなし、請求との関連で付加的な申立先が副次的に認められています。

② 申立てへの処分（不備ある場合）

申立てを受けた裁判書書記官は、要件の審査を行い、要件に不備がある場合または申立ての趣旨から理由がないことが明らかなときは、その申立てを却下しなければならず、その効力は相当な方法で告知されたときに発生します。

この却下処分に対しては、告知を受けた日から1週間の不変期間内に当該裁判所書記官の所属する裁判所に対し、異議を申し立てることができます。この異議に対してなされた裁判所の決定に対しては、不服を申し立てることができません。

③ 申立てへの処分（不備なき場合）

申立書を審査して適式なものと認めたときは、裁判所書記官は債務者を審尋しないで支払督促を発付します。支払督促には所定事項を記載し、原本に裁判所書記官が記名押印し、債務者にその正本を送達します。

支払督促は、債務者への送達のときに効力を生じ、債権者に対しては支払督促を発付した旨を通知すれば足ります。

支払督促が送達不能な場合でも公示送達によることはできません。したがって、債権者が取下げない限り、事件は係属し続けることになりますが、こうした事態は簡易迅速に債権者に債務名義を取得させるという支払督促の制度趣旨と相容れません。こうしたことから、法は、裁判所書記官から送達不能であった旨の通知を受けた日から2カ月以内に債権者が別の送達場所の申出をしないときは、支払督促の申立てを取下げたものとみなします。

④ 支払督促の更正

支払督促に計算違い、誤記その他これに類する明白な誤りがあるときは、裁判所書記官は、申立てまたは職権によりいつでもこれを更正することができるものとされています。

用語　👉　督促異議

支払督促の特色は、債権者からの申立があれば、その主張が真実かどうかの審査をすることもせず、一方的に支払督促を出す点です。これに対して、債務者側に、請求金額が違うとか、あるいは既に支払ったなどの異論があれば、異議を申し立てることを保証しています。

支払督促に対して不服を申し立てることを督促異議といい、支払督促に同封されている異議申立書に所定の事項を記載して、支払督促を出した簡易裁判所に郵送または直接持参します。この異議申立のできる期間は、支払督促の正本が届いてから2週間以内で、異議が出されると支払督促は効力を失います。

支払督促の申立書のしくみ

 要旨 支払督促の申立書は裁判所に用意されている。申立先は相手方の住所地を管轄する簡易裁判所書記官である。

〔支払督促申立書のサンプル〕

支払督促申立書

貸金請求事件
当事者の表示 　　　　　別紙当事者目録記載のとおり
請求の趣旨及び原因 　　別紙請求の趣旨及び原因記載のとおり
「債務者　　　　　　　は，債権者に対し，請求の趣旨記載の金額を支払え」との支払督促を求める。

申立手続費用　金　 ●●●●● 円
　内　　訳　 ●●●●● 円
　　申　立　手　数　料　　5,000 円
　　支払督促正本送達費用　●●●● 円
　　支払督促発付通知費用　　 84 円
　　申立書作成及び申立書提出費用●●●●円
　　資格証明手数料　　　　1,000 円

令和○○年○○月○○日

　住　　所：〒
　(所在地)
　債権者氏名：
　(名称及び代表者の
　　資格・氏名)

　　　　　　　　　　　　　　　　　　　　印
　(電話：　　　　　　　　　　　　)
　(FAX：　　　　　　　　　　　　)

簡易裁判所　裁判所書記官　殿
価額　　　1,000,000 円
貼用印紙　　　5,000 円
郵便切手　　　　　　円
葉書　　　　　　1 枚
添付書類　☑資格証明書　1 通
　　　　　□　　　　　　　通
　　　　　□　　　　　　　通

受付印	
貼用印紙	円
郵便切手	円
葉書	枚

※上記用紙については，太い黒枠内について記入してください。
　項目を選択する場合には，□欄に「レ」を付してください。
▶別紙当事者目録・請求の趣旨及び原因については省略。

コメント

①支払督促の申立書は「表題部」の他に別紙として，「当事者目録」と「請求の趣旨及び原因」の3つで成り立っている。この3枚を左綴じにして，各用紙の間に割印をする。

②事件名の記載は，売買代金の請求では「売買代金請求事件」，貸金の請求であれば「貸金請求事件」などと記載する。

③申立人が会社の場合，「○○株式会社代表者代表取締役○○○○　㊞」と記載し，申立印には代表者印を使用する。

④支払督促の申立書は，裁判所に1通提出すればよい。ただし，裁判所の事務処理上，別紙(当事者目録，請求の趣旨及び原因)は債務者プラス債権者の数(債務者1人の場合2枚)を提出する。

⑤申立費用は訴訟の場合の半額。この他，東京簡易裁判所では，債権者1名につき，1,099円分の切手を貼った無地の封筒およびはがき1枚が必要。

(支払督促の記載事項)
第387条　支払督促には，次に掲げる事項を記載し，かつ，債務者が支払督促の送達を受けた日から
　2週間以内に督促異議の申立てをしないときは債権者の申立てにより仮執行の宣言をする旨を付記しなければならない。
　一　第382条の給付を命ずる旨
　二　請求の趣旨及び原因
　三　当事者及び法定代理人

支払督促に対し弁済も異議申立てもなければ仮執行宣言の申立て

仮執行宣言と異議申立て

強制執行ができる！

☞仮執行宣言を付してもらうには、支払督促の異議申立期間（2週間）徒過後30日以内に仮執行宣言の申立てをする。

1 仮執行宣言の意義

仮執行宣言とは、財産上の請求権に関し、確定前でも仮に強制執行ができる旨の宣言をいいます。

支払督促の場合、債務者に対する支払督促の送達後2週間を経過すれば、債権者は支払督促に仮執行宣言を付するよう申し立てることができます。

仮執行宣言が付された支払督促は、確定をまたずに執行力を生じ、債務名義となります。仮執行宣言を付した支払督促に対し、債務者がその送達後2週間内に督促異議の申立てをしないとき、あるいは督促異議の申立てを却下した決定が確定したときは、督促手続は終了し、支払督促は確定判決と同一の効力を有します。

2 督促異議

債務者は、支払督促に対してこれを発した裁判所書記官の所属する簡易裁判所に不服申立てをすることができます。これを却下処分に対する異議と区別する意味で督促異議といいます。適法な異議申立があったときは、督促手続を排し通常訴訟に移行します。すなわち、督促異議は督促手続の排除と通常訴訟による審判とを求める旨の債務者の対抗手段ということになります。

督促異議には仮執行宣言前のものと仮執行宣言後のものとがあり、請求を通常訴訟手続に移行させて審判を求める点では共通ですが、異議の効果を異にします。

適法な督促異議の申立てがあったとき

は、督促手続に係る請求については目的の価格に従い、支払督促の申立時に支払督促を発した裁判所書記官の所属する簡易裁判所またはその所在地を管轄する地方裁判所に訴えの提起があったものとみなされ、督促手続の費用は訴訟費用の一部として取り扱われます。

3 異議後の手続

移行後の手続は、支払督促と同一の請求の当否について審判をする第一審の訴訟手続となります。督促手続はその後の訴訟手続とは一体をなすものであり、審判の対象は本来の請求の当否であって異議の当否ではありません。

用語 👉 **仮執行宣言**

訴訟では相手が上訴してくると、判決が確定するまでに債務者の財産状態が悪化してしまい、強制執行も不可能になる場合があります。そこで、例外的に判決の確定を待たないで強制執行を認められるのがこの制度です。

仮執行の要件は、①財産上の請求に関するものであること、②判決が執行に適すること、③仮執行の宣言の必要があると認められることが挙げられています。

仮執行の宣言は、原告が判決前に申し立てた場合、あるいは裁判所が職権で宣言しますが、被告の被る損害を考慮して、担保の提供を命ずる場合もあります。

異議申立て・仮執行宣言のしくみ

 異議申立ては2度あり、支払督促が送達されたとき、仮執行宣言付の支払督促が送達されたときである。いずれも通常の訴訟手続となるが、仮執行宣言付の場合は強制執行ができる。

支払督促に対する異議申立書

債権者　○○　○○
債務者　○○　○○

　上記当事者間の令和○○年（ロ）第××××号貸金請求支払督促申立事件につき，御庁令和○○年付で決定さたれた支払督促は，債務者に同月○日に送達されましたが，不服なので異議を申し立てます。
　令和○年○月○日

債務者　○○　○○　㊞

○○簡易裁判所　御中

コメント

①支払督促に対する異議申立ては、支払督促の送達を受けた日から2週間以内にする。
②この申立てがあれば、通常訴訟に移行する。
③簡易裁判所に申立用紙が用意されていれば、それを利用するとよい。

仮執行宣言の申立て

債権者　甲野　太郎

債務者　乙川　次郎

　上記当事者間の令和○○年（ロ）第××××号支払督促申立事件について，債務者は令和○○年○○月○○日支払督促の送達を受けながら，法定期間内に督促異議の申立をなさず，また，債務の支払もしない。
　そこで、下記の費用を加えた仮執行宣言を求める。

記

仮執行宣言の手続費用　　金　　　　　　　　2,400 円
　　内　訳
　　　仮執行宣言付督促正本送達費用　　　　2,400 円
令和○○年○○月○○日

債　権　者　　甲野太郎　㊞

○○簡易裁判所裁判所書記官殿

＊郵便切手	円	＊係印	＊受付印
＊葉書	枚		

コメント

①仮執行宣言の申立ては、債務者の異議申立期間〈2週間〉経過後から30日以内）に行うこと。
②申立ての必要書類は、仮執行宣言の申立書1通、当事者目録、請求の趣旨及び原因のコピー（印を押してないもの）が債権者および債務者の人数分が必要。
③費用は予納郵便切手および、官製ハガキが債務者数必要。

※債務者が仮執行宣言後に異議申立てをした場合には、訴訟に移行するが、仮執行は停止とはならないので、停止したければ強制執行停止決定の申立てをすることになる。

第2章　電子情報処理組織による督促手続の特則
（397条〜399条）

第2章
電子情報処理組織
による督促手続の特則

4

397条〜399条

オンラインによる申立てもできる

電子情報処理組織による手続

オンライン申立
てがある

☞電子情報処理組織（オンライン）による督促手続は、全国展開がなされているが、指定された簡易裁判所だけである。

1　特則の趣旨

　督促手続は、それ自体簡易迅速に債務名義を取得できるように種々の配慮がなされている手続ですが、あまりに事件が増加するとその簡便さを十分に発揮できないおそれも生じてきます。

　そこで法は、迅速かつ効率的に大量の事件を円滑に処理することを可能にするため、コンピューター・システムを利用することができるものとし、それに関する規定の整備を開始しています。

2　申立てに対する特則

　電子情報処理組織を用いた支払督促の申立方法の特則として現在行われているのは、インターネット回線を利用した申立てです。支払督促の申立てのほかに、仮執行宣言の申立てやそれらの申立ての取下げ等もこの方法によることができます。

　この電子情報処理組織を用いた支払督促の申立ては、最高裁判所規則で定める簡易裁判所の裁判書記官に対し申立てをすることができます。

3　督促異議に関する特則

　電子情報処理組織を用いた督促手続による支払督促に対し、適法な異議の申し立てがあったとき、当該支払督促を発付した裁判所書記官の所属する簡易裁判所に訴え提起があったとみなされるとすると、債務者は遠隔の地で異議訴訟の追行を余儀なくされるおそれがあります。

　この債務者の管轄を保護する必要があるとともに、督促異議後の手続は通常の手続と異なるところはないことから、督促異議に係る請求については、その目的の価格に従い、支払督促の申立てのときに原則的管轄を定めた法383条所定の簡易裁判所書記官の所属する簡易裁判所、もしくは上述の最高裁判所規則で定める簡易裁判所またはその所在地を管轄する地方裁判所に訴えの提起があったものとみなすことにしています。

　これにより移行先となる裁判所が2つ以上あるときは、債務者の普通裁判籍の所在地を管轄する簡易裁判所または地方裁判所が第1順位の裁判所とされ、他の管轄裁判所に優先します。

◆オンライン申立のメリット

　支払督促の申立をインターネットを利用して行うメリットは次のようなものです。

①自宅や会社にいながら申立ができる。

②365日、24時間いつでも申立ができる。

③会社の場合は資格証明書の添付が不要。

④債権者の情報を登録しておけば、基本的な情報は自動的に入力される。

⑤手数料の納付はネットバンキングやATMを利用できるので印紙や切手の添付不要。

　残念ながら、オンライン申立を利用できるのは、一定の裁判所に限られています。

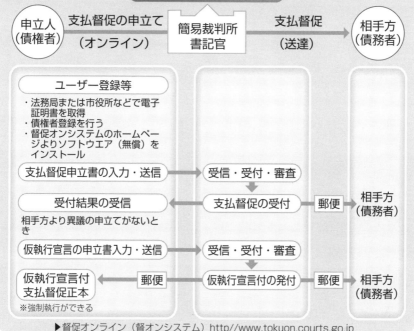

オンライン申立て のしくみ

要旨 オンライン（電子情報処理組織）による支払督促の申立てをするには、ユーザー登録等の一定の手続が必要。

督促オンラインシステム

申立人（債権者） — 支払督促の申立て（オンライン） → 簡易裁判所書記官 — 支払督促（送達） → 相手方（債務者）

ユーザー登録等
・法務局または市役所などで電子証明書を取得
・債権者登録を行う
・督促オンシステムのホームページよりソフトウエア（無償）をインストール

| 支払督促申立書の入力・送信 → 受信・受付・審査 |
| 支払督促の受付 — 郵便 → 相手方（債務者） |

受付結果の受信
相手方より異議の申立てがないとき

| 仮執行宣言の申立書入力・送信 → 受信・受付・審査 |

仮執行宣言付支払督促正本 ← 郵便 — 仮執行宣言付の発付 — 郵便 → 相手方（債務者）
※強制執行ができる

▶督促オンライン（督オンシステム）http//www.tokuon.courts.go.jp

◎裁判所の電子化・情報処理機器の利用

　裁判所でもオンラインシステムなどが導入されていますが、なかなか進まないようです。では、どのようなことを行われているのかみてみましょう。

①インターネットによる裁判所の情報の提供…裁判所の所在地、手続案内、判例情報などが提供され、申立書の用紙などはプリントして使用できます。

②ファックスによる送付…ファックスによる資料の送付が認められているものもあります。訴状など手数料が発生するものなどについては不可。

③テレビ・電話会議の利用…民事訴訟法上は、映像等の送受信による通話の方法とされ、証人や鑑定人が遠隔地にいる場合に利用されています。

④電話会議…民事訴訟法上は、音声の送受信により同時に通話をすることができる方法とされ、争点整理等の協議、証人尋問で利用されています。

⑤オンラインによる申立等…民事訴訟法上は、電子情報処理組織といい、支払督促で利用されています。訴訟の申立などは、試行段階のようです。

第8編

執行停止

403条〜405条

◆民事訴訟法第8編「執行停止」では、強制執行に対して停止ができる
場合について、その要件や裁判、担保の提供などについて定めている。

■執行停止の意義

判決は確定しなければ、その種類に応じた既判力、形成力を生じません。これは執行力についても同様です。

例えば、財産上の請求にかかる給付判決に仮執行の宣言が付されると判決の確定前においても執行力を生じ、強制執行が行われることになります。しかし、この場合は、上訴などによって仮執行宣言付判決が取り消され、あるいは、破棄される可能性があるので、その間の強制執行をめぐる利害の調整を図る必要があります。

同様のことは、仮執行の宣言が必要的である手形・小切手による金銭の支払の請求およびこれに附帯する法定利率による損害賠償の請求にかかる判決についても起こりますし、仮執行宣言付支払督促の場合についても同様です。

以上の観点から、上訴の提起、異議の申立て等に伴ってなされる執行停止の裁判の制度が設けられています。

■執行停止の裁判

仮執行の宣言が付された第1審判決や仮執行宣言の付された支払督促は確定日に執行することができます。

したがって、それらに対し上訴や異議の申立てがなされても、そのことによって当然に強制執行が停止されることはありません。しかし、控訴審や異議訴訟において、その内容が変更となる可能性は多分に存在しているため、裁判所は債務者からの申立てにより、執行停止などの処分を行うことができます。

執行停止の裁判の管轄は、訴訟記録が原裁判所にある場合には、原裁判所に存し、記録が控訴裁判所などに送付された後は送

◎民事訴訟法「第8編 執行停止」の条文の構成

民事訴訟法 第8編 執行停止

◎第1編	総 則	（1条～132条の10）
◎第2編	第1審の訴訟手続	（133条～280条）
◎第3編	上 訴	（281条～337条）
◎第4編	再 審	（338条～349条）
◎第5編	手形訴訟及び小切手訴訟に関する特則	（350条～367条）
◎第6編	少額訴訟に関する特則	（368条～381条）
◎第7編	督促手続	（382条～402条）
◎第8編	執行停止	（403条～405条）

執行停止の裁判・原裁判所による裁判・担保の提供

付された後の裁判所が管轄を有します。

執行停止の裁判は、決定をもって行われるため、口頭弁論をすべきか否かは裁判所が定めることになりますが、実際には口頭弁論が開かれた例はほとんどありません。

執行停止の裁判で予定されているのは、強制執行の一時停止、停止とともにする強制執行の開始または続行、既になされた執行処分の取消しです。

（執行停止の裁判）
第403条 次に掲げる場合には、裁判所は、申立てにより、決定で、担保を立てさせて、若しくは立てさせないで強制執行の一時の停止を命じ、又はこれとともに、担保を立てて強制執行の開始若しくは続行をすべき旨を命じ、若しくは担保を立てさせて既にした執行処分の取消しを命ずることができる。ただし、強制執行の開始又は続行をすべき旨の命令は、第三号から第六号までに掲げる場合に限り、することができる。
  一　第327条第1項（第380条第2項において準用する場合を含む。次条において同じ。）の上告又は再審の訴えの提起があった場合において、不服の理由として主張した事情が法律上理由があるとみえ、事実上の点につき疎明があり、かつ、執行により償うことができない損害が生ずるおそれがあることにつき疎明があったとき。
  二　仮執行の宣言を付した判決に対する上告の提起又は上告受理の申立てがあった場合において、原判決の破棄の原因となるべき事情及び執行により償うことができない損害を生ずるおそれがあることにつき疎明があったとき。
  三　仮執行の宣言を付した判決に対する控訴の提起又は仮執行の宣言を付した支払督促に対する督促異議の申立て（次号の控訴の提起及び督促異議の申立てを除く。）があった場合において、原判決若しくは支払督促の取消し若しくは変更の原因となるべき事情がないとはいえないこと又は執行により著しい損害を生ずるおそれがあることにつき疎明があったとき。

（以下149ᵖへつづく）

執行の停止と手続

何とか止めさせられないか…

☞裁判所は、担保を立てさせ、もしくは立てさせないで、強制執行の一時停止・執行処分の取消し等を命じることができる。

1 執行停止の裁判の申立て

執行停止の裁判は、債務者の申立てによって開始します。この申立ては書面でする必要があります。

執行停止の裁判については、どのような条件下での申立てかによって若干要件が異なってきます。

例えば、仮執行宣言付判決に対する控訴の提起または仮執行宣言付支払督促に対する督促異議の申立てに伴う執行停止の申立ての場合は、原判決もしくは支払督促の取消しもしくは変更の原因となるべき事情がないとはいえないこと、または、執行により著しい損害を生じるおそれがあることを疎明することが要件となるのに対し、上告の提起や上告受理申立てに伴う執行停止の申立ての場合は、原判決の破棄の原因となるべき事情および執行により償うことのできない損害が生じるおそれがあることにつき疎明があることが要件となっています。

2 執行停止の裁判の効果

執行停止の裁判がなされても、それだけで当然に強制執行が停止されるわけではありません。実際に強制執行の停止を求めるためには執行裁判所に執行停止などの裁判の裁判書を提出する必要があります。

執行裁判所に裁判書を提出するのはもとより執行停止の裁判を受けた者です。

なお、執行停止の裁判に対しては、不服を申し立てることができません。

3 担保の提供

執行停止の裁判をなすにあたり、裁判所は債権者の損害を回避させることを目的に、債務者に担保の提供を求めることができます。

担保の提供は、金銭または有価証券を供託する方法のほか、支払保証委託の方法や当事者が特別な契約をしたときはその契約によることも可能です。

供託先は、第一は、担保提供を命じた裁判所の所在地を管轄する地方裁判所の管轄区域内の供託所であり、第二に、執行裁判所の所在地を管轄する地方裁判所の管轄区域内の供託所とされます。

この担保については、必要に応じて取消しや変換の制度が認められています。

◆強制執行を停止させたい

判決などに仮執行宣言が付されていると、債権者は正々堂々と強制執行をかけてきます。これをストップさせるのが強制執行停止決定です。

申立要件は、仮執行が付された債務名義の種類により異なりますが、いずれの場合にも強制執行が実行されると著しい損害を生じることを疎明（証明より簡単でよい）しなければなりません。この場合、債務名義金額の約3分の1の担保があれば、実務上は強制執行停止決定が発令されます（実際の担保額は裁判所が決めます）。

執行停止と手続のしくみ

 強制執行の停止決定かなされると仮執行宣言の付された判決や仮執行宣言付の支払督促・確定判決による強制執行は一時停止となる。

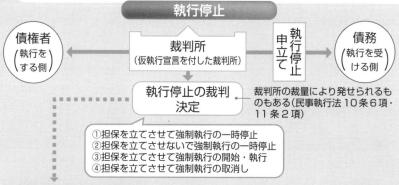

執行停止

債権者（執行をする側）

裁判所（仮執行宣言を付した裁判所）

執行停止申立て

債務（執行を受ける側）

執行停止の裁判決定

裁判所の裁量により発せられるものもある（民事執行法10条6項・11条2項）

①担保を立てさせて強制執行の一時停止
②担保を立てさせないで強制執行の一時停止
③担保を立てさせて強制執行の開始・執行
④担保を立てさせて強制執行の取消し

【執行停止ができる場合（403条）】
①上告または再審の訴えの提起があった場合…不服の理由として主張した事情が法律上理由があるとみえ、事実上の点につき疎明があり、かつ、執行により償うことができない損害が生ずるおそれがあることにつき疎明があったとき。
②仮執行の宣言を付した判決に対する上告の提起又は上告受理の申立てがあった場合…原判決の破棄の原因となるべき事情及び執行により償うことができない損害を生ずるおそれがあることにつき疎明があったとき。
③仮執行の宣言を付した判決に対する控訴の提起または仮執行の宣言を付した支払督促に対する督促異議の申立て（控訴の提起および督促異議の申立てを除く）があった場合…原判決若しくは支払督促の取消し若しくは変更の原因となるべき事情がないとはいえないこと、または執行により著しい損害を生ずるおそれがあることにつき疎明があったとき。
④手形または小切手による金銭の支払の請求及びこれに附帯する法定利率による損害賠償の請求について、仮執行の宣言を付した判決に対する控訴の提起又は仮執行の宣言を付した支払督促に対する督促異議の申立てがあった場合…原判決又は支払督促の取消し又は変更の原因となるべき事情につき疎明があったとき。
⑤仮執行の宣言を付した手形訴訟もしくは小切手訴訟の判決に対する異議の申立て、又は仮執行の宣言を付した少額訴訟の判決に対する異議の申立てがあった場合…原判決の取消し又は変更の原因となるべき事情につき疎明があったとき。
⑥第117条1項の訴え（定期金に対する賠償を命じた確定判決の変更を求める訴え）の提起があった場合…変更のため主張した事情が法律上理由があるとみえ、かつ、事実上の点につき疎明があったとき。

（147ページよりつづく）

　　四　手形又は小切手による金銭の支払の請求及びこれに附帯する法定利率による損害賠償の請求について、仮執行の宣言を付した判決に対する控訴の提起又は仮執行の宣言を付した支払督促に対する督促異議の申立てがあった場合において、原判決又は支払督促の取消し又は変更の原因となるべき事情につき疎明があったとき。
　　五　仮執行の宣言を付した手形訴訟若しくは小切手訴訟の判決に対する異議の申立て又は仮執行の宣言を付した少額訴訟の判決に対する異議の申立てがあった場合において、原判決の取消し又は変更の原因となるべき事情につき疎明があったとき。
　　六　第117条第1項の訴えの提起があった場合において、変更のため主張した事情が法律上理由があるとみえ、かつ、事実上の点につき疎明があったとき。
　2　前項に規定する申立てについての裁判に対しては、不服を申し立てることができない。

◎令和4年改正

■ 改正の意義

　わが国の民事訴訟法は、電話会議システムなどについては平成8年の現行法の成立とともに導入しましたが、インターネットを用いた申立てなどについては、平成16年改正で基本的な規定を設けたにとどまり、具体的手続きについてのオンライン化については諸外国と比べても遅れが目立つようになっていました。

　そこで、令和4年改正法は、近年の情報処理技術の発達への対応の観点からオンラインを利用した手続きの拡充を中心にいくつかの改正規定を設けています。

■ 氏名等を相手方に秘匿する制度

　同改正法は、第一編に「第8章　当事者に対する住所、氏名等の秘匿」を追加し、社会生活に著しい支障を生ずるおそれがある場合には、裁判所の決定によって当事者や法定代理人の住所や氏名等を訴状等に記載しないことができる旨の規定などを設けました。

■ 書面提出や送達でのIT利用

　同改正法は、すべての裁判所において、訴えの提起などの申立てその他の申述について、裁判所のサーバーのファイル等に記録する方法で行うことを可能とするとともに、弁護士等の訴訟代理人につき、この方法での申立てが義務づけられる場合が定められています。

　また、準備書面など申立て以外で提出される書面や記録媒体についても同様の規定が設けられています。

　裁判所書記官が裁判所のサーバー上のファイルに記録します。

■ 送達、法廷、証拠のIT利用

　また、同改正法は判決書などの送達をインターネットを用いて行う方法、口頭弁論期日や証人尋問期日をウェブ会議で行う方法、判決書の電子データによる作成、証拠などの訴訟記録を裁判所に設置された端末で閲覧できる場合なども規定しています。

■ その他の改正

　その他、改正法は手続開始から6ヵ月以内に審理を終え、それから1ヵ月以内に判決言渡しをする制度を新設するなど審理の促進、充実を図る制度も新たに定めています。

第2部

民事訴訟の関連手続

全5章

民事訴訟の関連手続のしくみ

本第2部では、訴訟関連の手続として、強制執行、仮差押・仮処分、供託、公正証書、内容証明郵便について解説

第1章
強制執行・担保権の実行

第2章
仮差押・仮処分

第3章
供託

第4章
公正証書

第5章
内容証明郵便

◆訴訟の前後には、さまざまな手続が必要です。本第2部では、訴訟に関連する5つの手続について、その概要を具体的に解説します。

紛争を解決するには、民事訴訟

① 強制執行・担保権の実行 （民事執行法）	② 仮差押・仮処分 （民事保全法）	③ 供　託 （供託法）
【手続】	【手続】	【手続】

①強制執行・担保権の実行（民事執行法）

【手続】

- 債権者
  - 確定判決などの債務名義が必要
- 執行手続開始の申立て
- 執行裁判所
- 執行手続開始決定
- 差押等（債務者の財産）
- 換　金
- 配当等

②仮差押・仮処分（民事保全法）

【手続】

- 保全権利者（債権者）
  - 保全（仮差押・仮処分）命令の申立て
- 執行裁判所
  - 却下決定即時抗告
- 保全命令
  - 保全異議―保全取消し、保全執行の停止・取消しの申立て
- 保全執行

※強制執行と同様の要領で行う。

③供託（供託法）

【手続】

- 供託者
  - 供託が必要なとき
- 供託金等の供託
- 供託所（法務局）
- 供託通知
- 被供託者 …

【根拠法令】民事執行法

▶民事執行法は、強制執行および担保権の実行による競売等について定めている。強制執行をするには債務名義が必要で、これには確定判決などがある。担保権の実行としての競売では対象物件に抵当権などの担保の登記があること等が必要。

▶154ページ以下参照

【根拠法令】民事保全法

▶民事保全には、民事訴訟の本案の権利の実現を保全するための仮差押、係争物に関する仮処分、民事訴訟の本案の権利関係につき仮の地位を定めるための仮処分がある。

▶172ページ以下参照

【根拠法令】供託法

▶供託の手続については、供託法に規定がある。供託が必要な場合とは、家賃の値上げ等でトラブルとなり家主が賃料を受け取らない場合、仮処分の決定における保証金など。供託金が家賃の場合は、家主は払渡し請求ができ、保証金の場合は保証の必要がなくなったときには供託者は払渡し請求ができる。

▶184ページ以下参照

だけでなくさまざまな手続が必要！

④ 公正証書（公証人法）

【手続】

公正証書を作りたい人 — 当事者

↓ 作成の嘱託

公証人（公正役場）

↓

公正証書

・証拠力がある
・執行認諾文言があれば強制執行ができる
・法律で公正証書にしないと効力が認められない場合がある
（例：事業用定期借地権）

【根拠法令】公証人法など

▶公正証書については公証人法第4章の証書の作成において規定している。証書には契約書や遺言などがあり、多く利用されている証書としては、債務確認（弁済）、消費貸借、賃貸借、保証委託、遺言である。

190ペ以下参照

⑤ 内容証明（郵便）（郵便法・同規則）

【手続】

差出人

↓

内容証明文（手紙）の作成
一定の方式で書く　　出しに行く

↓

郵便局
・集配郵便局
・指定された非集配郵便局

↓

配　達
配達証明にする

↓

相手方

【根拠法令】郵便法・同規則

▶内容証明は、裁判所からの送達と異なり、法的効果はあまりない。しかし、どういう内容の文書をいつ出したかの証拠となる。また、内容証明を出したら、すぐに借金を弁済してくれたなど、心理的効果もある。

▶196ペ以下参照

※紛争解決と関連手続

■貸金の返済が滞るトラブルが発生したと仮定しましょう。

貸主がいきなり訴訟を提起することは少なく、まずは相手が返済できないことの言い分を聞くことになります。そして、いつ返済するかの約束を取り付けるでしょう。そこで話し合いがつけば、その内容を公正証書にするとよいでしょう（勿論、当初の契約を公正証書にすることも可能です）。

こうしておけば、訴訟をせずに強制執行ができます（条項中に強制執行の認諾文言が必要）。

■一般の金銭貸借では、公正証書にすることはあまりありませんので、返済が滞れば、訴訟により回収することになります。

訴訟前に問題を解決したいときには、内容証明郵便を出して最後通告をすることもあります。また、裁判の判決等には仮執行宣言が付くことがあります。財産を隠したりするおそれがあれば仮処分の申立ができます。

訴訟で勝訴したのに弁済がない場合は、その確定判決を債務名義として強制執行ができます。

家賃のトラブルでは、家主が賃料を受け取らない場合には、供託をします。こうしておけば、家賃の不払いを理由とする契約解除されることはないからです。

■以上のように、紛争を有利に解決したいなら、さまざまな手続を理解しておくことが重要です。必要に応じて有効な手段とし活用できます。

第1章

強制執行・担保権の実行

民事執行法（全207条）

◆強制執行、担保権の実行としての競売等については、民事執行法に規定がある。民事執行法は元々民事訴訟法にあったものが独立した法律。

■勝訴判決を得ても絵に描いた餅

勝訴の確定判決を得ても、相手が債務を履行しない場合でも、刑務所に収監するといったことはできません。また、暴力で債務の履行を強制することもできません。かといって何もしなければ、それこそ「絵に描いた餅」でしかありません。

こうした場合、債権回収の最後の手段としてあるのが強制執行、担保権の実行としての競売なのです。

■民事執行法

強制執行、担保権の実行としての競売等については、民事執行法に規定があります。この強制執行等は債務者の財産を差押え、競売により換価して、返済あるいは配当をするというものです。この執行手続には債務名義（確定判決など）が必要で、訴訟はこの債務名義を得るために行われることも

少なくありません。

■強制執行等の限界

このように強制執行は最後の手段で伝家の宝刀のようにも見えますが、必ずしもそうではありません。債務者に執行する財産がなければ、執行は空振りに終わります。また、民事執行法では、生活必需品などの一定の財産は差押禁止財産としています。強制執行等も財産の調査を事前にしておかないと、費用倒れに終わることだってあるのです。

■本稿では、民事執行法の概略について解説したものです。

実際の執行手続は、債務者の財産を強制的に取り上げて競売により換価するのですから、厳格で細かい規定が数多く存在しています。

◎強制執行・担保権実行と民事執行法

▶担保権については民事執行法で規定している。

民事執行法の条文の構成

◎**第1章　総　則**　　　　　　　　　　　　**（1条1～21条）**

◎**第2章　強制執行**　　　　　　　　　　　**（22条～179条）**

第1節　総則　（22条～42条）
第2節　金銭の支払を目的とする債権についての強制執行
　　　　　　　　　　　　　　　　　　　（43条～167条の16）

　第1款　不動産に対する強制執行　（43条～111条）
　　第1目　総則　（43条・44条）
　　第2目　強制競売　（45条～92条）
　　第3目　強制管理　（93条～111条）
　第2款　船舶に対する強制執行　（112条～121条）
　第3款　動産に対する強制執行　（122条～142条）
　第4款　債権及びその他の財産権に対する強制執行
　　　　　　　　　　　　　　　　　　　（143条～167条の14）

　　第1目　債権執行等　（143条～167条）
　　第2目　少額訴訟債権執行　（167条の2～167条の14）
　第5款　扶養義務等に係る金銭債権についての強制執行の特例
　　　　　　　　　　　　　　　　　　　（167条の15～167条の16）
第3節　金銭の支払を目的としない請求権についての強制執行
　　　　　　　　　　　　　　　　　　　（168条～179条）

◎**第3章　担保権の実行としての競売等**　**（180条～195条）**

◎**第4章　財産開示手続**　　　　　　　　　**（196条～203条）**

◎**第5章　罰　則**　　　　　　　　　　　　**（204条～207条）**

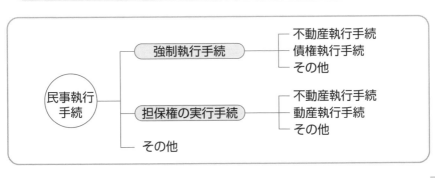

強制執行するには手続が必要

強制執行とは何か

やはり最後は執行か！

☞民事執行法は、強制執行および担保権の実行などについて規定している。貸金の弁済など相手が約束を守らないときは強制執行ができる。

■ 強制競売と民事執行法

強制執行とは、文字通り相手が負う債務を履行しない場合に、強制的にその権利を実現する方法です。その手続等については、民事執行法で定められています。

民事執行法は、第2章で強制執行の章を設け、「総則」「金銭の支払を目的とする債権についての強制執行」「金銭の支払を目的としない強制執行」の節を設けています。また、第3章では、「担保権の実行としての競売」について規定しています。

② 金銭の支払を目的とする強制執行

貸金や売買代金など「金銭の支払を目的とする強制執行」には、①不動産に対する強制執行（強制競売、強制管理）、②動産に対する強制執行、③債権およびその他の財産権に対する強制執行、④船舶に対する強制執行（省略）の規定もあります。

強制執行の手続きは厳格であり、また第三者（当事者以外）への影響が大きい場合があることから、第三者異議の訴えの規定も置いています（38条）。

執行機関は、執行裁判所または執行官で、強制執行の種類により規定されています。

③ 強制執行の手続

まず、相手方の資産の調査をします。資産には、不動産・動産・債権（債務者の給料・預金・第三者への貸金など）などがあり、どの資産を対象にするかを決めます。

次に必要な書類を用意します。強制執行をするためには、①債務名義（さいむめいぎ）、②送達証明

書、③執行文が必要です。

①の債務名義とは、判決などその請求権が強制執行により実現できる（執行力がある）ことを法律上認められた公の文書を言います。この債務名義には、①判決書（確定判決、仮執行宣言付判決）、②和解調書、③調停調書および審判書、④仮執行宣言付支払督促、⑤執行証書（金銭の支払いに関するもので執行認諾約款がある公正証書）などがあります。

②の送達証明書とは、相手が債務名義を受領していることを証明するためにするものです。判決の場合には、その正本が必ず送付されますが、その他の場合は、相手が受領した後に送達証明申請をして証明書を交付してもらいます。

③の執行文とは、強制執行ができるという証明のことです。少額訴訟や仮執行宣言付支払督促の場合は不要です。執行文は債務名義に執行文を付与するという方法で行われます。なお、仮執行宣言付の債務名義の場合は、確定していることを証明する書類（確定証明書）が必要です。

なお、執行認諾約款のある公正証書の場合、②③は公証人が行います。

④ 強制執行と債権回収

強制執行のそれぞれのケースでは、債権の回収は以下のようになります。

①不動産執行⇒競売の換価金からの配当等
②動産執行⇒競売の換価金からの配当等
③債権執行⇒差押債権の債務者からの取立て

民　事　執　行 のしくみ

要旨 民事執行のしくみは、確定判決など（債務名義）を得て強制執行をする方法と
担保権（抵当権など）がある場合に担保権を実行（競売等）する方法とがある。

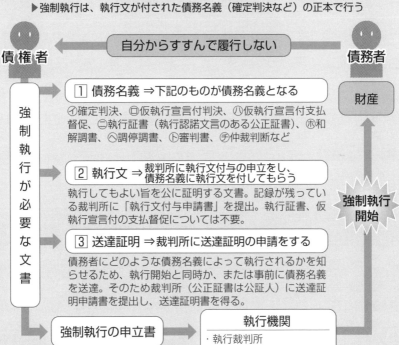

強制執行の手続

▶強制執行は、執行文が付された債務名義（確定判決など）の正本で行う

債権者 ← 自分からすすんで履行しない ← **債務者**

財産

強制執行が必要な文書

□1 債務名義 ⇒下記のものが債務名義となる

④確定判決、⑪仮執行宣言付判決、⑪仮執行宣言付支払
督促、⑪執行証書（執行認諾文言のある公正証書）、⑮和
解調書、⑯調停調書、⑰審判書、⑰仲裁判断など

□2 執行文 ⇒裁判所に執行文付与の申立をし、債務名義に執行文を付してもらう

執行してもよい旨を公に証明する文書。記録が残ってい
る裁判所に「執行文付与申請書」を提出。執行証書、仮
執行宣言付の支払督促については不要。

□3 送達証明 ⇒裁判所に送達証明の申請をする

債務者にどのような債務名義によって執行されるかを知
らせるため、執行開始と同時か、または事前に債務名義
を送達。そのため裁判所（公正証書は公証人）に送達証
明申請書を提出し、送達証明書を得る。

強制執行開始

強制執行の申立書

□1・□2・□3 者以外に何を執行
するかで添付書類が異なる

執行機関

・執行裁判所
（不動産執行・債権の執行）
・執行官
（動産の執行）

■**強制執行の種類**
① 不動産執行　申立先は執行裁判所。裁判所は申立があると競売開始決定をする。この不動産が競
売にかけられ、売却代金が配当等に回される。
② 債権執行　債務者に預金や売掛債権などがあれば、これを差し押さえることができる。また、債
務者が給与所得者であればこれを差し押さえることができる（一定の制限あり）。執行方法は執行
裁判所に申し立てて、差押命令を出してもらう。この場合は、銀行や給料を支払う会社（第三者債
務者）に差押えの通知を出し、会社は、通知の受取後は債務者への支払が禁止される。
③ 動産執行　機械・商品などの動産に対する強制執行で、執行機関は裁判所の執行官。差し押さえ
た後に競売にかけられて、売却代金を受け取る。なお、生活必需品（タンス、洗濯機、ペット、調
理用具、冷蔵庫、電子レンジ、テレビ〈29 インチ以下〉、エアコンなど）および一定額の現金（66
万円以下）については差押えが禁止されている。
④ この他　民事執行法は担保権の実行について規定している。

確定判決書などの債務名義があれば強制執行ができる

不動産の強制執行

異議が出ることもある

☞勝訴の確定判決を得た場合など、相手の財産に対する強制執行ができる。ただし、別途、強制競売の申立が必要。

◑ 不動産の強制執行

民事執行法では、第2章第2節「金銭の支払を目的とする債権についての強制執行」において、不動産に対する強制執行についての規定を置いています。不動産の強制執行には2つの方法があり、その1つが強制競売で、もう1つが強制管理です。併用もできます。強制管理については次項を参照してください。

◒ 不動産執行の対象不動産

強制執行の対象となる不動産は、土地・家屋です。登記をすることができない土地の定着物は除かれ、不動産の共有持分、登記された地上権・永小作権、これらの権利の共有持分は不動産とみなされます。

◓ 不動産の強制競売の手続

強制競売の手続きの概略は、おおむね以下のとおりです。

①債権者は、債務名義(執行文が付与された確定判決や執行認諾文言のある公正証書)などの必要書類を用意して、不動産の住所地を管轄する地方裁判所(執行裁判所)に申し立てる。

②裁判所は、提出された書面を審査して、申立てが適法であれば、競売開始の決定をし、その際、債権者のために不動産を差し押さえることを宣言する。

③裁判所は執行官に調査(現況調査)を命じ、不動産を評価して最低売却価格を決め、売却期日を決める。

④競売は、通常、期日入札で行われ、入札期間に最高の価格(最低売却価格を下回ることはできない)で入札した者(競落人)に、売却許可が言い渡される。競落人がいない場合は、最低売却価格を下げて、第2回目の売却が行われる。

⑤競落人に競落代金を払い込ませ、これを債権者に弁済金の交付、配当をする。

こうして、不動産の強制競売の手続は終了します。

◔ 不動産の強制競売の注意点

勝訴の確定判決や執行認諾文言のある公正証書があり、それに記された期限までに債務が弁済されなければ、暴力などにより弁済を求めることはできませんので、法律で認められた執行手続をとることになります。

不動産執行もそのうちの1つで、債務者に不動産があることが前提です。ただし、その不動産に既に担保権が設定してあれば、不動産執行が空振りに終わったり、債権の一部しか配当がなかったりします。あると思った不動産がすでに売却されてない場合もあります。事前の調査が重要です。

また、不動産執行では、請求異議の訴え(民事執行法35条)や第三者異議の訴え(同38条)、強制執行停止の申立て(同39条)がなされることもあります。

いずれにしろ、不動産の強制執行は書類も多くを必要とし、手続も複雑で厳格で、迅速さも要求されますので、専門家(弁護士)に依頼することをお勧めします。

不動産の強制執行のしくみ

要旨 不動産の強制執行の大まかな流れは、①強制競売の申立て、②差押え登記、③売却、④配当（あるいは弁済金交付）となる。

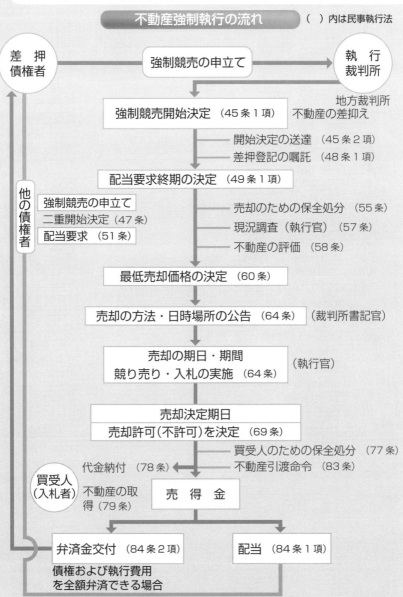

不動産強制執行の流れ　（　）内は民事執行法

差押債権者 ── 強制競売の申立て ──▶ 執行裁判所

強制競売開始決定　（45条1項）　地方裁判所 不動産の差抑え

── 開始決定の送達　（45条2項）
── 差押登記の嘱託　（48条1項）

配当要求終期の決定　（49条1項）

他の債権者
強制競売の申立て
二重開始決定　（47条）
配当要求　（51条）

── 売却のための保全処分　（55条）
── 現況調査（執行官）　（57条）
── 不動産の評価　（58条）

最低売却価格の決定　（60条）

売却の方法・日時場所の公告　（64条）　（裁判所書記官）

売却の期日・期間
競り売り・入札の実施　（64条）　（執行官）

売却決定期日
売却許可（不許可）を決定　（69条）

── 買受人のための保全処分　（77条）
── 不動産引渡命令　（83条）

代金納付　（78条）

買受人（入札者）
不動産の取得　（79条）

売得金

弁済金交付　（84条2項）
債権および執行費用を全額弁済できる場合

配当　（84条1項）

◆強制競売申立書（執行証書の場合）

強制競売申立書

収入印紙

東京地方裁判所民事第 21 部　御中

　　令和○○年○○月○○日

　　　　　申立債権者　　　　株式会社山田商事
　　　　　代表者代表取締役　山　田　太　郎　　㊞
　　　　　　　電　話　　○○−○○○○−○○○○
　　　　　　　FAX　　○○−○○○○−○○○○
　　　　当　事　者 ⎫
　　　　請　求　債　権 ⎬　　別紙目録のとおり
　　　　目　的　不　動　産 ⎭

　債権者は，債務者に対し，別紙請求権目録記載の執行力のある公正証書の正本に表示された上記債権を有しているが，債務者がその支払いをしないので，債務者所有の上記不動産に対する強制競売手続の開始を求める。

添　付　書　類

1	執行力のある公正証書の正本	1 通
2	同謄本送達証明書	1 通
3	不動産登記事項証明書	2 通
4	公課証明書	1 通
5	商業登記事項証明書	1 通
6	住民票	1 通

コメント

①申立先は、不動産の住所地を管轄する地方裁判所。

②申立てに必要な提出書類・添付目録等

(1)債務名義（執行文付判決正本、執行文付公正証書正本、仮執行宣言付支払督促正本等）。仮差押えの本執行移行の場合は、その旨を記載した上申書と仮差押決定正本の写し。

(2)当事者目録

(3)担保権・被担保債権・請求債権目録

(4)物件目録

(5)不動産登記事項証明書（発行後1カ月以内）

(6)公課証明書

(7)商業登記事項証明書（申立債権者については代表者事項証明書でも可。当事者に法人がいる場合で1カ月以内の発行）

(8)住民票（債務者又は所有者が個人の場合で1カ月以内の発行）

(9)特別売却に関する意見書（裁判所で確認）

(10)請求債権目録のデータのみを入力したフロッピーディスク

(11)その他
　(イ)上記(6)の公課証明書の写し2部
　(ロ)物件案内図2部
　(ハ)公図写し2部

※下記は執行証書による強制競売申立書の例（最高裁モデル）ですが、各裁判所により異なる場合もありますので、必要書類、費用等は必ず確認してください。

当事者目録

〒　東京都足立区足立○丁目○番○号
　　　　　　　債権者　　株式会社　山田商事
　　　　　　　代表者　　代表取締役　山田太郎
　　　　　　　電　話　　○○－○○○○－○○○○
　　　　　　　FAX　　○○－○○○○－○○○○
〒　同　新宿区新宿○丁目○番○号
　　　　　　　債務者　　野田芳夫

請求債権目録

　債権者と申立外株式会社野川商会（債務者はその連帯保証人）間の東京法務局所属公証人山本一郎作成令和○○年第○○○号債務弁済契約公正証書に表示された下記債権
(1)　元　金　5,650,000 円
　　　ただし、賦払金 5,960,000 円の残金
(2)　上記に対する令和○○年 12 月 11 日から完済まで年 18.4% の割合による損害金
　　なお，債務者は，令和○○年 12 月 10 日を支払日とする賦払金の支払いを怠ったので，同日の経過により期限の利益を失ったものである。

物　件　目　録

(1)　所　　在　　東京都新宿区新宿○丁目
　　　地　　番　　○○○番○
　　　地　　目　　宅地
　　　地　　積　　○○○平方メートル
(2)　所　　在　　東京都新宿区新宿五丁目○○○番○
　　　家屋番号　　○○○番○
　　　種　　類　　居宅
　　　構　　造　　木造瓦葺二階建
　　　床面積　　　1 階　　○○平方メートル
　　　　　　　　　2 階　　○○平方メートル

(ニ)法務局備付けの建物図面2部（備付けがない場合はその旨の上申書）
(ホ)前記(5)の登記事項証明書2部
(ヘ)前記(7)の債務者・所有者が法人のときは、その商業登記事項証明書1部
(ト)不動産競売の進行に関する照会書（裁判所で確認のこと）
※その他、裁判所から要請される資料等がある。各2通提出。
③費用
(1)申立手数料　担保権1個あるいは請求債権1個につき4000円
(2)予納金
・請求債権額が2000万円未満…80万円※
・2000万円以上5000万円未満…100万円
・5000万円以上1億円未満…150万円
・1億円以上…200万円
　※自動車競売は1台につき10万円
(3)予納郵便切手等　東京地裁の場合84円＋10円切手1組。債権者宛の住所等を記載した封筒1枚
(4)差押登記の登録免許税　確定請求債権額の1000分の4
※令和2年3月31日以前に受理された申立てについては60万円

不動産の収益から返済してもらう

不動産の強制管理

賃料などを弁済に充てる

☞不動産に関する強制執行の一方法で、不動産の管理（賃貸など）から生じる収益（賃料など）を債権回収に充てる方法。

■ 不動産の強制管理とは

　不動産の強制執行には、強制競売の他に、強制管理という方法もあります。強制管理は、債務者の不動産を管理し、その不動産によって得られる収益を債務の弁済に充てる執行方法です。

■ 強制管理の手続

　民事執行法97条〜121条では、不動産の強制管理についての規定を置いています。強制管理の手続は、おおむね不動産の強制競売と同様です。大まかな流れは以下のようになります。

①申立は、不動産の所在地を管轄する地方裁判所（執行裁判所）に対して行う。

②申立書には、収益の給付義務を負う第三者を表示（記載）し、給付義務の内容も記載する。

③申立後は、執行裁判所が提出された書類等による審査をし、問題がなければ、不動産強制管理の開始決定がなされる。

④それと同時に、目的不動産の差押宣告、債務者に対して収益処分の禁止、管理人の選任、給付義務を負う第三者に対して収益を管理人に給付すべき旨、を命じられます。

※**管理人**とは、強制管理の決定がなされた不動産について、管理、収益の取収、換価を行う人で、強制管理のために債務者の占有を解いて自らこれを占有できるなど、強い権限を持つ。

　こうして債権者は、その不動産の収益から一定期間、管理人から給付の交付を受けることになります。

■ 申立て費用等

　強制管理の裁判の申立手数料は4000円です。これに予納金と予納郵便切手が必要です。予納金は不動産の管理、選任された管理人の報酬等で、個々の事案により異なり、また、予納郵便切手も裁判所により異なりますので、申し立てる裁判所で確認してください。

　こうした費用が必要ですので、強制管理の申立てをするに当たっては、強制管理する不動産の収益がどれだけあるかを慎重に検討する必要があります。

　なお、平成16年の民事執行法の改正で、**担保不動産収益執行**（170℘参照）が創設されています（平成16年4月1日施行）。

用語 👉 **債権者代位権**

　債権者が自分の権利を保全するために、必要な場合に、債務者が行使を怠っている財産上の権利を、自分の名で代わって行使すること（民法423条）。

　例えば、債務者の一般財産が債務者の全債務より不足している場合に、債務者が自分の有する代金を取立てなかったり、時効の更新をしなかったりするときに、債権者が代わって取立てたり、時効の更新をしたりすることができる権利です。

不動産の強制管理のしくみ

要旨 強制管理の手続は、大まかに、①強制管理の申立て、②強制管理の開始決定、③管理人の選任、④収益の取得・換価、⑤配当（あるいは弁済金）の交付の順になる。

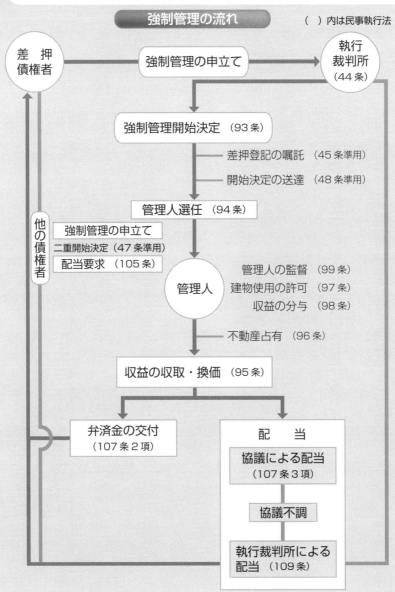

強制管理の流れ

（　）内は民事執行法

差押債権者 ── 強制管理の申立て ──▶ 執行裁判所（44条）

↓

強制管理開始決定（93条）

　── 差押登記の嘱託（45条準用）

　── 開始決定の送達（48条準用）

↓

管理人選任（94条）

他の債権者

強制管理の申立て
二重開始決定（47条準用）
配当要求（105条）

管理人

管理人の監督（99条）
建物使用の許可（97条）
収益の分与（98条）

　── 不動産占有（96条）

↓

収益の収取・換価（95条）

├─ 弁済金の交付（107条2項）

└─ 配当

　　協議による配当（107条3項）

　　↓

　　協議不調

　　↓

　　執行裁判所による配当（109条）

163

動産の執行は相手に金目のものがあるとき

日常生活に必要なものは禁止

動産に対する強制執行

☞日常生活品は、差押が禁止されていたり、差押で売却しても売却金がほとんどなく、空振りに終わることもある。

1 動産の強制執行とは

動産とは、土地およびその定着物以外の物および無記名債権をいいます。身近な例では、家財道具などですが、手形・小切手や株券などの有価証券で裏書きが禁止されていないものも対象となります（民事執行法122条）。

こうした動産に対する執行の申立てがあると、その動産は差し押さえられ、これを入札または競り売りなどの方法で売却して換価し、配当等の手続きにより、債権者に分配されます。

2 差押禁止財産等

差押える財産は、差押え債権者の債権および執行費用の弁済に必要な限度を超えてはなりません（民事執行法128条）。また、差し押さえるべき動産の売得金の額が、手続費用の額を超える見込みがないときなどには、執行官は差し押さえることはできません（同129条）。

また、差し押さえることができない差押禁止動産があります。差押禁止財産は、生活に欠くことのできない衣服・寝具・家具・台所用品・畳および建具、生活に必要な1カ月間の食料および燃料などがあります（同131条）。また、必要生活費の2カ月分（66万円）の金銭の差押えもすることができません。

3 動産執行の申立て

動産に対する強制執行は、執行官の目的物の差押えによって開始します（同122

条）。したがって、申立先は執行官となります。執行官室は地方裁判所（執行裁判所）内にあります。

4 申立て手続と費用等

動産の執行は、裁判所執行官に対して、備えつけの申立書に所定の事項を記載・提出して行います。申立書には、以下の表示（記載）が必要です。

①債権者と債務者

②債務名義

③請求債権

④求める強制執行の方法

⑤差し押さえるべき不動産が所在する場所

裁判所の執行官室には書式が用意されていますので、それに従い記載または印刷されている部分に○印を付ける。

申立書の添付書類としては、以下のものが必要です。

①執行力のある債務名義の正本

②債務名義の送達証明書（執行と同時に送達される同時送達の方法もある）

③資格証明書（申立債権者または債務者が法人の場合）

④委任状（代理人の場合）

手数料および費用の予納が必要です。その額は、執行官の手数料および費用の算定基準（最高裁民事局長通知）にもとづき、執行する債権額に応じて納付することになります（裁判所で確認してください）。

差し押さえる動産がなければ、執行は不発です。十分な事前調査が必要です。

動 産 の 強 制 執 行 のしくみ

要旨 動産に対する強制執行は、裁判所の執行官に申し立てて行う。債務者の動産の差押・売却・換価、配当（あるいは弁済金）の交付となる。

動産執行の流れ

（　）内は民事執行法

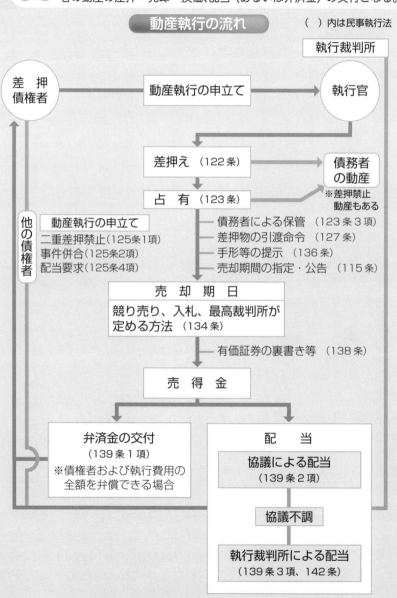

執行裁判所

| 差押債権者 | → 動産執行の申立て → | 執行官 |

差押え（122条）　→　債務者の動産
　　　　　　　　　　　　　　※差押禁止動産もある

占　有（123条）

動産執行の申立て
二重差押禁止（125条1項）
事件併合（125条2項）
配当要求（125条4項）

他の債権者

- 債務者による保管（123条3項）
- 差押物の引渡命令（127条）
- 手形等の提示（136条）
- 売却期間の指定・公告（115条）

売 却 期 日
競り売り、入札、最高裁判所が
定める方法（134条）

有価証券の裏書き等（138条）

売 得 金

弁済金の交付
（139条1項）
※債権者および執行費用の
全額を弁償できる場合

配 当
協議による配当
（139条2項）

協議不調

執行裁判所による配当
（139条3項、142条）

165

5 債権に対する強制執行

預貯金や第三者に対する貸金、給与など

給料を差押える
こともできる

民事執行法⑤ ☞債権執行は、債務者が持つ債権を差押えて弁済に充てること。債権には、預貯金、第三者への債務者の貸付金、給与などがある。

① 債権の強制執行とは

債務者の債権には、債務者の預貯金、第三者への貸付金、給与などがあります。このうち、給与に対する執行は比較的多く行われています。

こうした債務者の債権を差押え、その第三債務者から取り立てるのが債権の強制執行です。

② 差押禁止債権

給与や退職金等の収入は、その額の4分の3に相当する部分は差押えが禁止されています。つまり、給与等4分の1に相当する部分の差押えが許されるのです。ただし、この禁止額が33万円（月額）を超える場合は33万円を除いた金額を差押えることができます（民事執行法152条）。

なお、養育費支払、婚姻費用支払などの扶養義務等に係る定期金債権を基に差押さえる場合は、差押禁止額は2分の1に相当する部分となります。

③ 債権執行の手続

債権の執行の申立先は、債務者の住所地を管轄する地方裁判所、債務者に住所地（普通裁判籍）がないときには、債権の住所地を管轄する地方裁判所が執行裁判所です。

裁判所は申立ての内容を審理し、問題がなければ差押命令を発し、相手方および第三債務者（給与の差押えであれば勤務先）に送達します。第三債務者がこれに応じない場合、債権者は差押債権の支払いを求める裁判を起こすことになります。

④ 債権執行の申立て

債権差押命令の申立書を執行裁判所に提出します。添付書類は以下のものです。
①執行文付債務名義の正本
②送達証明書
③当事者が会社の場合、商業登記事項証明書

申立手数料は4000円で、収入印紙で納めます。予納郵便切手も必要です。

なお、同時に「陳述催告の申立」をすれば、相手方の勤務先や預金している銀行（第三債務者）などの資産の存否等について回答を得ることができます。

申立てに問題がなければ、差押命令が出され、第三債務者の債権は差し押さえられ、取立てができることになります。

用語 👉 **転付命令**（てんぷ）

転付命令は、差し押さえた債権を取り立てるのではなく、この債権を自分のものにしてしまう手続で、債務者に代わって自分が債権者となります。

転付命令は、第三者の債務者に対する債権を独占できるメリット（他の債権者への配当は不要）がありますが、第三債務者に資力がなかった場合には請求債権額が消滅します（100万円の転付命令を取得した場合に、50万円の弁済しか受けられなかった場合でも、債務者との間では100万円の弁済があったものとされます。

各種の債権執行のしくみ

要旨 債権の執行方法には、裁判所の差押命令を得ての第三債務者に対する取立、転付命令・譲渡命令を得ての取立がある。

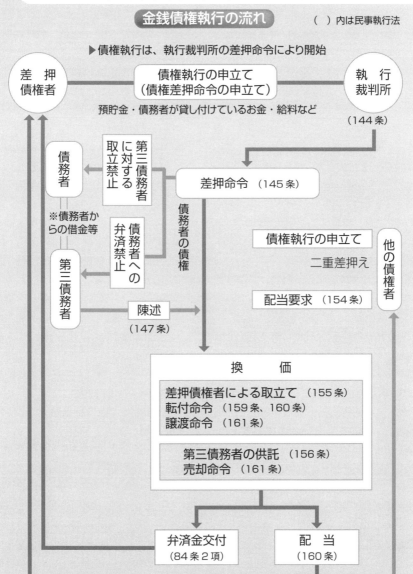

金銭債権執行の流れ

（　）内は民事執行法

▶債権執行は、執行裁判所の差押命令により開始

差押債権者　——　債権執行の申立て（債権差押命令の申立て）　——　執行裁判所

預貯金・債務者が貸し付けているお金・給料など

（144条）

差押命令（145条）

第三債務者に対する取立禁止

債務者

※債務者からの借金等

債務者への弁済禁止

第三債務者

債務者の債権

陳述（147条）

債権執行の申立て　二重差押え

配当要求（154条）

他の債権者

換価

差押債権者による取立て（155条）
転付命令（159条、160条）
譲渡命令（161条）

第三債務者の供託（156条）
売却命令（161条）

弁済金交付（84条2項）　　配当（160条）

いろんな強制執行があるよ

金銭以外の請求でも強制執行ができる

金銭以外の請求の強制執行

☞金銭以外の請求の強制執行例としては、不動産の引渡しの執行、動産の引渡し、一定の行為をさせる執行がある。

① 金銭以外の請求を目的とする強制執行

強制執行ができるのは、金銭の支払を目的とする請求権（貸金を弁済しないなどのとき）の場合だけではありません。この金銭以外の請求権についての強制執行については、民事執行法168条以下に規定があり、ケースとしては、不動産の引渡しまたは明渡し、動産の引渡しがあります。また、目的物を債務者の物だけでなく、第三者が占有する場合の引渡しの強制執行についての規定もあります。この場合、裁判所に申し立てて引渡し命令を得て、強制執行をすることになります。

② 不動産等の引渡し、明渡し強制執行

不動産等（不動産または人の居住する船舶等）の引渡し、明渡しの強制執行は、執行官が債務者の不動産等の占有を解いて債権者にその占有を取得させる方法により行われます（民事執行法168条）。

例えば、賃料滞納により契約解除をされた借家人（債務者）の場合、明渡しの強制執行では、家財道具等を強制的に運びだし、鍵をかえるなどの方法によって、債務者かその借家（不動産）を利用（占有）することをできなくして、家主に占有取得させます。

③ 動産の引渡しの強制執行

動産の引渡しの強制執行は、執行官が債務者からこれを取り上げて債権者に引き渡すとという方法により行われます。また、強制執行の目的物である物を第三者が占有している場合で、その物を債務者に引き渡す義務を負っているときには、執行裁判所が、債務者の第三者に対する引渡し請求権を差押て、請求権の行使を債権者に許す旨の命令を発する方法で行われます。

④ 債務の性質が強制履行を許さない場合の代替執行

代替執行は、家主の家屋の修繕義務など、作為（なす債務）を目的とする債務について、これを第三者に行わせ、その費用を債務者に請求できるというもので、この決定を裁判所が行います（民法414条2項・民事執行法171条）。

また、不作為を目的とする債務（何々をしてはならない）については、民法414条3項の規定により、債権者は、債務者の費用で、債務者がした行為の結果を除去し、または将来のために適当な処分をすることを裁判所に求めることができますが、この執行の決定は執行裁判所が行います（民事執行法171条1項）。

⑤ 代替執行ができない債務についての間接強制

某画家に絵を描いてもらう契約などは、通常、代わりの人に描いてもらうことはできません。こうした場合の強制執行の方法に、執行裁判所が、債務者に対し、遅延期間に応じ、または相当の期間内に履行しないときは直ちに、債務の履行を確保するために一定の額の金銭を債権者に支払う旨を命ずる間接強制があります（民事執行法172条）。

金銭の支払を目的としない請求の強制執行 のしくみ

要旨 金銭債権以外の請求の強制執行には、不動産・動産の引渡し執行、物を取り除くなど、一定の行為をさせる執行がある。

金銭の支払を目的としない請求についての強制執行

◆不動産の引渡しの執行【物的直接執行】

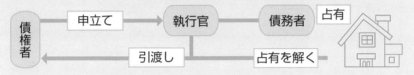

◆動産の引渡しの執行【物的直接執行】

◆一定の行為をさせる執行（他の者でもできる内容の場合）【代替執行】

◆一定の行為をさせる執行（他の者ではできない内容の場合【間接強制】

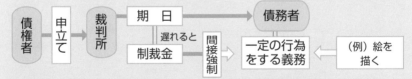

【執行の方法】

▶ 直接強制…債権の内容を直接実現する方法。金銭債務や有体物の「与える債務」の実現には適しているが、「なす債務」（例えば、一定の時間ピアノを弾かないという債務）の強制の実現には、終日監視が必要なので向かないとされている。

▶ 間接強制…債務者に一定の制裁金を課すことによって、間接的に履行を強制する方法。「なす債務」のうちで不代替的作為義務の執行に適する。

▶ 代替執行…債務者の「なすべき行為」を第三者に行わせ、費用を債務者から取り立てる執行方法。「なす債務」のうちで代替的作為義務の執行に適する。

担保があっても
手続は必要！

担保権の実行

7

担保権の実行にも裁判所の手続がいる

担保権の実行

民事執行法⑦

☞担保権（抵当権・質権・先取特権）に基づき、担保物を強制的に売却する方法と担保物の収益に対して執行がある。

◪ 担保権（抵当権等）による不動産競売

金銭の貸付けなどで、債権者が不動産を担保にとることはよく行われています。そして、弁済ができないときには、この不動産担保権を実行して、債権回収を図ることになります。

民事執行法は、第3章に「担保権の実行としての競売等」（180条以下）の規定を置き、不動産担保権の実行方法として、①担保不動産競売、②担保不動産収益執行について定めています。

なお、担保権の実行としての動産競売もあります。

◫ 担保不動産競売

金銭消費貸借契約書で担保（抵当権）を設定していても、債務者が弁済してくれない場合、債権者は、個人で担保となっている不動産を売却して、その代金から貸金を回収することはできません。こうした場合、執行裁判所に対して、不動産競売の手続をする必要があります。

担保不動産競売の手続の概略は以下のとおりです。

①担保不動産競売は、執行裁判所に申立書と次の添付書類を提出することによって開始します。

・担保権の存在を証する家事事件手続法75条の審判、またはこれらと同一の効力を有するものの謄本

・担保権の存在を証する公証人が作成した公正証書の謄本

・担保権の登記（仮登記除く）に関する登記事項証明書

・一般の先取特権の場合は、その存在を証する文書

②競売申立てが認められるためには、被担保債権の存在と履行遅滞（期限がきても返済していない）に陥っていることが必要です。分割返済の契約書には、通常、「支払いを怠った場合、期限の利益を失い残額全額について支払いをしなければならない」旨の条項がありますので、申立書には、債務者が期限の利益を喪失した旨を記載します。

③その他の手続等については、不動産の強制執行の規定（158☞）が準用されます。

◬ 担保不動産収益執行

担保不動産収益執行は、担保を設定した不動産の家賃や地代などの債務者の収入に対する執行です。不動産の強制管理と似た制度で、担保権があるかどうかの違いがあるだけです。

手続の概略は、以下のとおりです。

①担保不動産収益執行の申立書を執行裁判所に提出します。

別紙の当事者目録、担保権・被担保債権・請求債権目録、物件（担保権）目録の記載方法は通常の競売事件（161☞参照）と同じです。

この他、給付義務者・給付請求権の内容目録、担保権目録を作成します。

②その他の手続等については、強制管理の規定（162☞参照）が準用されます。

担保権の実行（競売等）のしくみ

 担保権には抵当権などがあり、債務が履行されないときには、担保権を実行（競売等）して、その収益から債権の回収ができる。

担保権の実行

（　）内は民事執行法

不動産担保権の競売等

担保不動産の競売 （180条）	担保不動産収益執行 （180条）
担保権者 （債権者）	担保権者 （債権者）
担保不動産競売申立 （181条）	担保不動産収益執行申立 （181条）
執行裁判所（地方裁判所）	執行裁判所（地方裁判所）
担保不動産競売 開始決定	不動産収益執行 開始決定
※以下の手続については不動産の 強制執行（158㌻）に同じ	※以下の手続については不動産の 強制管理（162㌻）に同じ

▶上記の不動産担保権の実行（競売等）のほか、船舶の競売（189条）、動産競売（190条）、留置権による競売および民法・商法その他の法律の規定による換価のための競売（195条）もある。

担保不動産競売申立書　収入印紙

東京地方裁判所民事第21部　御中

令和○○年○月○日

　　　　申立債権者　秋野　一郎　㊞

　　　当　事　者　　別紙目録のとおり
　　　担　保　権
　　　被担保債権　　別紙目録のとおり
　　　請　求　債　権
　　　目的不動産　　別紙目録のとおり

　債権者は，債務者に対し，別紙請求債権目録記載の債権を有するが，債務者がその支払いをしないので，別紙担保権目録記載の抵当権に基づき，別紙物件目録記載の不動産の競売を求める。

添付書類
1　不動産登記事項証明書　　　　　　　2通
2　公課証明書　　　　　　　　　　　　1通
3　商業登記事項証明書　　　　　　　　1通
4　代理人許可申請書　　　　　　　　　1通
5　委任状　　　　　　　　　　　　　　1通

担保不動産収益執行申立書　収入印紙

大阪地方裁判所民事第14部　御中

　　　　　令和○○年○月○日

　　　申立債権者　　○○株式会社
　　　　　代表者代表取締役　○○○○　㊞

　　　当事者　　　　別紙当事者目録記載のとおり
　　　担保権・被担保債権・請求債権　　別紙担保権・
　　　　被担保債権・請求債権目録記載のとおり
　　　給付義務者・給付請求権の内容　　別紙給
　　　　付義務者・給付請求権の内容目録記載の
　　　　とおり

　債権者は，債務者（兼所有者）に対し，別紙請求権目録記載の請求債権を有するが債務者がその弁済をしないので，別紙担保権目録記載の（根）抵当権に基づき，別紙物件目録記載の不動産について担保不動産収益執行の開始を求める。

添付書類
1　資格証明書　　　　　　　　　　　　　　　1通
2　商業登記事項証明書　　　　　　　　　　　1通
3　不動産登記事項証明書　　原本1通，写し1通
4　住民票の写し　　　　　　　　　　　　　　1通
5　公課証明書　　　　　　　　　　　　　　　1通
6　現場案内図　　　　　　　　　　　　　　　1通

第2章

仮差押え・仮処分

民事保全法（全67条）

◆民事保全法は、民事訴訟の本案の権利の実現を保全するための仮差押、
係争物に関する仮処分、本案の権利関係につき仮の地位を定めるための
仮処分について定める。

■保全処分とは

訴訟によって権利を実現するためには、訴えの提起、主張・立証、判決の取得、判決に基づく強制執行といった長い道のりがあります。相手が争わない場合でも数カ月、争ってくる場合は1～2年、複雑な事件ですと、判決までにそれ以上の期間を要する場合もあります。

こうして勝訴判決を得て強制執行をしようと思っても、相手の経済状況が変化して、執行するものがなくなる場合もあります。こうしたことがないように、民事保全法には仮差押、仮処分の規定を置いています。

■民事保全のしくみ

民事保全法は、第1章「総則」、第2章「保全命令に関する手続」、第3章「保全執行に関する手続」、第4章「仮処分の効力」、第5章「罰則」の全5章67条から成る法律です。

また、民事保全法の趣旨については、第1条で「民事訴訟法の本案の権利の実現を保全するための仮差押及び係争物に関する仮処分並びに民事訴訟の本案の権利関係につき仮の地位を定めるための仮処分については、他の法令に定めるもののほか、この法律の定めるところによる。」としています。

つまり、他の法令に規定がある場合を除く、仮差押え、係争物に関する仮処分、仮の地位を定める仮処分について規定しているのです。

■「仮」の付く法律用語に仮執行宣言というのがあります。よく使われるのが仮執行宣言付支払督促、仮執行宣言付判決です。これは保全執行とは異なり、強制執行に関することです。

◎仮差押え・仮処分と民事保全法

▶仮差押・仮処分については、民事保全法に規定している。

民事保全法の条文の構成

◎**第1章** **総 則** (1条〜8条)

◎**第2章** **保全命令に関する手続** (9条〜42条)

○第1節 総則 (9条〜10条)
○第2節 保全命令 (11条〜25条の2)
　第1款 通則 (11条〜19条)
　第2款 仮差押命令 (20条〜22条)
　第3款 仮処分命令 (23条〜25条の2)
○第3節 保全異議 (26条〜36条)
○第4節 保全取消し (37条〜40条)
○第5節 保全抗告 (41条〜42条)

◎**第3章** **保全執行に関する手続** (43条〜57条)

○第1節 総則 (43条〜46条)
○第2節 仮差押えの執行 (47条〜51条)
○第3節 仮処分の執行 (52条〜57条)

◎**第4章** **仮処分の効力** (58条〜65条)

◎**第5章** **罰 則** (66条・67条)

〔仮差押え・仮処分の態様〕

（　）内は民事保全法

	仮差押え	仮処分	
		係争物に関する仮処分	仮の地位を定める仮処分
保全される権利	金銭債権またはこれにかえることのできる請求権 (20条1項)	金銭以外の特定物の引渡し、その他個々の給付を目的とする請求権 (23条1項)	争いのある権利または法律関係 (23条2項)
保全の理由	仮差押えをしておかなければ、将来の強制執行ができなくなるおそれがあり、または困難となる危険がある (20条1項)	争いの対象物たる特定物の現状の変更により、将来の強制執行を行うことができなくなるおそれがあり、または困難となる危険がある (23条1項)	将来の強制執行の保全ではなく、債権者に生じる著しい損害または急迫の危険を避けるため (23条2項)

1

仮差押え・仮処分については民事保全法で定めている

仮差押え・仮処分とは何か

将来の権利の実現のために

☞民事保全法は、将来の権利の実現を確保するために仮差押え、仮処分の規定を設けている。

1 民事保全の意義

勝訴して強制執行したが、相手にあるはずの財産が何もなかった、これでは勝訴も意味がありません。

こうしたことがないよう訴訟前に相手の財産を保全する手続が必要で、これが民事保全の制度です。

2 民事保全の種類

民事保全は、仮差押えおよび仮処分の総称です。これは、民事訴訟の本案の権利の実現が不能または困難になることの防止、あるいは権利関係に争いがある場合に暫定的に法律関係を形成することを目的とするものです。

つまり、裁判で勝訴した場合に備えて、その権利を保全しておくための手続きです。

保全執行には、大きく分けると「仮差押え」と「仮処分」があり、さらに仮処分は「係争物に関する仮処分」と「仮の地位を定める仮処分」とがあります。

3 仮差押え・仮処分の内容

①**仮差押え** 金銭債権(金銭債権にかえることのできる請求権を含む)の対象となる財産の現状維持を図り、将来の強制執行による債権回収を保全することが目的。つまり、債務者に属する財産を仮に差押えて売却等ができないようにするのです。

②**係争物に関する仮処分** 金銭債権以外の請求権の対象となる財産の現状維持を図り、将来の強制執行を保全することが目的。つまり、目的物の処分の禁止や占有の移転を禁止する仮処分です。

③**仮の地位を定める仮処分** 争いある権利関係について、一方の当事者に暫定的に一定の法的地位・権能を与えて、その権利関係を仮に調整することが目的。この仮処分は、債権者に事実上権利の満足を与えてしまうことから満足的仮処分と言われることもあり、また、家屋の明渡しの仮処分などのように作為を命じるものは断行の仮処分とも呼ばれます。

4 保全執行の手続

民事保全についての命令は、債権者の申立てにより、裁判所が行います。**審理は決定による方式**で行われ、審理の迅速化と充実を図るために、釈明処分の特例や受命裁判官による審尋などの手続が認められています。

保全命令の申立てに際し、債権者は申立ての趣旨(どういう種類・態様の仮差押えまたは仮処分を求めるか)を明らかにするとともに、その保全すべき権利または権利関係の保全の必要性も明らかにし、かつ、これを疎明(一応正しいと思われる程度に証拠づけ)をしなければなりません。

この申立てが認められると保全命令が発せられます。

なお、保全手続は権利関係が確定する前に、一定の処分をするものであることから、保全処分の相手方(債務者)か被るかもしれない損害の担保のために、一定額の保証金を立てさせるのが一般的です。

保全(仮差押え・仮処分) 手続 のしくみ

 要旨 民事保全(仮差押え・仮処分)は、債権者が裁判所に保全命令の申立てにより、裁判所が保全命令を発する。執行は裁判所または執行官が行う。

保全命令手続の流れ

▶保全命令には仮差押命令と仮処分命令とがある。

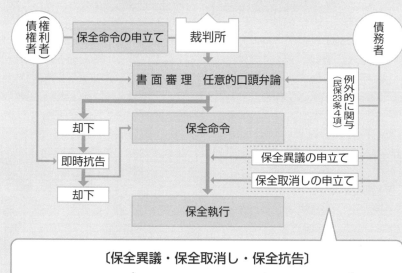

〔保全異議・保全取消し・保全抗告〕

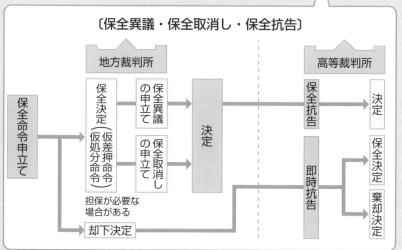

(趣旨)

第1条 民事訴訟の本案の権利の実現を保全するための仮差押え及び係争物に関する仮処分並びに民事訴訟の本案の権利関係につき仮の地位を定めるための仮処分(以下「民事保全」と総称する。)については、他の法令に定めるもののほか、この法律の定めるところによる。

2

仮差押えは金銭の支払を目的とする場合

財産を処分され
たら困る

仮差押えと手続

民事保全法②

☞仮差押えは、金銭債権の将来の強制執行を保全するために、暫定的に債務者にその財産の処分の禁止を命じる民事保全の手続。

■ 仮差押えの活用

仮差押えは、金銭債権の将来の強制執行を保全するために、**暫定的に債務者にその財産の処分を禁止する**手続のことです。

例えば、お金を貸しているが、債務者はこれを返済しない場合、訴訟をしている間にその財産を処分されて強制執行ができなくなるおそれがあるなどのときに、債務者の財産（不動産など）を保全（現状を維持）するために、裁判所に申し立てて仮差押命令を発してもらう場合などです。

② 仮差押命令の要件等

仮差押命令は、「金銭の支払を目的とする債権について、強制執行をすることができなくなるおそれがあるとき、又は強制執行をするきに著しい困難を生ずるおそれがあるときに発することができる。」とされています（民事保全法20条）。

仮差押えの対象となるのは、不動産、船舶、動産、債権その他の財産権です。

仮差押命令の対象となった不動産については、債務者があえて第三者に売却することは法律上は可能で、所有権移転登記をすることもできます。しかし、債権者が債務名義を得て仮差押えが本差押えに移行すると、仮差押登記の後の登記権利者は仮差押債権者に対抗できません。不動産登記簿には仮登記がなされますので、まず、購入者はいないでしょう。

③ 仮差押えの手続

仮差押命令は、債権者の申立てにより裁判所が決定で行います（同20条）。

①仮差押え命令の申立先は、目的物の所在地を管轄する裁判所または被保全権利の存否を鑑定する訴訟（本案訴訟）の管轄裁判所です（同12条1項）。

②**申立書**には、当事者、請求債権を記載し、申立ての理由として、被保全権利（債権者の債務者に対する金銭債権の存在）および保全の必要性を疎明する記載をします。

なお、仮差押えの対象となる財産は特定するのが原則ですか、動産は特定しなくてもよいことになっています（同21条）。

③仮差押申立て後の**審尋**は、申立てがされたことが債務者に知られると債務者が仮差押えの財産を処分する可能性があるので、債務者の審尋を行われないのが通常です。

④裁判所は、債権者に担保を立てさせて、または担保を立てさせないで保全命令を発令することができます（同14条）。仮差押えについては担保を立てさせるのが通例で、担保の額は、仮差押えの対象となる財産の価額の一定割合が多いようです。

⑤仮差押命令の**執行**は、不動産の場合、裁判所書記官の嘱託による仮差押えの登記をすることにより行われます（同47条）。

動産の場合は、執行官が目的物を占有することにより行われます（同49条）。また、債権の場合は、第三債務者（仮に差し押さえられた債権についての債務者）に対し、債務者への弁済を禁止する命令により行われます（同50条1項）。

仮　差　押　え のしくみ

要旨 仮差押えは、裁判所に仮差押命令の申立てをし、仮差押命令を出してもらう。ただし、担保を必要とする場合がある。

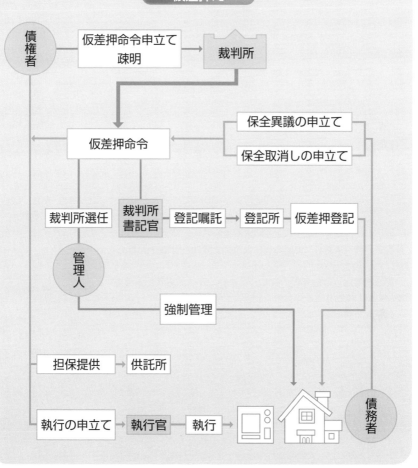

（仮差押命令の必要性）
第20条 　仮差押命令は、金銭の支払を目的とする債権について、強制執行をすることができなくなるおそれがあるとき、又は強制執行をするのに著しい困難を生ずるおそれがあるときに発することができる。
　2　仮差押命令は、前項の債権が条件付又は期限付である場合においても、これを発することができる。
（仮差押命令の対象）
第21条 　仮差押命令は、特定の物について発しなければならない。ただし、動産の仮差押命令は、目的物を特定しないで発することができる。

収 入 印 紙

債権仮差押命令申立書

令和○○年○○月○日

東京地方裁判所　民事第9部　御中

　　　　債権者代理人弁護士　　甲　野　太　郎　㊞

　　　　当事者の表示　　　　別紙当事者目録記載のとおり
　　　　請求債権の表示　　　別紙請求債権目録記載のとおり

申 立 て の 趣 旨

　債権者の債務者に対する上記請求債権の執行を保全するため，債務者の第三債務者に対する別紙仮差押債権目録記載の債権は，仮に差し押さえる。
　　第三債務者は，債務者に対し，仮に差し押さえられた債務の支払いをしてはならない。
との裁判を求める。

申 立 て の 理 由

第1　被保全権利
　1　債権者は，○○○○に対し，令和○○年○月○日，弁済期を同年○月○○日，利息を年□□%，遅延損害金を年□□%と定めて，金200万円を貸し付けた（甲1の1）。
　2　債務者は，債権者に対し，令和○○年○月○日，○○○○の債権者に対する支払債務の履行を連帯して保証した（以下「本件連帯保証契約」という。甲1の1，2）。
　3　○○○○は，弁済期日の令和○○年○月○○日が到来しても前記債務を履行しないし，連帯保証人である債務者も，その支払いを拒絶している。
　4　よって，債権者は，債務者に対し，本件連帯保証契約に基づき金200万円並びにこれに対する約定の利息及び遅延損害金の支払請求権を有する。

コメント

①標題で、どのような仮差押え、仮処分を求めるかを明らかにします。本例は、債権仮差押え（債務者の銀行預金を仮差押えする）の例です。

②申立書には、申立ての理由で、被保全権利（保全すべき権利の存在）および保全の必要性を明らかにしなければなりません。保全の必要性がないと認められれば、申立ては却下されるからです。

③申立書には、証拠方法を記載し、添付書類を付けます。

④当事者目録、請求債権目録、仮差押債権目録は別紙とします。

⑤申立の手数料は2000円で、収入印紙で納めます。他に保証金が必要です。

⑥仮差押えの申立ては、本案事件を管轄する裁判所か、仮差押えの目的物所在地の裁判所に申請します。

第2 保全の必要性

1 主債務者の○○○○は，著しい債務超過状態に陥っていて，所有不動産（甲2の1，2）には固定資産税評価額（甲3の1，2）を大幅に上回る根抵当権が設定されており，他にめぼしい資産はない。したがって，債権者が○○○○から本件債務の弁済を受けられる見込みはなく，債権者は債務者に対して連帯保証債務の履行を求めるため訴訟を提起すべく準備中である。

2 債権者は，令和○○年○月○日，債務者に到達した内容証明郵便により上記貸金の返済を催促したところ（甲4の1，2），債務者から，勤務先□□株式会社を解雇されて現在定職はなく，債権者に返済する余裕がないと言う回答を得た（甲5）。また，債権者が調査したところ，債務者の住居は借家であり，債務者所有の不動産はない（甲6の1，2）

3 債務者は，債権者以外にも多くの債務を負担している様子であり，第三債務者に対する預金債権しか見るべき資産はない（甲7）。しかし，これも現在の債務者の生活状況からすればいつ引き出されるかも分からない状況にあり，債権者が後日，本案訴訟において勝訴判決を得ても，その執行が不能あるいは著しく困難となるおそれがあるので，執行保全のため本申立てに及ぶ次第である。

証 拠 方 法

1 甲1号証の1　金銭消費貸借・連帯保証契約証書
2 甲1号証の2　印鑑登録証明書（債務者のもの）
3 甲2号証の1　不動産登記事項証明書（○○所有土地）
4 甲2号証の2　同（○○○○所有建物）
5 甲3号証の1　固定資産税評価証明書（○○○○所有土地）
6 甲3号証の1　同（○○○○所有建物）
7 甲4号証の1　内容証明郵便
8 甲4号証の2　配達証明
9 甲5号証　　　手紙
10 甲6号証の1　不動産登記事項証明書（△△△△所有土地）
11 甲6号証の2　同（○○○○所有建物）
12 甲7号証　　　報告書

添 付 書 類

1 甲号証　　　　　各1通
2 委任状　　　　　1通
3 資格証明書　　　2通
4 陳述催告の申立書　3通

※通常、申し立てた日に、裁判官との面接があり、保全命令の有無が決まりますので、事情を十分説明できるように準備しておいてください。

※　当事者目録、請求債権目録、仮差押債権目録は省略

現状を保全・維持する

仮処分と手続

争い中に何かさ
れたら困る…

☞仮処分は将来の権利の保全のために現状の維持を裁
判所が命じるものである。

1 仮処分とその種類

仮処分は、債権者からの申立てにより、民事保全法に基づいて裁判所が現状の維持決定する暫定的処置です。金銭の支払を目的とする債権以外の権利を保全するという点で、前項で解説した仮差押と異なります。

裁判所が仮処分命令を出すためには、債権者が、被保全権利の存在と保全の必要性を疎明しなければなりません（民事保全法13条）。また、担保を立てることが命じられる場合があります（同14条）。

この仮処分は、「係争物に関する仮処分命令」と「仮の地位を定める仮処分命令」による場合とがあります。

2 係争物に関する仮処分命令

係争物に関する仮処分命令が出されるのは、「その現状の変更により、債権者が権利を実行することができなくなるとき、又は権利を実行するのに著しい困難を生ずるおそれかあるとき」（同23条1項）で、現状維持を命ずる仮処分です。

以下のものなどがあります。

①処分禁止の仮処分 自分の所有する不動産の登記が他人名義になっているため、抹消登記を求める訴訟を提起する場合に、相手方（債務者）が訴訟係属中に第三者に登記を移転してしまわないようにするなど、登記請求権を保全するために不動産の処分を禁止する仮処分。この仮処分命令がされると、登記簿に処分禁止の登記がされ（同53条1項）、この登記後に債務者から第三

者に登記が移転されても、債権者が後日、本案訴訟で勝訴した場合は、第三者への移転登記を抹消できます（同58条2項）。

②占有移転禁止の仮処分 相手方（債務者）に対し不動産の明渡しを求める訴訟を提起する場合に、債務者が訴訟係属中に第三者に住まわせるなど占有を移してしまい、明渡しの強制執行ができなくなるおそれがあるとき、占有の移転を禁止するための仮処分。この仮処分命令に基づいて、執行官が、その不動産を保管中であることを示す公示書を掲示する。この仮処分に違反して占有が第三者に移転されても、債権者が後日、債務者に対する本案訴訟で勝訴した場合は、第三者に対して改めて訴訟を提起しなくても、原則として第三者に対して明渡しの強制執行ができます（同62条）。

③その他 工事中止の仮処分などもある。

3 仮の地位を定める仮処分命令

仮の地位を定める仮処分命令が出されるのは、「争いがある権利関係について債権者に生ずる著しい損害、又は急迫の危険を避けるためこれを必要とするとき」（同23条2項）で、係争中に生じている損害から債権者を保護するための仮処分です。

この例には、**解雇に伴う社員としての身分の地位保全の仮処分命令**があります。

4 仮処分命令の申立手続

申立手続は、仮差押えとほぼ同様ですので、仮差押えの項（前項）および182㌻の書式およびコメントを参照してください。

仮 処 分 のしくみ

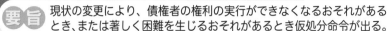

要旨 現状の変更により、債権者の権利の実行ができなくなるおそれがあるとき、または著しく困難を生じるおそれがあるとき仮処分命令が出る。

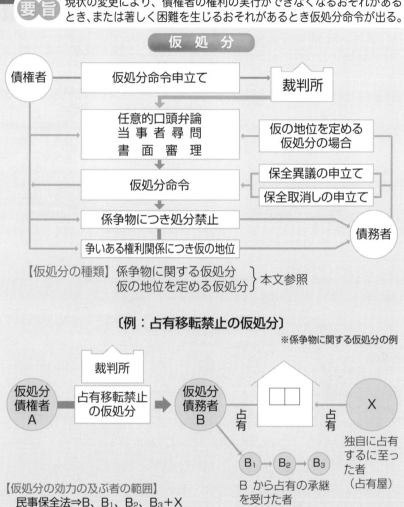

【仮処分の種類】 係争物に関する仮処分
仮の地位を定める仮処分 } 本文参照

〔例：占有移転禁止の仮処分〕

※係争物に関する仮処分の例

【仮処分の効力の及ぶ者の範囲】
民事保全法⇒B、B₁、B₂、B₃＋X

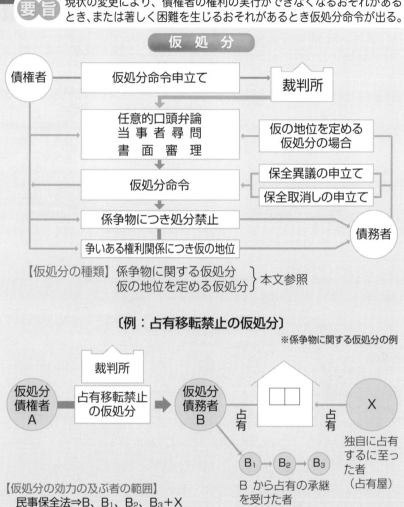

（仮差押命令の必要性）
第20条 仮差押命令は、金銭の支払を目的とする債権について、強制執行をすることができなくなるおそれがあるとき、又は強制執行をするのに著しい困難を生ずるおそれがあるときに発することができる。
　2　仮差押命令は、前項の債権が条件付又は期限付である場合においても、これを発することができる。

（仮差押命令の対象）
第21条 仮差押命令は、特定の物について発しなければならない。ただし、動産の仮差押命令は、目的物を特定しないで発することができる。

◆不動産仮処分命令申立書

<table>
<tr><td>収 入
印 紙</td><td>不動産仮処分命令申立書</td></tr>
</table>

令和○○年○月○日

東京地方裁判所　民事第9部　御中

申立人　債権者　　○○　○○　㊞
当事者の表示　別紙当事者目録記載のとおり
不動産の表示　別紙物件目録記載のとおり

申　立　て　の　趣　旨

債権者は，その所有する別紙物件目録に表示の不動産につき，譲渡，質権，抵当権，賃借権の設定その他一切の処分をしてはならない。

申　立　て　の　理　由

1　債権者は，債務者に対し債権者所有の○市○区○町○番宅地○平方メートルのうち○平方メートルを遅滞1カ月金□□□□円，賃貸借期限令和○○年○月○日の約定をもって賃貸した。しかし債務者は，期限に至っても土地の明渡しをせず，債権者は令和○○年○月○日内容証明郵便をもって催告したが，応じない。

2　債権者は，債務者に対し所有権に基づき建物収去土地明渡しの訴えを提起すべく準備中であるが，債務者において本件建物の所有権を他に移転するおそれもあり，その場合，後日，本案において勝訴判決を得ても，その目的を達することが著しく困難となるので，その執行を保全するため，本申立てに及ぶ次第である。

疎　明　方　法

1　土地および建物登記事項証明書をもって土地が債権者の所有であり，建物は債務者の所有であることを疎明し，

2　賃貸借契約をもって，賃貸借期限が終了したことを疎明する。

添　付　書　類

1　土地および建物登記事項証明書　　各1通
2　賃貸借契約書写し　　　　　　　　1通

※　当事者目録、物件目録、仮処分債権目録は省略

コメント

申請書には、誰を相手として仮処分の申立てをするのかを明確にする（本例では別紙当事者目録に記載）必要がある。

次に、仮処分でどのような権利（被保全権利）を守ることを希望しているかを記載し、疎明資料を提出する。疎明とは、証明ほど厳格なものではなく、裁判官に申立人の権利や言い分が一応確からしいと判断してもらえる程度の資料でよい。

処分（保全）の必要性についても申立書に具体的に記載する。

【公示書の例】

令和　　年（執ハ）第　　　号

公　示　書

事件番号　　令和　　年（　　）第　　　号
債 権 者　　○○　○○
債 務 者　　○○　○○

　標記の事件について，○○地方裁判所かした仮処分決定に基づき，次のとおり公示する。

1　債務者は，下記の不動産の占有を他人に移転し，又は占有名義を変更することを禁止されている。

2　当職は，令和　　年　　月　　日下記の不動産の占有を解いて，これを保管中である。

　ただし，債務者に限り，使用を許可した。

（注意）　下記の不動産の処分，公示書の損壊等をした者は，刑罰に処せられる。

　　令和　　年　　月　　日
　　○○地方裁判所書記官
　　　○○　○○　　㊞

記

（不動産の表示）　　略

コメント

　左記は、占有移転禁止の仮処分の決定による公示書の例です。

第3章

供　託

供託法（全10条）

◆供託は、地代値上げ紛争で家主が賃料を受け取りを拒否している場合や仮差押えなどで裁判所決定による保証金の供託などかあり、供託法が適用される。

■供託とは何か

供託は、金銭、有価証券などを国家機関である供託所に提出して、その管理を委ね、最終的には供託所がその財産をある人に取得させることによって、一定の法律上の目的を達成しようとするために設けられている制度です。

ただし、供託が認められるのは、法律（例えば、民法、商法、民事訴訟法、民事執行法など）の規定によって、供託が義務付けられている場合または供託をすることが許容されている場合に限られています。

つまり、金銭などを供託所（法務局、地方法務局、その支局・出張所）に提出して、一定の法律上の目的を達成（弁済など）しようというものです。

■供託の例

多い例で言えば、家賃の値上げで家主と借家人の話し合いがつかず、家賃の受領を家主が拒否する場合があります。借家人はこれ幸いと家賃を支払わないでいると、家賃滞納で借家契約を解除されないとも限りません。こうした場合、相当と思われる家賃相当の金額（従前の金額が一般的）を供託しておけば支払ったことになり、契約解除されることはないのです。

■供託の種類

供託には以下のものがあります。
①弁済のためにする供託（弁済供託）
②担保のためにする供託（保証供託）
③強制執行のためにする供託（執行供託）
④保管のための供託（保管供託）
⑤没収の目的物の供託（没収供託）

なお、供託するには、一定の要件と手続（書類含む）が必要です。

◎供託法の全条文

供託法

第1条　法令ノ規定ニ依リテ供託スル金銭及ヒ有価証券ハ法務局若ハ地方法務局若ハ此等ノ支局又ハ法務大臣ノ指定スル此等ノ出張所カ供託所トシテ之ヲ保管ス

第1条ノ2　供託所ニ於ケル事務ハ法務局若ハ地方法務局若ハ此等ノ支局又ハ此等ノ出張所ニ勤務スル法務事務官ニシテ法務局又ハ地方法務局ノ長ノ指定シタル者カ供託官トシテ之ヲ取扱フ

第1条ノ3　供託官ノ処分ニ付テハ行政手続法（平成5年法律第88号）第2章ノ規定ハ之ヲ適用セズ

第1条ノ4　供託官ノ処分ヲ不当トスル者ハ監督法務局又ハ地方法務局ノ長ニ審査請求ヲ為スコトヲ得

第1条ノ5　審査請求ハ供託所ニ審査請求書ヲ提出シテ之ヲ為ス

第1条ノ6　供託官ハ審査請求ヲ理由アリト認ムルトキハ処分ヲ変更シテ其旨ヲ審査請求人ニ通知スルコトヲ要ス
○2　審査請求ヲ理由ナシト認ムルトキハ意見ヲ附シ審査請求書ノ提出アリタル日ヨリ5日内ニ之ヲ監督法務局又ハ地方法務局ノ長ニ送付スルコトヲ要ス

第1条ノ7　法務局又ハ地方法務局ノ長ハ審査請求ヲ理由アリトスルトキハ供託官ニ相当ノ処分ヲ命スルコトヲ要ス

第1条ノ8　行政不服審査法（昭和37年法律第160号）第14条、第17条、第24条、第25条第1項但書、第34条第2項乃至第7項、第40条第3項乃至第6項及ビ第43条ノ規定ハ供託官ノ処分ニ係ル審査請求ニ付テハ之ヲ適用セズ

第2条　供託所ニ供託ヲ為サント欲スル者ハ法務大臣カ定メタル書式ニ依リテ供託書ヲ作リ供託物ニ添ヘテ之ヲ差出タスコトヲ要ス

第3条　供託金ニハ法務省令ノ定ムル所ニ依リ利息ヲ付スルコトヲ要ス

第4条　供託所ハ供託物ヲ受取ルヘキ者ノ請求ニ因リ供託ノ目的タル有価証券ノ償還金、利息又ハ配当金ヲ受取リ供託物ニ代ヘ又ハ其従トシテ之ヲ保管ス但保証金ニ代ヘテ有価証券ヲ供託シタル場合ニ於テハ供託者ハ其利息又ハ配当金ノ払渡ヲ請求スルコトヲ得

第5条　法務大臣ハ法令ノ規定ニ依リテ供託スル金銭又ハ有価証券ニ非サル物品ヲ保管スヘキ倉庫営業者又ハ銀行ヲ指定スルコトヲ得
○2　倉庫営業者又ハ銀行ハ其営業ノ部類ニ属スル物ニシテ其保管シ得ヘキ数量ニ限リ之ヲ保管スル義務ヲ負フ

第6条　倉庫営業者又ハ銀行ニ供託ヲ為サント欲スル者ハ法務大臣カ定メタル書式ニ依リテ供託書ヲ作リ供託物ニ添ヘテ之ヲ交付スルコトヲ要ス

第7条　倉庫営業者又ハ銀行ハ第5条第1項ノ規定ニ依ル供託物ヲ受取ルヘキ者ニ対シ一般ニ同種ノ物ニ付テ請求スル保管料ヲ請求スルコトヲ得

第8条　供託物ノ還付ヲ請求スル者ハ法務大臣ノ定ムル所ニ依リ其権利ヲ証明スルコトヲ要ス
○2　供託者ハ民法第496条ノ規定ニ依レルコト、供託ニ錯誤アリテシコト又ハ其原因カ消滅シタルコトヲ証明スルニ非サレハ供託物ヲ取戻スコトヲ得ス

第9条　供託者カ供託物ヲ受取ル権利ヲ有セサル者ヲ指定シタルトキハ其供託ハ無効トス

第10条　供託物ヲ受取ルヘキ者カ反対給付ヲ為スヘキ場合ニ於テハ供託者ノ書面又ハ裁判、公正証書其他ノ公正ノ書面ニ依リ其給付アリタルコトヲ証明スルニ非サレハ供託物ヲ受取ルコトヲ得ス

供託

1

供託法①

家賃トラブルなど供託すれば債務不履行に問われない

供託制度の概要

供託しないと大変なことになる…

☞債権者が受領を拒否した場合等に弁済の目的物を供託所に預けて債務を免れることができる（弁済供託）。

① 供託はどんな場合にするか

供託ができる場合としては、以下のものがあります。これは、供託法やその他の法律に規定があります。

①弁済のためにする供託（弁済供託）

供託する所は、債務履行地に所在する供託所。

②担保保証のためにする供託（担保保証供託）

・裁判上の保証供託をする所は、担保を立てることを命じた裁判所または執行裁判所の所在地を管轄する地方裁判所の管轄区域内の供託所。

・営業上の保証供託をする所は、主たる営業所または事務所の最寄りの供託所。

・税法上の担保供託。

③強制執行のためにする供託（執行供託）

供託する所は、債務履行地の供託所。

④保管のための供託（保管供託）

⑤没収の目的物の供託（没収供託）

上記の供託の種類により、供託手続は異なります（提出書類など）。

② 供託金の納入

供託が必要な場合、供託する供託所（法務局）で手続をして、供託金（金銭および有価証券）を納入します。供託書や関連の書類は供託所に用意されています。

供託金の納入については、直接供託所の窓口で取り扱う供託所と日本銀行またはその代理店に納める供託所とがあります。また、納入の方法については、現金の納付の

ほかに、電子納付を選択することもできます。（手続の詳細は次項参照）

③ 供託物の払渡し

供託金の払渡請求には、被供託者（債権者など）からの還付請求と、供託後に供託原因が消滅したり、供託が無効となった場合の供託者からの取戻請求とがあります。

①還付請求 供託関係に基づく権利者すなわち被供託者からの払渡請求をいい、これにより供託関係は本来の目的を達して終了します。

②取戻請求 供託後に供託原因が消滅したこと、当該供託が無効であること等による供託者からの払渡請求をいい、これにより供託関係は本来の目的を達しないまま終了します。

④ 供託に関する注意点

以下のようなことがあります。

①賃貸の土地家屋の明渡しや地代家賃紛争での弁済供託では、持参等をしても相手が受け取らない場合に初めて供託ができます。

②裁判所からの債権（給与）差押命令が送達されますと、会社はその従業員に対して差し押さえられた部分の給与の支払いをすることを禁じられます。そして、会社は差押債権者に支払うか、供託するかしかありません。

なお、供託手続の手数料は無料です（郵便切手除く）。また、供託金にはわずかですが利息もつきます。

供　託　制　度のしくみ

 供託が必要な場合等については各法令に規定がある。供託法はもっぱら弁済供託（民法494条）について規定している。

供託根拠法令・一覧表

（注）この一覧表は民事上の各種供託根拠法規を収録したもので、供託所記載事項としての「法令条項」（供託規則13条2項5号）を記入する際の参考になる。

事　項	根拠法規
○弁済供託	民法494条
○第三債務者の弁済供託	民法366条3項
○訴訟費用の担保	民事訴訟法75条1項
○仮執行・仮執行免脱の担保	民事訴訟法259条1項・259条3項
○疎明代用の保証	民事執行法36条1項
○仮差押えの保証	民事保全法14条1項
○仮差押え取消しの保証	民事保全法22条1項・2項
○仮差押え解放金	民事保全法22条1項・2項
○仮差押決定の認可・変更・取消しの条件としての保証	民事保全法32条3項
○仮処分の保証	民事保全法14条1項
○仮処分取消の保証	民事保全法25条1項
○強制執行停止の保証	民事訴訟法403条1項3号
○民事執行停止の担保（民事調停の場合）	民事調停規則5条
○破産法202条に基づく配当金の供託	破産法202条3号
○商事売買目的物の供託	商法524条1項
○運送品の供託	商法585条1項
○海上運送品の供託	商法754条
○民事執行の開始・続行・取消しの保証	民事訴訟法403条、405条 民事執行法32条2項、11条2項、36条1項、38条4項
○売得金・配当金・仮差押金銭の供託	民事執行法141条1項、91条1項、157条5項、民事保全法49条
○金銭債権の第三債務者の債務額の供託	民事執行法156条1項・2項

供託所（法務局）に供託書を提出して行う

供託の手続

供託手続は無料だよ！

☞弁済供託では、供託をすると債務者は債務を免れ債務不履行の責任を問われることはない。

① 供託の手続

供託の手続は、供託の種類により、供託書の記載内容や必要書類が異なりますが、概ねその他の点は同様です。以下では、地代家賃弁済の供託について解説します。

② 地代・家賃紛争での供託の手続

地代・家賃紛争・明渡しの関連供託では、概ね次のような書類が必要となります。

①供託書　用紙は、供託所で用意されている。記載例等もある（次ページ下書式参照）。

②資格証明書　会社・法人が供託する場合で、代表者の資格を証明する書面（商業登記事項証明書）のこと。作成後3カ月以内のものが必要。

③委任状　代理人が申請する場合に必要。

④封筒および郵便切手　弁済供託等の通知を要するのに必要。

⑤賃貸借契約書等　地代・家賃の弁済供託の場合は、賃貸物件の所在、地番、構造、種類、賃料、支払日等を記載するための、賃貸借契約書等を持参。

③ 供託物の還付請求と書類

①供託物払渡請求書　供託所に備え付けてある。記載例もある。

②実印と印鑑証明書　印鑑証明書は作成後3カ月以内のものが必要（請求者が個人であって、請求者本人が直接窓口で請求する場合は、運転免許証の提示等により印鑑証明書の添付を省略できる場合がある。ただし、その場合にも印鑑は必要）。

③資格証明書　商業登記事項証明書。

④配当証明書　裁判所等の官公署からの配当による払渡請求の場合には、官公署が発行する証明書が必要。

⑤委任状　代理人が請求する場合に必要。

⑥変更証明書　供託書記載欄の被供託者の住所・氏名が変更の場合は、住民票や戸籍事項証明書（一部事項）等が必要。

⑦反対給付があったことを証する書面　反対給付の約定等がある場合に必要。

④ 供託物の取戻請求と必要書類

①供託物払渡請求書　供託所に備え付けてある記載例等もある。

②実印と印鑑証明書　印鑑証明書は作成後3カ月以内のものが必要（請求者が個人であって、請求者本人が直接窓口で請求する場合は、運転免許証の提示等により印鑑証明書の添付を省略できる場合がある。ただし、その場合にも印鑑は必要）。

③資格証明書　商業登記事項証明書。

④委任状　代理人が請求する場合に必要。

⑤変更証明書　供託者の住所・氏名が変更の場合は、住民票や戸籍抄本等が必要。

⑤ 地代・家賃の供託等の注意点

地代家賃紛争では、相当とされる金額を供託します。通常、今まで払っていた賃料を供託します。

被供託者が新地代家賃が決まる前に還付請求をする場合、借地・借家人に対し「賃料の一部として受け取る」旨の内容証明郵便を出し、払渡請求書の備考欄に「賃料の一部として受領」と記載するとよいでしょう。

供 託 の 手 続 のしくみ

要旨 供託は、供託所に添え付けられている供託書に記入し、通常、現金を添えて差し出す。

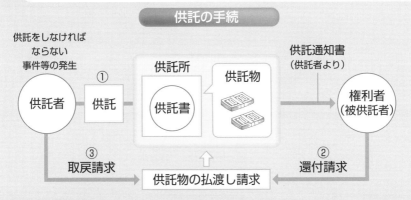

供託の手続

① 供託（弁済供託）…金銭、有価証券などを供託所に提出して、その管理に委ね、最終的にはその供託所がその財産を被供託者（相手方）に取得させることによって一定の法律上の目的を達成するための制度。

② 払渡請求…権利者は供託物を払渡してもらうことができる。これには以下の 2 つがある。
(1) **還付請求**　供託関係に基づく権利者（被供託者）からの払渡請求
(2) **取戻請求**　供託後に供託原因が消滅したこと、当該供託が無効等による供託者からの払渡し請求

◆供託書のサンプル

供託書（地代・家賃弁済）　（第5号書式）（印供第1号）

（注）1. 供託金額の冒頭に¥記号を記入し、又は押印すること。
　　　　なお、供託金額の訂正はできない。
　　　2. 副本は折り曲げないこと。

申請年月日	令和 ○ 年 2 月 25 日	法令条項	民法第４９４条		令和　　年度金第　　　号
供託所の表示	○○法務局	供託の原因たる事実（契約内容）	賃借の目的物	甲県乙市丙町1丁目1番地の宅地 330 平方メートルのうち供託者居宅敷地分 200 平方メートル	
供託者の住所氏名印	甲県乙市丙町1丁目1番1号　甲野　太郎 ㊞　（代理人による供託のときは、代理人の住所氏名をも記載し、代理人が押印すること。）		賃料	月 50,000 円　支払日 毎月25日まで	
			支払場所	①被供託者住所　2.供託者住所　3.	
			供託する賃料	令和 ○ 年 3月分	
被供託者の住所氏名	甲県乙市丙町2丁目2番2号　乙山　次郎		①令和 ○ 年 2月分25日提供したが受領を拒否された。		
			のため、	2.受領することができない。3.受領しないことが明らかである。4.債権者を確知できない。	
1.供託により消滅すべき質権又は抵当権 2.反対給付の内容		備考	賃料は、翌月分前払いである。		
供託金額	¥ 5 0 0 0 0				

上記供託を受理する。
供託金の受領を証する。

　　　　　　　　年　　月　　日
法務局
　　供託官　　　　　　㊞

●登記・供託インフォメーションサービス
※インターネットで情報提供されています。

第4章

公正証書

公証人法（全84条）

◆公正証書は公証人に頼んで作成してもらう証書（契約書など）のことで、公正証書の作成等については公証人法等に規定がある。

■公正証書とは何か

公正証書は、一口で言えば、公証人が作成する書類のことです。

公証人は公証（人）役場で執務しており、公証人は裁判官や検事の経歴を持つ人が多く、法律の専門家です。依頼者から内容を聞いて公正証書を作成します。したがって、争いになった場合には、証拠として強力です。

また、金銭の一定額の支払いについては、執行認諾約款（公正証書に一般に記載されている「債務者は本契約の金銭債務を履行しないときは、ただちに強制執行に服する」という文言）がある場合、勝訴の確定判決などの必要はなく、強制執行（相手の財産を差し押さえて競売により換金し配当等を受ける）ができます。

■公正証書を作成する場合

公正証書は、裁判の確定判決と同じく債務名義となり、これにより強制執行ができますが、異なる点は、「金銭債務についてのみ強制執行できる」ということです。したがって、金銭の給付が目的となる契約が公正証書作成に適しています。

■公正証書の種類

公正証書には、以下のものがあります。

①遺言公正証書

②任意後見契約公正証書

③金銭の貸借に関する契約

④土地・建物などの賃貸借に関する公正証書

⑤離婚に伴う慰謝料・養育費の支払に関する公正証書

⑥事実実験に関する公正証書など

◎公証人法「第3章　証書の作成」の条項

公証人法の構成と条文

◎第1章　**総　則**　　　　　　　　　　（1条〜9条）

◎第2章　**任免及所属**　　　　　　　　（10条〜16条）

◎第3章　**職務執行ニ関スル通則**　　　（17条〜25条）

◎第4章　**証書ノ作成**　　　　　　　　（26条〜57条の3）

第26条（証書を作成できない事項）・第27条（用語）・第28条（嘱託人の確認）・第29条（通事の立会い）・第30条（立会人の立会い）・第31条（代理嘱託の場合）・第32条（同前）・第33条（許可・同意を要する法律行為の場合）・第34条（通事・立会人の選定及び資格）・第35条（証書の内容）・第36条（証書記載事項）・第37条（証書作成方法）・第38条（文字の訂正）・第39条（証書作成手続）・第40条（書面の引用）・第41条（付属書類の連続綴）・第42条（原本滅失の場合）・第43条（印紙の貼用）・第44条（原本の閲覧）・第45条（証書原簿）・第46条（証書原簿記入事項）・第47条（正本の交付）・第48条（正本記載事項）・第49条（抄録正本）・第50条（正本交付の旨の記入）・第51条（謄本の交付）・第52条（謄本記載事項）・第53条（抄録謄本）・第54条（付属書類の謄本）・第55条（請求者の正本・謄本自作）・第56条（正本・謄本作成方法）・第57条（遺言書・拒絶証書作成の特則）、第57条ノ2（債務名義の送達）、第57条ノ3（任意後見契約の登記の嘱託）

◎第5章　**認　証**　　　　　　　　　　（58条〜62条ノ8）

◎第6章　**代理兼務及び受継**　　　　　（63条〜73条）

◎第7章　**監督及び懲戒**　　　　　　　（74条〜84条）

（公証人法）

第1条　公証人ハ当事者其ノ他ノ関係人ノ嘱託ニ因リ左ノ事務ヲ行フ権限ヲ有ス

一　法律行為其ノ他私権ニ関スル事実ニ付公正証書ヲ作成スルコト

二　私署証書ニ認証ヲ与フルコト

三　会社法（平成17年法律第86号）第30条第1項及其ノ準用規定並一般社団法人及び一般財団法人に関する法律（平成18年法律第48号）第13条及第155条ノ規定ニ依リ定款ニ認証ヲ与フルコト

四　電磁的記録（電子的方式、磁気的方式其ノ他人ノ知覚ヲ以テ認識スルコト能ハザル方式（以下電磁的方式ト称ス）ニ依リ作ラルル記録ニシテ電子計算機ニ依ル情報処理ノ用ニ供セラルルモノヲ謂フ以下之ニ同ジ）ニ認証ヲ与フルコト但シ公務員ガ職務上作成シタル電磁的記録以外ノモノニ与フル場合ニ限ル

1

公正証書にしておけば強制執行ができる

公正証書の効力

公正証書にしておけば安心…

☞公正証書は公証人（判事・検事・弁護士の中から法務大臣が任命）作成する証書で執行認諾文言があれば強制執行ができる。

1 公正証書の種類

具体的には以下の契約があります。

①金銭消費貸借契約、②債務承認支払契約、③売買契約、④贈与契約、⑤死因贈与契約、⑥遺産分割協議、⑦賃貸契約、⑧請負契約、⑨離婚協議、⑩養育費支払い契約、⑪公正証書遺言、⑫不倫和解契約、⑬交際解消和解契約、⑭任意後見契約、⑮事業用定期借地権契約、⑯違約金を定める契約など。

2 公正証書にすることのメリット

①公正証書にしておけば、相手が契約の内容を守るプレッシャーとなる。

②公正証書は極めて強力な証拠力があり、裁判になっても立証が簡単。

③公正証書の原本が公証役場に保存されるため、紛失・偽造・変造等の心配がない。

④公正証書に執行認諾約款（強制執行ができる旨の条項）を入れることにより、相手方が金銭債務を履行しないときは、訴訟を起こさなくても、不動産・動産・給料などの財産を差し押さえる強制執行ができ、債権を回収することができる（倒産した場合も、配当要求ができる）。

3 公正証書にしなければならない契約等

法律により、公正証書の作成等が求められている契約などがあります。

①事業用定期借地権の契約書

事業用定期借地権（専ら事業の用に供する建物を所有する目的で設定される借地権で、契約の更新がなく、契約上の存続期間が経過すれば確定的に終了する）の設定契約は、公正証書によってすることが要件とされています。

②任意後見契約の契約書

任意後見契約（本人が後見事務の全部または一部について任意後見人に代理権を付与する任意後見契約を事前に締結することにより、家庭裁判所が選任する任意後見監督人の監督の下で任意後見人による保護を受けることができるという制度）は、公証人の作成する公正証書によることが必要です。

③公正証書遺言

遺言は公正証書にしなければならないというものではありませんが、公正証書遺言の方式等については民法の規定（969条、969条の2）があります。

④年金分割の合意書

離婚の際に年金分割では、年金の分割按分についての合意文書が必要で、公正証書または公証人の認証を受けた私署文書あるいは合意文書でなければなりません（必ずしも公正証書でなくてもよい）。

4 公正証書作成・作成のない場合

お金を貸す場合の契約としては、①口頭での約束で貸す（借用書なし）、②借用書を作る、③公正証書にする、があります。

相手が弁済しない場合、①では貸したことを裁判で立証することから始めなければならず、②では強制執行をするには、裁判で勝訴して確定判決（債務名義）を得る必要がありますが、③では公正証書を債務名義として直ちに強制執行ができます。

公正証書の効力のしくみ

金銭貸借契約は執行認諾文言のある公正証書にしておけば訴訟することなく強制執行ができる。また、法律で公正証書が要求されているものもある。

公正証書の３つの効力

証書（契約書など）の作成

公正証書
（公証人が依頼により作成）

私製証書
（当事者間での作成）

・証拠力は公正証書より弱い
・私製証書を基に強制執行はできず、裁判での判決（債務名義）が必要

【利用される公正証書】
・金銭貸借契約書
・不動産賃貸借契約書
・抵当権（根抵当権）設定契約
・譲渡担保契約
・債権譲渡・保証委託・債務引受契約
・贈与契約
・マンショなどの規約（公正証書にする）
・離婚契約
・示談・和解契約
・遺言

効力
（メリット）

① 金銭の支払については、公正証書（執行認諾文言付）にしておけば、いきなり強制執行ができる。
② 公正証書は裁判などのときに有力な証拠となる。
③ 公正証書にしておかないと法的効力が認められないものもある。
（例）事業用定期借地権
マンション分譲前の分譲業者による規約の設定
なお、公正証書を作成しておけば、紛失しても原本が公証役場に保管してあるというメリットがある。

◆公正証書による強制執行

　本文でも述べたように金銭貸借などの金銭給付に関する公正証書で執行認諾約款がある場合には、裁判で勝訴判決（債務名義）を必要とせず、強制執行ができます。

　執行文の付与（執行していいですよというお墨付き）についても、公証人が行いますので、公正証書を作成した公証役場に行くとよいでしょう。

　その後の執行の手続は、申立てにより執行裁判所あるいは執行官が行います。

日本公証人連合会のホームページには、種々の公正証書についてのQ＆Aの掲載があり、さまざまな疑問等に答えています。

公正証書を作成には公証役場へ行く

公正証書の作成手続

紛争防止にも役立つ

☞後日トラブルとなりそうなら公正証書にしておくとよい。また、支払遅延などが起きたとき、今後の返済について公正証書にするとよい。

■ 公正証書作成には公証役場に行く

公正証書は、公証（人）役場で作ってもらいます。公証役場が分からないときには法務局、その支局・出張所に問い合わせれば教えてくれます。

当事者が出向いて作成してもらう場合には、どこの公証役場でもかまいません。

公正証書は、当事者が直接出向いて作成してもらうのが望ましいのですが、**代理人**によって公正証書の作成をすることもできます。代理人が行う場合は**委任状**が必要で、通常、当事者間で合意した契約書の覚書を作成して行きます。

一般の人は公証人と面識がないでしょうから、本人であることを証明するために印鑑証明書（マイナンバーカード、自動車運転免許証、外国人登録証明書、パスポートでも可）が必要となります。実印も用意します。公証役場に事前に連絡して、必要書類を確認しておくとよいでしょう。

■ 公証役場での手続

公正証書を作成するためには、まず、契約当事者間で契約事項についての合意が必要です。公証人への公正証書作成の依頼では、時間が限られていますので、事前に合意した内容について、覚書あるいはメモ書きで作りたい公正証書の内容を整理しておくとよいでしょう。

公証役場では、事務員に公正証書を作成して欲しい旨を告げます。そうして、日時を改めて、公証人と面接し嘱託の内容について話すのが普通です。

■ 公正証書の作成

簡単な内容であれば、その日のうちに公正証書を作成してくれることもありますが、通常は日を改めて、公正証書を作成することになります。

金銭貸借契約などで当事者が2人の場合、公正証書は正本と副本の2通を交付してくれますが、強制執行は正本でなければできませんので、債権者（貸した側）が正本を受け取るようにしてください。

■ 公証人手数料

公証人手数料は政府が定めた「公証人手数料令」（政令）により定められています。

手数料には、消費税はかかりません。契約や法律行為に係る証書作成の手数料は、原則として、その目的価額により定められています（手数料令9条）。

なお、公正証書の作成の手数料については、267☞表を参照してください。

■ 公正証書作成の注意点

①公正証書の内容についてはあらかじめ合意が必要です。公証人は相談にのることはありますが、決めるのはあくまで当事者です。

②公正証書では金銭給付についてしか強制執行はできません。公正証書で明渡しなどの強制執行はできないのです。

③明渡しなどの強制執行ができない場合、違約金についての約定があれば、その違約金については強制執行ができます。

公正証書作成のしくみ

要旨 当事者間で合意した内容を書いて、双方が公証役場に持参するとよい。

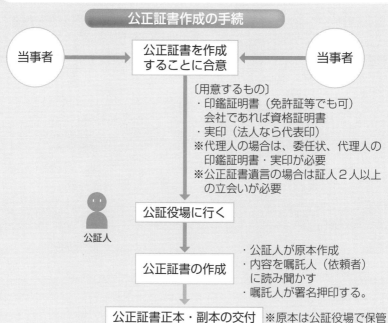

公正証書作成の手続

当事者 → 公正証書を作成することに合意 ← 当事者

〔用意するもの〕
・印鑑証明書（免許証等でも可）
　会社であれば資格証明書
・実印（法人なら代表印）
※代理人の場合は、委任状、代理人の
　印鑑証明書・実印が必要
※公正証書遺言の場合は証人２人以上
　の立会いが必要

公証人

公証役場に行く

公正証書の作成
・公証人が原本作成
・内容を嘱託人（依頼者）に読み聞かす
・嘱託人が署名押印する。

公正証書正本・副本の交付　※原本は公証役場で保管

（参考例）

金銭消費貸借公正証書

第１条　債権者○○○○は令和○○年○月○日に金 500 万円を貸し渡した。

第２条　債務者○○○○は以下の事項を履行することを約した。

　1　元金は令和○○年○月○日日より弁済すること。

　2　利息は年○○％とすること。

　3　以下の場合には、債権者からの通知なくして当然期限の利益を失いただちに元利金を完済すること。

　　・利息を期限に支払わないとき。

　　・他の債務につき強制執行を受けたとき。

　　・他の債務につき競売、破産又は民事再生の申立てがあったとき。

第３条　保証人は、本契約による債務者の債務を保証し、主たる債務者と連帯して債務を履行することを約した。

第４条　債務者及び連帯保証人は、本契約による金銭債務を履行しないときはただちに強制執行に服することを約した。

（以下略）

内容証明

郵便法・郵便規則

◆内容証明については、郵便法等に規定がある。催告状など内容証明郵便
で出すとよい。いつ、誰に、どのような内容の手紙を出したかが証明さ
れる。

■内容証明とは

内容証明は、文字どおり、郵便物の文書の内容を証明する**特殊取扱**のことです。内容証明の特殊取扱とする郵便物は、同時に書留の特殊取扱としなければならないことになっています。また、通常は配達があったことを証明してもらうために配達証明付郵便にします。

この郵便物は、手紙の内容を郵便局が保管し証明するという法令上特異な存在であり、一般の郵便物とは異なるものですが、法的拘束力は裁判所から送られる特別送達に比べて低いとされています。

■内容証明を出すことの意味

さらに言えば、内容証明は、郵便物の差出日付、差出人、宛先、文書の内容を国の特殊会社の日本郵便株式会社が謄本により証明する制度です。

つまり、「この手紙をいつ、誰に、この内容で出しました」ということを国の業務委託を受けた日本郵便が証明するものでしかなく、それ以上の法的な効力がないため、法律家の間では「ただの手紙」と言われることもあるようです。

ただし、日付・差出人・宛先・文書内容を国が証明したことで公文書となるため、法律で認められた債権回収や契約解除の手続上必要となります。

■内容証明を出す場合

借金返済の催告や契約解除（クーリング・オフ）や債権者から債務者への第三者へ債権譲渡をしたことの通知などでも利用されています。

また、契約を守らなければ裁判所への提訴するといった相手への最後通牒として常用されています。

◎内容証明に関する郵便法・郵便規則の規定

内容証明の規定

郵便法の規定

○**第 44 条（特殊取扱）** 会社（日本郵便株式会社）は、この節に定めるところによるほか、郵便約款の定めるところにより、書留、引受時刻証明、配達証明、内容証明及び特別送達の郵便物の特殊取扱を実施する。　　　　（2 項略）
3　引受時刻証明、配達証明、内容証明及び特別送達の取扱いは、書留とする郵便物につき、これをするものとする。

○**第 47 条（配達証明）** 配達証明の取扱いにおいては、会社において、当該郵便物を配達し、又は交付した事実を証明する。

○**第 48 条（内容証明）** 内容証明の取扱いにおいては、会社において、当該郵便物の内容である文書の内容を証明する。

郵便規則の規定

第 5 章　　第 6 節　内容証明

○**第 109 条**　内容証明（第 110 条第 1 項第 2 号に掲げる文書についてするもの（以下「点字内容証明」という。）を除く。）とする郵便物の取扱いは、郵便物の集配事務を取り扱う郵便局及び地方郵政局長の指定した郵便局において、次の各号によりこれをする。
一　第 111 条の規定により提出された内容たる文書とその謄本とを対照して符合することを認めたときは、内容たる文書及び謄本の各通に、差出年月日、その郵便物が内容証明郵便物として差し出された旨及び郵便局長名を記載し、並びに通信日付印を押印すること。
二　謄本のうち 1 通は、郵便局においてこれを保存するものとし、これと内容たる文書及び他の謄本とを通信日付印で契印すること。
三　謄本が 2 枚以上あるものの綴目及び謄本の文字又は記号の訂正、挿入又は削除に関する記載がある所には、通信日付印を押印すること。
四　前三号の規定により証明された謄本のうち郵便局において保存するもの以外のものは、差出人に、これを交付すること。
五　第一号及び第二号の規定により証明した内容たる文書は、郵便吏員立会のもとに差出人をしてこれを郵便物の受取人及び差出人の氏名及び住所又は居所を記載した封筒に納めて封かんさせた上送達すること。

○**第 112 条**　第 111 条の謄本は、次の各号により、これを作成しなければならない。
一　1 行 20 字（記号は、1 個を 1 字とする。以下同じ。）以内、1 枚 26 行以内で作成すること。ただし、謄本を横書きで作成するときは、1 行 13 字以内、1 枚 40 行以内又は 1 行 26 字以内、1 枚 20 行以内で作成することができる。
二　謄本の文字又は記号は、これを改ざんしないこと。文字又は記号を訂正し、挿入し、又は削除するときは、その字数及び箇所を欄外又は末尾の余白に記載し、これに押印し、訂正又は削除に係る文字は、明らかに読み得るよう字体を残すこと。
三　謄本の枚数が 2 枚以上にわたるときは、その綴目に契印をすること。
四　内容たる文書が名あて人の氏名及び住所又は居所を異にする 2 個以上の郵便物でそれぞれその名あて人にあてたものの謄本には、内容たる文書の名あて人の氏名及び住所又は居所を記載しないこと。
五　謄本には、郵便物の差出人及び受取人の氏名及び住所又は居所をその末尾余白に付記し、又は別に記載して添付すること。ただし、その氏名及び住所又は住所が内容たる文書に記載されたものと同一であるときは、内容たる文書が名あて人の氏名及び住所又は居所のみを異にする 2 個以上の郵便物でそれぞれその名あて人にあてたものを除いて、その付記又は添付を省略することができる。
2　前項第二号の場合において文字の訂正又は挿入により 520 字を超えた謄本は、料金の徴収に関してはこれを 2 枚として計算し、第五号の付記又は添付については、その文字又は添付したものを謄本の字数又は枚数に算入しない。

※会社とは、日本郵便事業株式会社

法律的にはただ
の手紙だが

内容証明

1

いつどういう内容の手紙を出したか証明される

内容証明の効力・効果

郵便法・郵便規則① ☞内容証明郵便はいつどんな内容の文章を出したか証拠
としての機能しかないが、受取人にはプレッシャーとなる。

① 内容証明郵便とは

内容証明郵便は、何月何日に、誰から誰へ、こういう内容の手紙を出した、ということを郵便局が証明してくれるものです。

したがって、通常のやり取りにはあまり意味がありません。場合によっては、話し合いがかえってこじれる場合もありますので、注意が必要です。

一定の法律効果（契約解除など）を発生させるような場合、内容証明郵便にします。

② どのような場合に内容証明を出すか

基本的にはどんな場合も内容証明を出せますが、主に下記のような法律がらみのトラブル（特に契約解除や債権回収）に利用されることが多いようです。

①債権回収の督促状
②借家の滞納賃料の請求、解約、家主死亡の通知
③借地契約関係の通知（①に同じ）
④不動産売買の契約解除（手付倍返し）等の通知
⑤商品売買時の料金未払いの督促
⑥商品の不着、破損に対する抗議・契約解除
⑦クーリング・オフの通知
⑧退職金未払い請求
⑨時効により債権消滅の通知
⑩損害賠償請求（交通事故や不倫などの不貞行為の慰謝料請求）
⑪債務免除
⑫債権譲渡の通知
⑬債権の時効の完成猶予

③ 内容証明の効果

内容証明は、「単なる手紙にすぎない」という人もいますが、現実的には出す効果はあります。

例えば、相手が貸金の弁済をしないなどの場合、最終的には、法的手段をとることになりますが、相手への請求を内容証明郵便ですると、支払ってくれたり、後日の証拠として重要となる場合があります。

この場合、「令和○○年○月○日まで支払うこと。支払われない場合は法的手段を講じます。」などという催告状を内容証明郵便で発送します。

また、悪徳商法業者や悪質な債務者に対しては、「不法・不当なことには泣き寝入りしない」という強い意志を相手方に伝えることで相手方の出方を牽制できます。

クーリング・オフ（契約解除）は、通常の郵便でもよいのですが、内容証明だと、相手はそんな書面はもらっていない、という言い訳ができません。

時効の中断の効果もあります。ただし、1回限りで6カ月間の猶予があるだけで、再度出しても時効の猶予はなされません。

④ 内容証明の注意点

事態がそれほど悪化していない場合に内容証明を出すと、一気に深刻なトラブルとなることもあります。

また、軽い気持ちで出しても、受け取る側は宣戦布告ととられることもありますので、注意が必要です。

内 容 証 明 郵 便 のしくみ

 内容証明郵便は、一定の郵便局で取り扱っているが、書き方には一定の方式がある。

内容証明郵便を出す手続

差出人

内容証明郵便の作成 ← 内容証明の書き方には一定のルールがある（次項参照）
手書きでもパソコン（ワープロ）などの印刷でもかまわない

【内容証明郵便の効果】
①どんな内容の手紙をいつ出したかを証明
②心理的効果がある

出しに行く

郵便局
・集配郵便局
・地方郵便局長が指定した無集配郵便局

← 【郵便局に持っていくもの】
①作成した内容証明郵便にする手紙　3通
②封筒（差出人および受取人を記載）1通
③差出人の印鑑（差出人の名前の後、訂正個所、2枚以上の場合に印が押してあれば持参の必要はないが念のために持参）
④郵便料金　内容証明料金＋書留料金＋配達証明料金（配達証明だと配達された日付が分かるので配達証明付きにした方がよい）

配　達

【郵便局でのチェック等】
①内容証明郵便のルールに従って書かれているかどうかのチェック
②手紙文3通のうち1通は保管、1通は差出人、残りの1通は差出人が封筒に入れて封をし郵便局員に渡す
③書留郵便物受領証が渡される

相手方

※差出人は、差し出した日から5年以内に限り、差出郵便局に謄本の閲覧を請求できる。また、謄本を提出して再度証明を受けることができる。

一定のルールがある

内容証明郵便の書き方・出し方

用紙1枚520字が限度…

☞内容証明の書き方には一定のルールがあるが、そのルールさえ守れば書く内容は自由。要件を簡潔に書くことが重要である。

① 内容証明郵便の書き方

内容証明の用紙は、文房具屋等に売っていますが、手書だけでなくワープロやパソコンで入力し、白紙に印刷してもかまいません。差出人と受取人の住所氏名と年月日を明記し、これを3通作成します。同一の住所・氏名を記載した封筒と共に集配郵便局等に差し出します。

なお、内容証明郵便と類似の制度として**電子内容証明サービス（e内容証明）**があります。

② 内容証明の書き方のルール

1枚の紙に書くことのできる字数の制限があり、点やマルも1字になります。

縦書の場合は、1行20字以内、1枚に26行以内で、1枚の紙に書ける文字数は520字です（市販されている内容証明用紙もこれによる）。

横書で出したいという場合は、

・1行20字以内、1枚につき26行以内
・1行13字以内、1枚につき40行以内
・1行26字以内、1枚につき20行以内

のいずれかのスタイルで書きます。

字余りがあれば1字加入の訂正印が必要となります。

文面が用紙の2枚以上になる場合には、ホッチキスや糊で綴じて、つなぎ目に差出人のハンコを押します。これを割印または契印と言い、三文判でもかまいません。

書き方で注意することは、手紙ならどんな文字も記号も自由に使えますが、内容証明の場合には使える文字や記号について制限があります。漢字、片仮名、平仮名はOKです。アルファベットは個人名、会社名、地名などの固有名詞以外は使用禁止です。数字は算用数字も漢数字も使えます。

句読点も使えますが、1文字として計算されます。単位記号（m、kgなど）も使えます。カッコなども使え、カッコは上下（横書きでは左右）合わせて一文字の計算です。その他、一般に記号として使われるものは、例えば、＝、＋、－、×、％などです。

③ 内容証明郵便の出し方

内容証明郵便を取り扱っている郵便局は、**集配郵便局**、**特定郵便局**（特に指定した無集配郵便局）です。

同文のものを3通（受取人が1人増えるごとに1通プラス）と差出人、受取人の住所・氏名を書いた封筒を受取人の数だけ窓口へ持っていって提出します。

なお、内容証明は、配達証明付にするのがよいでしょう（すべきです）。

④ 内容証明郵便の料金、

・内容証明料…謄本1枚につき440円（1枚増えるごとに260円を加算）
・書留料金…435円
・通常の郵便料金84円（25グラムまで）
・配達証明付にする場合には320円

配達証明付きにする場合、以上合計で、最低でも1279円が必要です。

内容証明の作成 のしくみ

要旨 内容証明（郵便）は、一定のルールさえ守れば誰でも書くことができる。ただし、心理的な効果を狙うなら弁護士に頼むのがよいでしょう。

◆クーリング・オフの告知文の例

コメント

▼内容証明の参考文例としてクーリング・オフの告知文・貸金請求書を掲載した。

▼本例は内容証明書用紙に記載してあるが、便箋や原稿用紙・白い紙でもよく自由である。

▼内容証明文の書き方には一定のルールがありこれだけは守ること（本文参照）。

私は、令和○○年○月○日、貴社のセールスマン△△△が、○○の訪問を受け、左記の購入契約をした。

しかしながら、この契約を解除します。

なお、既に引渡し済みの商品はすみやかにお引き取りいただくと共に、支払済みの金○○円を返金する以上の通りご通知するよう請求します。

令和○年○月○日
　住所
　氏名　　　㊞

内容証明書用紙

商品名　○○○○
価格　○○○○円
○個

住所
代表取締役　○○株式会社
○○○○
○○○○殿

◆貸金請求書の例

貸金請求書

私は、貴殿に対し、令和○○年七月一日金五○万円を、利息年一割、返済期令和○○年一二月三一日の約束でお貸しいたしております。

しかし返済期を過ぎておりますが、本書面到着後七日以内に、金五○万円及びこれに対する令和○○年七月一日から完済まで年一割の割合による利息金を合わせてお支払い下さい。

もし返済していただけないときは、ご請求申し上げます。

令和○年○月○日

東京都○○区○○一丁目二番三号

東京都豊島区池袋二丁目×番×号
被通知人　××××殿
通知人　△△△△　　㊞

内容証明書用紙

◎不動産登記の重要性と手続

1 登記の対抗要件

不動産登記は、登記義務者の申請によって、一定の国家機関（登記官）が登記簿に一定の事項を記載する行為またはその記載をいいます。こうした登記は、対抗要件と言われ、登記を済ませておけば、第三者（当事者以外）に対抗することができます。

2 登記の重要性

登記には所有権保存登記、所有権移転登記、抵当権設定登記、建物の区分所有登記などがあります。また、効力の点から見ると、本登記・予備登記、予告登記・仮登記の分類があります。以下では、登記の必要性について、概要を述べます。

(1)所有権の登記　例えば、ある物件が二重譲渡された場合に、所有権の移転登記を済ませていれば、もう一人の購入した人（第三者）に対して、その不動産は自分のものであると主張することができます。ただし、登記には公信力はなく、真の権利者でない人から購入した場合、所有権の移転登記があっても、取得することはできません。

また、借地については、借地上の建物の表題登記をすれば、借地権を取得したことになります。

(2)抵当権の設定登記　抵当権の設定登記は債務の担保として不動産になされる登記です。抵当権の設定登記があれば、債務が履行されない場合に、その担保権を実行して競売等により、債権の回収ができます。

(3)仮登記　仮登記は紛争を予防するのに効果的です。売買の予約あるいは借金を返さないときに不動産取得する（代物弁済）の予約をした場合などのときに、将来の本登記に備えて、あらかじめ登記簿上の保全をする（順位を確保）ための登記が仮登記です。

事例としては、①売買契約が成立し所有権は移転しているが、登記済証（登記識別情報）が見つからないなど条件不備の場合の売買予約、②借金を返さないときに不動産を取得する代物弁済の予約などの請求権保全、③農地の売買で農地法5条の許可が条件のときなど条件付き権利の場合があります。

こうしておけば、仮登記後につけられた他の人の権利の登記に優先することになります。仮登記も当事者双方が協力して、登記所に申請する必要があり、相手方が仮登記の申請に協力しない場合には、裁判所に仮登記すべき旨の仮処分の申請をして仮登記ができます（仮登記仮処分）。

(4)予告登記　予告登記は、登記抹消や登記回復の訴訟がなされている場合で、こうした登記がある物件は購入しようとする人にとっては要注意です。

(5)仮差押え・仮処分の登記　裁判において、仮差押え・仮処分が認められる場合があります。この場合は、裁判所の嘱託により、登記がなされます。

3 不動産登記の手続

①登記申請　原則、共同申請で当該物件を管轄する法務局・支局・出張所にします。

②添付書類　(1)登記済証、(2)原因証書（売買契約書など）、(3)代理権限証書など、(4)印鑑証明書、(5)住所証明書（住民票）、(6)会社の場合は商業登記事項証明書など

③費用（登録免許税）　所有権移転登記の場合、固定資産課税評価額の1％

第3部

民事訴訟の関連法

全8法令等

人事訴訟法・民事調停法他のしくみ

民事訴訟関連の法律には、民事訴訟法の他にも多くの法律がある

第1章
人事訴訟法

第2章
家事事件手続法

第3章
非訟事件手続法

第4章
民事調停法

第5章
債務整理関連法
破産法・民事再生法他

第6章
仲裁法・ADR法

第7章
各種費用民事訴訟費用等に関する法律他

◆民事訴訟法は基本六法の1つですが、これ以外にも多くの法律があり、この法律の規定が優先して適用されます。

民事訴訟法以外の主な紛争

憲法32条
（裁判を受ける権利）

民事訴訟法以外の法律等

民事訴訟法	民事訴訟法の関連手続	① 人事訴訟法	② 家事事件手続法	③ 非訟事件手続法	④ 民事調停法
第1部で解説	第2部で解説	家庭内の身分に係る事件（離婚・認知など）の解決手続	離婚・相続事件などの家庭内紛争の審判・調停手続	訴訟事件以外の裁判所での紛争解決手続	裁判所での話し合いによる解決手続
17ページ～150ページ参照	151ページ～202ページ参照	206ページ～215ページ参照	216ページ～225ページ参照	226ページ～233ページ参照	234ページ～24ページ参照

解決法はこうなっている

※民事訴訟の解決法と法律

■和解による解決

民事紛争は多くの場合、裁判所を利用しない当事者間の話し合いで解決がなされています。これを和解（民法 695 条・696 条）といいますが、話し合いがつかない場合は、裁判所などの関与によって解決することになります。

最近では、裁判外の紛争解決機関（ADR：例えば各地の弁護士会の紛争解決センターなど）では、有料で仲裁裁定を行っています（詳細は 250 ㌻以下参照）。

■裁判所が関与する紛争解決手続

話し合いがつかない場合、裁判手続を利用することになります。裁判手続を利用しようと思う場合にまず困るのが、自分の紛争がどこの裁判所で扱っているのかということです。

裁判所には管轄があって、扱う事件（紛争）によって管轄の裁判所が決まっています。大ざっぱにいえば、訴訟をする場合は、離婚や相続など家庭内の問題は家庭裁判所、それ以外の民事紛争は訴訟の目的価額が 140 万円以下の場合は簡易裁判所、140 万円を超える場合は地方裁判所です。

この他、調停や訴え提起前の和解などもあり、ベストな紛争解決制度を選ぶことになります。ただし、離婚や相続の紛争はいきなり訴訟をすることはできず、訴訟をするには調停をまず行わなければなりません（調停前置主義）。

■紛争解決手続の効果的な利用を

訴訟で勝訴したからといっても、それで権利が実現できるわけではありません。例えば貸金の返済で、勝訴しても返済してくれない場合があります。こうした場合は、判決（債務名義という）に基づき強制執行が必要となります。

しかし、相手に強制執行をする資産がない場合には、結局は債権回収は不発に終わります。そんな馬鹿な、と思うかもしれませんが、判決どおりに債務を履行しないからといって、強制労働や刑務所に入れるなどといったことはできません（もっとも、民事事件でも刑事事件として問える場合もある）。こうした場合、訴訟の前に保全手続（仮差押え・仮処分）をしておくとよい場合があります。

このように、紛争解決に必要なさまざまな法律がありますので、こうした法律を自分の紛争に合わせて有効に利用することが重要です。

⑤ 債務整理関連法

破産法・民事再生法・特定調停法による借金等整理手続
242 ㌻〜249 ㌻参照

⑥ 仲裁法・ADR法

裁判以外の紛争解決機関等による解決法
250 ㌻〜257 ㌻参照

⑦ 各種の訴訟関連費用

民事訴訟費用等に関する法律など
260 ㌻〜267 ㌻参照

第1章

人事訴訟法

身分に関する事件

◆人事訴訟法は、民事訴訟法の特例等を定めた法律で、平成15年に従来
の人事訴訟手続法を全面的に改正して人事訴訟法として誕生した。

■人事訴訟法の誕生

人事訴訟法は、家族法上の法律関係について、民事訴訟法の特例等を定めた法律です。

平成15年に従前の人事訴訟手続が全面的に改正され、人事訴訟法が誕生して従前の人事訴訟手続法は廃止されました。

■人事訴訟法とは

人事訴訟法は、夫婦や親子関係等の人事に関する訴訟（人事訴訟）の手続等について定めた新法（平成16年4月1日施行）です。

では、人事訴訟とは何かですが、同法2条は、「婚姻無効・離婚の訴え」、「嫡出否認・認知の訴え」、「養子縁組の無効・離縁の訴え」、その他、身分関係の形成または存否の確認を目的とする訴えと規定しています。

例えば、離婚で言えば、離婚により現在ある「夫」「妻」という身分はなくなることになります。こうした身分関係の問題についての事件には、人事訴訟法の適用があります。

■離婚などの人事訴訟は家庭裁判所が扱う

人事訴訟法の制定により、人事訴訟の第1審の管轄は、地方裁判所から家庭裁判所に移管されました。その上、人事訴訟に係る請求の原因である事実によって生じた損害賠償に関する請求も、家庭裁判所で併せて審理できるようになりました。

例えば、離婚訴訟において、離婚原因が妻（夫）の不貞（浮気）という場合、この不貞を原因とする妻（夫）に対する慰謝料請求、さらに不貞の相手方である第三者に対する損害賠償請求も、離婚の当否と併せて家庭裁判所で一括して審理されます。

◎人事訴訟法の条文の構成

人事訴訟法

（趣旨）
第1条　この法律は、人事訴訟に関する手続について、民事訴訟法（平成8年法律第109号）の特例等を定めるものとする。

（定義）
第2条　この法律において「人事訴訟」とは、次に掲げる訴えその他の身分関係の形成又は存否の確認を目的とする訴え（以下「人事に関する訴え」という。）に係る訴訟をいう。

一　婚姻の無効及び取消しの訴え、離婚の訴え、協議上の離婚の無効及び取消しの訴え並びに婚姻関係の存否の確認の訴え

二　嫡出否認の訴え、認知の訴え、認知の無効及び取消しの訴え、民法（明治29年法律第89号）第773条の規定により父を定めることを目的とする訴え並びに実親子関係の存否の確認の訴え

三　養子縁組の無効及び取消しの訴え、離縁の訴え、協議上の離縁の無効及び取消しの訴え並びに養親子関係の存否の確認の訴え

（最高裁判所規則）
第3条　この法律に定めるもののほか、人事訴訟に関する手続に関し必要な事項は、最高裁判所規則で定める。

夫婦や養子問題
などは家裁で

人事訴訟

婚姻・親子・養子関係の紛争

人事訴訟の手続

人事訴訟法①

☞人事訴訟では身分関係の紛争を家庭裁判所が取り扱う。具体的には、婚姻無効、離婚、養子縁組の無効などの訴えがある。

◼ 人事訴訟の対象となる事件

人事訴訟の対象となる事件は、以下のものです。

①婚姻離婚関係——婚姻の無効・取消しの訴え、離婚の訴え、協議上の離婚の無効・取消しの訴え、婚姻関係の存否の確認の訴え

②親子関係——嫡出否認の訴え、認知の訴え、認知無効・取消しの訴え、民法773条の規定により父を定めることを目的とする訴え、実親子関係の存否の関係の訴え

③養子関係——養子縁組の無効・取消しの訴え、離縁の訴え、協議上の離縁の無効・取消しの訴え、養親子関係の存否の確認の訴え

④その他　上記以外の身分関係の形成、存否の確認を目的とする訴え

なお、人事訴訟に伴う損害賠償請求（離婚の訴えにおける慰謝料請求など）も同一の訴えでできます。

◼ 身分関係の事件と調停前置主義

夫婦や親子等の関係についての争いは、基本的に話合いにより解決するのが望ましいと思われますので、まず、家事調停を申立てることになります。

そして、家事調停で解決ができない場合（調停不成立）の場合に、人事訴訟を起こすことができます。

◼ 人事訴訟の管轄

人事訴訟の管轄裁判所は、原則として、当事者（離婚であれば夫または妻）の住所地を受け持つ家庭裁判所です。ただし、その家庭裁判所と人事訴訟を起こす前に家事調停を取り扱った家庭裁判所とが違う場合は、家事調停を取り扱った家庭裁判所で人事訴訟を取り扱うこともあります。

◼ 人事訴訟の審理等

人事訴訟は民事訴訟の一種ですが、家庭裁判所が管轄し、家庭裁判所では、基本的には民事訴訟の審理手続と同じ手続で裁判が行われます。

しかし、人事訴訟においては、参与員が審理や和解の試みに立ち会い、意見を述べたり、子どもの親権者の指定などについて、家庭裁判所調査官が、子どもに面接して調査したりすることがあります。

◼ 人事訴訟の判決・和解等

人事訴訟は、裁判官の判決によって争いを解決するほか、離婚訴訟や離縁訴訟については、和解によって解決することができます。

判決が確定した場合や、離婚訴訟や離縁訴訟について和解が成立した場合には、その内容に応じて、戸籍の届出等を行うことが必要です。

また、判決や和解の内容が金銭の支払いを目的とする場合には、その支払を受けることができるようになります。さらに、支払の義務がある人がこれに応じない場合には、地方裁判所で強制執行の手続きをとることもできます。

人事訴訟のしくみ

 人事訴訟は、原則として相手方の住所地を管轄する家庭裁判所に訴状を提出。ただし、離婚などの場合は調停前置がとられ、調停を経ないと訴訟はできない。

人事訴訟の流れ（離婚訴訟の場合）

家事調停
合意により円満な解決を図る手続

★離婚などの人事訴訟は調停を経ないと提起することができない

離婚調停不成立 → 調停成立

人事（離婚）訴訟

訴えの提起（原告）
訴えの提起する人（原告）が訴状を家庭裁判所に提出する
【必要書類】
・訴状　・手数料（収入印紙）　・郵便切手　・戸籍全部事項証明書
※訴状の書き方は次項参照
　手数料や郵便切手（予納郵券）については裁判所に問い合わせること

答弁書の提出（被告）
訴えられた人（被告）は答弁書を提出する
※答弁書には、相手（原告）の主張の内容を認めるかどうかを明かにし、認めない場合にはその理由を記載する

主な審理

口頭弁論
原告・被告の双方が事前に提出した書面（訴状・答弁書）に基づき主張を述べ、証拠を提出する

争点・証拠の整理
争いとなっている点を整理し、争点について提出されている証拠整理がなされる

証拠調べ
争点について判断するために当事者から事実を聞く（当事者尋問）などき証拠調べが行われる

審理
通常、数回の期日を開いて、審理が進められる
参与員が審理や証拠調べに立会い、意見を述べることがある
参与員…一般国民の中から家庭裁判所が選任した人で、審理または和解の試みに立ち会って意見を述べる

事実の調査
子どもの親権者の指定などについて、人間関係諸科学の専門家である家庭裁判所調査官が調査をすることがある

和解
合意ができれば和解によって解決できる

 和解の試み

判決
裁判官の判決によって訴訟は終わる。判決に不服であれば控訴（高等裁判所）

 判決

人事訴訟は家庭裁判所が行う

人事訴訟の申立て

素人でも十分で
きるよ！

☞人事訴訟は調停事件が係属していた家庭裁判所が自庁処理
でき、参与員の関与や家庭裁判所調査官による調査もできる。

① 人事訴訟の申立て

人事訴訟は身分関係の事件が対象で、こ
れには、①婚姻・離婚関係の事件、②親子
関係の事件、③養子関係の事件などが対象
となることは前項で解説したとおりです。

以下、離婚訴訟を例にとって解説します。

② 離婚訴訟の申立て

離婚訴訟は、家事調停で解決ができない
場合にのみ起こすことができます。

また、離婚訴訟では、離婚そのものだけ
でなく、未成年の子どもがいる場合に離婚
後の親権者を定めるほか、財産分与や年金
分割、子どもの養育費などについても離婚
と同時に決めてほしいと申立てることがで
きます。離婚訴訟とともに、離婚に伴う慰
謝料を求める訴訟を起こすこともできます。

③ 離婚訴訟の提起

①離婚訴訟　訴状を裁判所に提出すること
　によって開始します。

（1）　訴状の提出先

訴状の提出先は、原則として、夫または
妻の住所地を受け持つ家庭裁判所です。

ただし、その家庭裁判所と人事訴訟を起
こす前に家事調停を取り扱った家庭裁判所
とが違う場合は、家事調停を取り扱った家
庭裁判所で人事訴訟を取り扱うこともあり
ます（自庁処理）。

（2）　訴えに必要な費用、慰謝料の請求

　①訴訟手数料（収入印紙）

　・離婚請求＋費用慰謝料の請求……離婚
　　（算定不能として訴額は160万）と慰

謝料の訴額を比較し、大きい方の額の
印紙代。離婚請求のみの場合、印紙代
は1万3000円、慰謝料500万円請
求の場合は3万円（261 ☞参照）。

・親権者の指定　印紙代不要

・養育費の請求　子供1人につき1200円

・財産財産分与の請求　1200円

・年金分割の請求　1200円

②郵便切手　訴状を提出する家庭裁判所に
　より異なりますので、確認してください。

④ 訴えに必要な書類

・離婚の訴状　2部

・夫婦関係調整事件不成立調書

・夫婦の戸籍全部事項証明書、そのコピー

　　　離婚とともに年金分割における按分割
　合（分割割合）に関する処分の申立てを
　する場合は、「年金分割のための情報通
　知書」およびそのコピー（情報通知書の
　請求手続は、年金事務所（厚生年金）ま
　たは各共済年金制度）

・その他、源泉徴収票や預金通帳などの証
　拠とする書類のコピー　2部

なお、被告が複数の場合、その分も追加。

⑤ 訴えを起こされた人の場合

家庭裁判所から訴状が送られてきた場
合、定められた期日までに裁判所と原告（そ
の代理人）に答弁書を送付し、呼出状に記
載された期日に裁判所に出頭します。

なお、不明なことやわからないことがあ
れば、送付書類に記載されている担当者に
連絡するとよいでしょう。

人事訴訟（離婚）の訴状 のしくみ

要旨 離婚等の人事事件は調停前置主義がとられている。訴訟においても訴状の提出が必要となる。

〔離婚の訴状〕

訴　状

事件名　離婚　　請求事件

訴訟物の価額	円
貼用印紙額	円
予納郵便切手	円
貼用印紙	裏面貼付のとおり

○　○　家庭裁判所　　御中　　原告の記名押印　　甲野花子　㊞

令和○年○月○日

	本　籍	○○ 都道府県 ○○市○○町○丁目○番地
原告	住　所	〒○○-○○○○　電話番号（　）　ファクシミリ（　） ○○県○○市○○町○丁目○番○号　　　　　　（　）　方
	フリガナ 氏　名	コウノ　ハナコ 甲野花子
	送達場所	原告に対する書類の送達は、次の場所に宛てて行ってください。 □ 上記住所 ☑ 勤務先（勤務先の名称 株式会社○○商事（総務課） 　〒○○-○○○○　電話番号（　） 　住　所 ○○県○○市○○町○丁目○番○号　○○ビル○階
	等の届出	□ その他の場所（原告又は送達受取人との関係　　　　） 　〒○○-○○○○　電話番号（　） 　住　所
		□ 原告に対する書類の送達は、上記の届出場所へ、次の人に宛てて行ってください。 　氏　名　　　　　　　　　　（原告との関係　　　　　）
被告	本　籍	原告と同じ
	住　所	〒○○-○○○○　電話番号（　）　ファクシミリ（　） ○○県○○市○○町○丁目○番○号 ○○マンション○○号　　　　　　　　　（　）　方
	フリガナ 氏　名	コウノ　タロウ 甲野太郎
添付書類		☑ 戸籍謄本（甲第　号証）　☑ 年金分割のための情報通知書（甲第　号証） ☑ 甲第 1号証～第 3号証　□ 証拠説明書　□ 調停が終了したことの証明書 □ 証拠申出書
夫婦関係の形成又は存否の確認を目的とする係属中の事件の表示		裁判所　　　/　令和　年（　）第　　号 事件名　　　事件　/　原告　　　　被告

（注）　太枠の中だけ記入してください。　□の部分は、該当するものにチェックしてください。

離婚（1ページ）

コメント

①訴状は原則として当事者の住所地を管轄する家庭裁判所（調停を行った家庭裁判所が自庁処理する場合もある）。

②家庭裁判所に訴状の用紙が用意されている。インターネットの裁判所のホームページからダウンロードすることもできる。

③貼付する印紙の額、予納郵便切手については裁判所に尋ねるとよい。

④左の書式の訴状は、裁判所にある書式で、内容をよく読み、書き込めばよいようになっている。

⑤印は認め印（三文判）でもよい。

⑥わからないことがあれば、家庭裁判所の相談室等で確認してください。

（人事に関する訴えの管轄）
第4条　人事に関する訴えは、当該訴えに係る身分関係の当事者が普通裁判籍を有する地又はその死亡の時にこれを有した地を管轄する家庭裁判所の管轄に専属する。
　2　前項の規定による管轄裁判所が定まらないときは、人事に関する訴えは、最高裁判所規則で定める地を管轄する家庭裁判所の管轄に専属する。

（併合請求における管轄）
第5条　数人からの又は数人に対する一の人事に関する訴えで数個の身分関係の形成又は存否の確認を目的とする数個の請求をする場合には、前条の規定にかかわらず、同条の規定により一の請求について管轄権を有する家庭裁判所にその訴えを提起することができる。ただし、民事訴訟法第38条前段に定める場合に限る。

請 求 及 び 申 立 て の 趣 旨

原告と被告とを離婚する。
（親権者の指定）
☑ 原告と被告間の ＜続柄＞長男 ＜名＞一郎 （平成 ○年 ○月 ○日生）、 二男 二郎 （平成 ○年 ○月 ○日生）、
＿＿＿ ＿＿＿（平成　　年　月　日生）　　　　　　　　の親権者を☑原告 □被告と定める。
□
（慰謝料）
☑ 被告は、原告に対し、次の金員を支払え。
　　☑ 金 ＿○○○万 ＿円
　　☑ 上記金員に対する ＿離婚判決確定の日の翌日＿ から支払済みまで年 ＿5＿ 分の割合による金員
（財産分与）
☑ 被告は、原告に対し、次の金員を支払え。
　　☑ 金 ＿○○○万 ＿円
　　☑ 上記金員に対する離婚判決確定の日の翌日から支払済みまで年 ＿5＿ 分の割合による金員
□
□
（養育費）
☑ 被告は、原告に対し、 ＿令和○年○月＿ から ＜続柄＞長男 ＜名＞一郎 二男 二郎 ＿＿＿＿＿
　が ＿成年に達する月＿ まで、毎月 ＿○＿ 日限り、子一人につき金 ＿○万＿ ＿○＿ 円ずつ支払え。
（年金分割）
☑ 原告と被告との間の別紙 ＿＿1＿＿ （年金分割のための情報通知書）記載の情報に係る年金分割についての
　請求すべき按分割合を ☑ 0.5 □ （　　　　　） と定める。
□
訴訟費用は被告の負担とする。
との判決（☑及び慰謝料につき仮執行宣言）を求める。

請 求 の 原 因 等

1(1)　原告と被告は、□昭和 ☑平成 ＿○＿ 年 ＿○＿ 月 ＿○＿ 日に婚姻の届出をしました。
　(2)　原告と被告間の未成年の子は、□いません。 ☑次のとおりです。
　　　＜続柄＞長男 ＜名＞一郎 ＿＿＿ ＜年齢＞15 歳（平成 ○年 ○月 ○日生）
　　　　二男 二郎 ＿＿＿ 6 歳（平成 ○年 ○月 ○日生）
　　　＿＿＿ ＿＿＿ 歳（平成　　年　　月　　日生）
2〔調停前置〕
　夫婦関係に関する調停を
　☑しました。
　　　事件番号 ＿○＿ ＿○＿ 家庭裁判所＿＿＿＿＿＿＿＿＿＿＿令和 ＿○＿ 年（家イ）第 ＿○○○＿ 号
　　　結　　果　令和 ＿○＿ 年 ＿○＿ 月 ＿○＿ 日 ☑不成立 □取下げ □（　　　　　　　　　　）
　　　理　　由　□被告が離婚に応じない □その他（　　　　　　　　　　　　　　　　　　　　）
　　　　　　　　☑条件が合わない（親権者等　　　　　　　　　　　　　　　　　　　　　　　　）
　□していません。
　　　理　　由　□被告が所在不明
　　　　　　　　□その他（　　　　　　　　　　　　　　　　　　　　　　　　　　　　　　　）
3〔離婚の原因〕
　　　次の事由があるので、原告は、被告に対して、離婚を求めます。
　　　☑ 被告の不貞行為　　　　　□ 被告の悪意の遺棄　　　　　□ 被告の生死が3年以上不明
　　　□ 被告が強度の精神病で回復の見込みがない　☑ その他婚姻を継続し難い重大な事由
　　　その具体的な内容は次のとおりです。

(注)　太枠の中だけ記入してください。　□の部分は、該当するものにチェックしてください。
離婚（2ページ）

コメント

①左の書式の「請求及び申立ての趣旨」の用紙には、どのような請求をするのかについて記載する。記載する項目および内容はチェック（✓）したり、空欄に書き込めばよいようになっている。
②「請求の原因等」については、婚姻届日、離婚についての調停、離婚したい理由についての記載欄。

（調停事件が係属していた家庭裁判所の自庁処理）
第6条　家庭裁判所は、人事訴訟の全部又は一部がその管轄に属しないと認める場合においても、当該人事訴訟に係る事件について家事事件手続法（平成23年法律第52号）第257条第1項の規定により申し立てられた調停に係る事件がその家庭裁判所に属していたときであって、調停の経過、当事者の意見その他の事情を考慮して特に必要があると認めるときは、民事訴訟法第16条第1項の規定にかかわらず、申立てにより又は職権で、当該人事訴訟の全部又は一部について自ら審理及び裁判をすることができる。

◆離婚の訴状 （3ページ目）

(1)不貞行為について

　　　被告は, 令和○年春ごろから, 取引先の女性丙山春子(以下「丙山」といいます。)と親しくなり, 外泊しがちとなりました。

　　　被告は, 令和○年○月に○○市内のアパートを借り, 丙山と同棲するようになりました。‥‥

(2)　婚姻を継続し難い重大な事由について

　　　原告は, 子のためにも, 何度もやり直そうと話し合おうとしましたが, 被告は全く話し合いに応じようとしませんでした。‥‥

　　　以上のような事情で, これ以上婚姻を継続することはできないと思うようになりました。

4　〔子の親権者について〕

　　　原告は, 株式会社○○商事の正社員であり, 生活も安定しています。被告は, 今まで子の面倒をほとんど見ていなかったし, 仕事も不定期で帰宅も遅いので, きちんと子の面倒を見ることは期待できません。‥‥

　　　したがって, 長男一郎及び二男二郎の親権者は, 原告の方が適しています。

5　〔慰謝料について〕

　　　原告は, 結婚してから, 家事や育児など懸命に生活してきましたが, 被告の不貞行為により, 離婚せざるを得ない状況に追い込まれ, 精神的苦痛を受けました。原告の精神的苦痛に対する慰謝料は, 金○○○万円が相当です。

　　　したがって, 金○○○万円及びこれに対する離婚判決確定の日の翌日から支払済みまで民法所定の年5分の割合による遅延損害金を求めます。

6　〔財産分与について〕

　　　夫婦の財産は, ○○銀行○○支店の預金○○○万円(甲2号証), ‥‥です。

　　　したがって, 財産分与として, 金○○○万円及びこれに対する離婚判決確定の日の翌日から支払済みまで年5分の割合による遅延損害金を求めます。

7　〔養育費について〕

　　　原告の収入は, 月約○○万円のほか, ボーナスが夏と冬の2回あり, 年収約○○○万円(甲3号証)です。一方, 被告の収入は, 少なくとも月約○○万円ですので, 養育費として令和○年○月から子が成年に達する月まで, 子一人につき月○万円を求めます。

8　〔年金分割について〕

　　　原告と被告の離婚時年金分割に係る第一号改定者及び第二号改定者の別, 対象期間, 按分割合の範囲は, 別紙1のとおりです。

9　〔まとめ〕

　　　よって, 請求及び申立ての趣旨記載の判決を求めます。

コメント

①左の書式には、前の書式に記載した離婚原因について、訴えの提起に至るまでの事情を具体的に書く。

②次に、離婚における請求する内容について、子の親権者、慰謝料、財産分与、養育費、年金分割などについて具体的に書く。

（参与員）

第9条　家庭裁判所は、必要があると認めるときは、参与員を審理又は和解の試みに立ち会わせて事件につきその意見を聴くことができる。

　2　参与員の員数は、各事件について一人以上とする。

　3　参与員は、毎年あらかじめ家庭裁判所の選任した者の中から、事件ごとに家庭裁判所が指定する。

　4　前項の規定により選任される者の資格、員数その他同項の選任に関し必要な事項は、最高裁判所規則で定める。

　5　参与員には、最高裁判所規則で定める額の旅費、日当及び宿泊料を支給する。

人事訴訟では職権探知主義がとられている

民事訴訟とは
一味違う

人事訴訟（離婚）の審理・判決

☞人事訴訟では職権探知主義（当事者が主張しない事実
を斟酌し職権で証拠調べをする）がとられている。

１ 人事訴訟の審理等

人事訴訟の審理等については、原則として、民事訴訟の場合と同様です。ただし、人事訴訟は、民事訴訟法の特例であり、いくつかの違いがあります（次㌻を参照）。

２ 離婚できる要件等

離婚訴訟を起こすには「法定離婚原因」が必要で、これには、①不貞行為、②悪意の遺棄、③３年以上の生死不明、④回復見込みのない精神病、⑤その他、婚姻を継続し難い重大な事由がありますが、有責配偶者（離婚原因のある側）からの離婚請求は原則認められません（養子縁組解消でも同様）。

裁判は公開の法廷で行われるのが原則です。しかし、当事者または証人が、公開の法定で陳述することにより社会生活を営むのに著しい支障を生ずることが明らかである場合や公序良俗に反する場合などは、裁判官の全員の一致により、裁判を非公開にできるものとしています。

３ 人事訴訟の審理等

訴状を提出すると、裁判所は第１回目の口頭弁論期日を定め、相手方（被告）に訴状を送達します。原告の訴状に対して、被告が答弁書も提出せず欠席すると、原告の主張を認めたとして、欠席判決で負けることもあります。口頭弁論では、双方が準備書面により言い分を主張・立証（その間、争点整理・検証がある）します。

人事訴訟は、基本的には民事訴訟の審理手続と同じ手続で行われますが、家庭裁判所における人事訴訟においては、参与員が審理や和解の試みに立ち会い、意見を述べたり、子どもの親権者の指定などについて、家庭裁判所調査官が、子どもに面接して調査したりすることがあります。

４ 人事訴訟の判決等

訴訟の審理は１カ月に１回のペースで行われ、審理を尽くしたところで判決の言渡しとなります。なお、訴訟の途中で裁判官が訴訟上の和解を勧告することもあり、この和解の勧告に応じるか、応じないか自由です。この他、原告の言い分を全面的に認めて離婚する認諾離婚もあります。

判決に不服があれば、２週間以内に高等裁判所に控訴ができます。この期間を経過すると、判決は確定します。

５ 戸籍の届出

判決で離婚が成立してから10日以内に、離婚を申立人（原告）が住所地の市区町村役場に、①離婚届書１通（証人欄の記入は不要）、②戸籍全部事項証明書１通（本籍地市区町村に届出する場合は不要）、③判決書謄本および確定証明書を届け出ます。

10日以内に届け出ないと、過料の対象になります。離婚以外の人事訴訟の場合も同様です。

なお、人事訴訟法では、離婚後に、養育費などの判決等の内容を守らない場合の履行勧告の手続等についても規定しています。

人事訴訟と民事訴訟の違い のしくみ

 人事訴訟はお互いが主張をぶっつけあう民事訴訟と異なり、裁判所が関与する部分が多い。

民事訴訟と人事訴訟の違い

▷人事訴訟法は平成 16 年 4 月 1 日に施行された新法

	民事訴訟法	人事訴訟法
取り扱う事件	○民事全般。他の法令で定めるものは除く。	○人事事件 ・婚姻の無効および取消しの訴え、離婚の訴え、協議上の離婚の無効および取消しの訴え、婚姻関係の存否の確認の訴え ・嫡出否認の訴え、認知の訴え、認知の無効および取消しの訴え、民法 773 条の規定により父を定めることを目的とする訴え、実養子関係の存否の訴え ・養子縁組の無効および取消しの訴え、離縁の訴え、協議上の離縁の無効および取消しの訴え、養親子関係の存否の訴え
管轄裁判所	○地方裁判所 …訴額 140 万円超 ○簡易裁判所 …訴額 140 万円以下 ※原則として、相手方の住所地を管轄する裁判所	○家庭裁判所 ※当事者の住所地を管轄する家庭裁判所。ただし、調停が係属した家庭裁判所が自庁処理することができる
裁判外の関与	○専門委員	○参与員 ※裁判所が事情により必要と認めるときに参与員を審理または和解の試みに立ち会わせ意見を聴くことができる
職権探知	○裁判所が当事者の主張以外のことを審理することはない	○当事者の主張しない事実をしん酌し、かつ、職権で証拠調べをすることができる
当事者尋問等の公開	○公開が原則	○自己の私生活上の重大な秘密等の尋問の場合は、決定で公開しないで行うことができる
裁判所の調査	○なし	○離婚訴訟では、裁判所に事実の調査権があり、家庭裁判所調査官に調査をさせることができる
附帯処分	○なし（請求に対する判断のみ）	○離婚を認める判決では、子の親権者の指定その他の子の監護に関する処分、財産分与に関する処分、年金分割では標準報酬等の按分割合に関する処分について裁判をしなければならない
履行の確保	○なし（強制執行などの手続による）	○履行勧告・履行命令がある 履行命令に従わないときは 10 万円以下の過料
裁判等	○判決 ○訴訟における和解	○判決 ○訴訟における和解 ○請求の認諾（人事訴訟法で新設） ※離婚事件で和解をしても、新法施行前は役所に協議離婚届が必要だったが、認諾判決により離婚は成立する（役所への離婚届は必要）。

家事事件手続法

家事審判・調停

◆家事事件手続法は、それまでの家事審判法に代わって制定された法律で、平成25年1月1日から施行された。家事事件についての審判・調停の手続を定めている。

■家事事件手続法

家事事件手続法は、家庭裁判所が管轄する家事審判事件及び家事調停の手続について定めた法律です（家事事件手続法1条）。

家事事件手続法は、第1編「総則」、第2編「家事審判に関する手続」、第3編「家事調停」、第4編「履行の確保」、第5編「罰則」の全293条から成り立っています。

この法律は、従来の家事審判法を見直し新法を創設するということで誕生しました。家事事件手続法の施行に伴い、従前の家事審判法は廃止されました。

■家事事件の裁判所での取り扱い

家庭内の紛争は、一般の紛争と異なり、訴訟的な処理になじまないことが多いことから、家庭裁判所により、非公開の手続による処理が図られています。

また、家事事件手続法が扱う手続には、家庭内の事項について訴訟の形式によらずに後見的な判断をすることを目的とする家事審判手続と、家庭内の紛争について調停を行う家事調停手続があります。

なお、家庭裁判所が扱う訴訟は人事訴訟です。

■家事事件手続法の対象となる事件

家事事件として、家事事件手続法等の対象となる事件は、以下のとおりです。

①家事審判のみの対象事件

家事事件手続法「別表第1に定める事件」

②家事審判でも家事調停でもよい事件

家事事件手続法「別表第2に定める事件」

③調停のみの対象事件

離婚・相続事件など、民法等に規定する事件

なお、家庭内の一般事件では調停前置がとられ、いきなり訴訟の提起はできません。

◎家事事件手続法の条文の構成

家事事件手続法

◎第1編　総　則　　　　　　　　　　（1条〜38条）

○第1章　通則　（1条〜3条）
○第2章　管轄　（4条〜9条）
○第3章　裁判所職員の除斥及び忌避　（10条〜16条）
○第4章　当事者能力及び手続行為能力　（17条〜21条）
○第5章　手続代理人及び補佐人　（22条〜27条）
○第6章　手続費用　（28条〜32条）
○第7章　家事事件の審理等　（33条〜37条）
○第8章　電子情報処理組織による申立て等　（38条）

◎第2編　家事審判に関する手続　　　（39条〜243条）

○第1章　総則　（39条〜116条）
○第2章　家事審判事件　（117条〜243条）

◎第3編　家事調停に関する手続　　（244条〜276条）

○第1章　総則　（277条〜244条）
○第2章　合意に相当する審判　（277条〜283条）
○第3章　調停に代わる審判　（284条〜287条）
○第4章　不服申立て等　（288条）

◎第4編　履行の確保　　　　　　　　（289条・290条）

◎第5編　罰　則　　　　　　　　　　（291条〜293条）

（趣旨）
第1条　家事審判及び家事調停に関する事件（以下「家事事件」という。）の手続については、他の法令に定めるもののほか、この法律の定めるところによる。
（裁判所及び当事者の責務）
第2条　裁判所は、家事事件の手続が公正かつ迅速に行われるように努め、当事者は、信義に従い誠実に家事事件の手続を追行しなければならない。
（最高裁判所規則）
第3条　この法律に定めるもののほか、家事事件の手続に関し必要な事項は、最高裁判所規則で定める。

家事事件手続法は家庭内の事件の手続を定める

家事事件の手続

☞家庭内の問題は家庭裁判所が扱い、事件の内容によって審判事件と調停事件とに分かれている。

■ 1 家事事件とは

家事事件を大雑把に言えば、家庭内の紛争のことです。

これには、家事事件手続法別表第1に規定する事件（審判手続による事件）、同別表第2に規定する事件（審判でも調停でもよい事件）があります。

この他、家事事件には民法等の規定による一般調停事件（離婚・婚姻費用分担・離婚慰謝料請求など）があります。

■ 2 家事事件手続法の対象となる事件

①家事審判のみによる事件（別表第1）

「成年後見」「保佐」「補助」「不在者の財産の管理」「失踪の宣告」「婚姻等」「親子」「親権」「未成年後見」「扶養」「推定相続人の廃除」「相続の承認および放棄」「遺産の分割」「財産分離」「相続人の不存在」「遺言」「遺留分」「任意後見契約法」「戸籍法」「性同一性障害者の性別の取扱いの特例に関する法律」「厚生年金保険法等」「児童福祉法」「生活保護法等」「精神保健及び精神障害者福祉に関する法律」「破産法」「中小企業における経営の承継の円滑化に関する法律」に関する（規定する）事件の項目があります。

これは、さらに細分化され134の事件が規定されています。

②審判でも調停でもよい事件（別表第2）

「婚姻等」「親子」「扶養」「相続」「遺産の分割」「厚生年金保険法等」「生活保護法等」に関する（規定する）事件の項目があります。

これは、さらに細分化され16の事件が規定されています。

③一般調停事件（調停による）

上記①②以外の家庭内の事件は、一般調停事件として、調停の申立てをすることになります。なお、調停をせずにいきなり訴訟をすることはできません（離婚など）。

■ 3 家事審判と家事調停の違い

家事審判は、申立てを受けて、申立人や利害関係者からの意見の審問・調査などにより、家事審判官（裁判官）が判断（決定）するものです。

家事調停は、裁判所の調停委員会の仲介により双方が譲り合い、話し合いがついた場合に成立し、調停調書が作成されます。前記の家事事件手続法別表第2の事件で調停か不成立となった場合、審判手続に移ります。

一般調停事件では、調停の不成立によって手続は終了し、新たに訴訟を提起するなどの解決法をとることになります。

■ 4 家事事件の申立て

家事事件の申立先は、事件の種類により異なりますので、最寄りの家庭裁判所で確認されるようお願いします。

例えば、離婚などの婚姻中の夫婦間のトラブルの管轄裁判所は、相手方の住所地を管轄する家庭裁判所あるいは合意で定める家庭裁判所であり、遺産の分割に関するトラブルは相続開始地（被相続人の住所）の家庭裁判所です。

家事事件手続のしくみ

要旨 審判事件か調停事件かは家事事件手続法の別表に規定されており、申立書は家庭裁判所に用意されている。

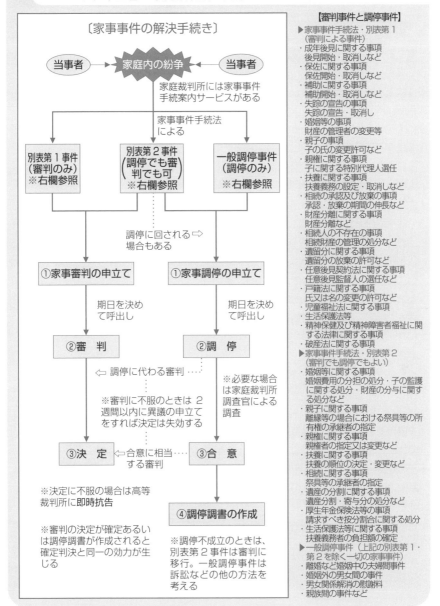

〔家事事件の解決手続き〕

当事者 → 家庭内の紛争 ← 当事者

家庭裁判所には家事事件手続案内サービスがある

家事事件手続法による

別表第1事件（審判のみ）※右欄参照 ／ 別表第2事件（調停でも審判でも可）※右欄参照 ／ 一般調停事件（調停のみ）※右欄参照

調停に回される場合もある ⇨

①家事審判の申立て ／ ①家事調停の申立て

期日を決めて呼出し ／ 期日を決めて呼出し

②審判 ／ ②調停

⇦ 調停に代わる審判 ‥‥

※審判に不服のときは2週間以内に異議の申立てをすれば決定は失効する

※必要な場合は家庭裁判所調査官による調査

③決定 ⇦合意に相当‥‥する審判 ／ ③合意

※決定に不服の場合は高等裁判所に**即時抗告**

④調停調書の作成

※審判の決定が確定あるいは調停調書が作成されると確定判決と同一の効力が生じる

※調停不成立のときは、別表第2事件は審判に移行。一般調停事件は訴訟などの他の方法を考える

【審判事件と調停事件】

▶家事事件手続法・別表第1（審判による事件）
・成年後見に関する事項
　後見開始・取消しなど
・保佐に関する事項
　保佐開始・取消しなど
・補助に関する事項
　補助開始・取消しなど
・失踪の宣告の事項
　失踪の宣告・取消し
・婚姻等の事項
　財産の管理者の変更等
・親子の事項
　子の氏の変更許可など
・親権に関する事項
　子に関する特別代理人選任
・扶養に関する事項
　扶養義務の設定・取消しなど
・相続の承認及び放棄の事項
　承認・放棄の期間の伸長など
・財産分離に関する事項
　財産分離など
・相続人の不存在の事項
　相続財産の管理の処分など
・遺留分に関する事項
　遺留分の放棄の許可など
・任意後見契約法に関する事項
　任意後見監督人の選任など
・戸籍法に関する事項
　氏又は名の変更の許可など
・児童福祉法に関する事項
・生活保護法等
・精神保健及び精神障害者福祉に関する法律に関する事項
・破産法に関する事項

▶家事事件手続法・別表第2（審判でも調停でもよい）
・婚姻等に関する事項
　婚姻費用の分担の処分・子の監護に関する処分・財産の分与に関する処分など
・親子に関する事項
　離縁等の場合における祭具等の所有権の承継者の指定
・親権に関する事項
　親権者の指定又は変更など
・扶養に関する事項
　扶養の順位の決定・変更など
・相続に関する事項
　祭具等の承継者の指定
・遺産の分割に関する事項
　遺産分割・寄与分の処分など
・厚生年金保険法等の事項
　請求すべき按分割合に関する処分
・生活保護法等に関する事項
　扶養義務者の負担額の確定

▶一般調停事件（上記の別表第1・第2を除く一切の家事事件）
・離婚など婚姻中の夫婦間事件
・婚姻外の男女間の事件
・男女関係解消の慰謝料
・親族間の事件など

2

家事審判については家事事件手続法「第2編」に定めがある

家事審判の手続

家庭裁判所が決定を下す

☞家事審判は、審判事件（家事事件手続法別表等に掲載）について、家事審判官が審判（決定）をする。

① 家事審判の申立て

家事審判対象の事件は、家庭裁判所に申立てます。どこの家庭裁判所がと言えば、事件により異なりますので、最寄りの家庭裁判所に聞くのが一番です。主な事件と申立先は次のようになっています。

〔別表第1事件〕

・後見・保佐・補助の各開始・取消し→本人の住所地の家庭裁判所

・失踪の宣告・取消し→不在者（失踪者）の住所地の家庭裁判所

・子の氏の変更の許可→子の住所地の家庭裁判所

・相続の放棄・限定承認の申述→相続開始地（被相続人の住所地）の家庭裁判所

・遺言の検認・確認・遺言執行者の選任→相続開始地（被相続人の住所地）の家庭裁判所

・氏・名の変更についての許可→申立人の住所地の家庭裁判所

〔別表第2事件〕

・夫婦の同居・その他の協力扶助→相手方の住所地の家庭裁判所

・子の監護→子の住所地の家庭裁判所

・離婚の場合の財産分与→相手方の住所地の家庭裁判所

・親権者の指定または変更→子の住所地の家庭裁判所

・扶養→相手方の住所地の家庭裁判所

・遺産分割→相続開始地（被相続人の住所地）の家庭裁判所

② 家事審判の申立てと書類

①申立用紙は、家庭裁判所に用意されています。それを利用するとよいでしょう。

なお、別表第2の事件については、申立書の写しが相手方に送付されます。

②申立書には以下のことを記載します（次ジ書式参照）。

(1)事件の種類　「子の氏の変更の許可」「遺産分割」などの分類がある。

(2)当事者欄　申立人の住所・氏名・押印（認印でも可）・電話番号・ファックス番号。相手方の住所・氏名等を欄に書く。

なお、事件に応じて、申立人、未成年者、利害関係人などの記載項目がある。

(3)申立ての趣旨　どのような紛争で、どのような解決を望むかを簡潔に記載。

(4)申立ての理由　申立てに至った紛争の経緯等を簡潔に記載。

(5)その他　例えば、相続関連の申立てでは財産目録が必要。

③ 添付書類

戸籍全部事項証明書1通と事件に応じて一定の書類が必要です。裁判所で確認してください。

④ 家事審判の申立手数料

家事事件につき別表第1事件は800円。別表第2事件（調停事件も同じ）は1200円が必要です。申立書に印紙を貼って納めます。また、連絡用の郵便切手（予納郵券）が必要です（家庭裁判所の窓口で確認）。

家事審判のしくみ

要旨 家事審判では、家庭裁判所が職権で事実の調査・証拠調べをする。訴訟が当事者の主張・立証に基づき判断するのと異なる。

家事審判事件の手続

第1別表事件 ／ 紛争 ／ 第2別表事件 → 家庭裁判所

- 第1別表事件 → 審判に移行
- 第2別表事件 → 調停 不成立／調停 → 審判に移行

① 審判の申立て

② 審判の審理　※合意に相当する審判、調停に代わる審判もある

③ 審判（決定）

審判が確定すると判決と同一の効力がある

④ 不服なら即時抗告する

即時抗告は高等裁判所にする

※申立ての趣旨・申立ての理由については省略

コメント

①審判の申立ては原則として、住所地を管轄する家庭裁判所。審判の申立用紙は、家庭裁判所に用意されている。

なお、申立てに当たっては、事前に家庭裁判の家事事件手続相談を受けるとよい。

②申立用紙に印刷されている内容に従い、記入するとよい。

事件の種類により「子の氏の変更」「遺産分割」などの用紙、および書き方の用紙が用意されている（インターネットの裁判所のホームページから入手できる）

③家事事件手続法が記載事項として法定しているのは、当事者および法定代理人、申立ての趣旨および理由である（家事事件手続法49条2項）。

3 離婚などの調停手続

離婚などの人事（身分関係）事件は調停が必要

☞調停は話し合いによる紛争解決法で、夫婦の住所地を管轄する家庭裁判所に申し立てる。

訴訟の前にまず、調停を

① 家事調停事件

家事調停は、家庭内の事件について、裁判所に申立てをして、裁判所の仲介により話し合いで解決する手続きです。家事事件手続法別表第2に規定する事件と離婚などの一般調停事件とがあります。

離婚などの家庭内のトラブルは、いきなり訴訟はできず、調停が必要です（調停前置主義）。

② 家事調停の申立て

家事調停の申立ては、家庭裁判所にしますが、家事事件手続法別表第2に規定する事件については、事件の種類により申し立てる家庭裁判所は異なります（前項参照）が、離婚などの一般調停事件は、当事者の住所地を管轄する家庭裁判所か、当事者が合意した家庭裁判所に申し立てます。

調停の申立ては、書面ですることになっています。また、調停の申立書の写しは相手方に送付されます。

①調停の申立書の書き方

各家庭裁判所には、事件ごとの申立書式が用意されていて、記載の仕方についてのサンプルもあります。

記載する項目は、以下とおりです。

(1)事件の種類　「離婚」「遺産分割」などの分類を記載。

(2)当事者欄　申立人の住所・氏名・押印（認印でも可）・電話番号・ファックス番号。相手方の住所・氏名・電話番号・ファックス番号を記載。

事件に応じて、申立人、未成年者、利害

関係人などの記載項目がある。

(3)申立ての趣旨　どのような紛争でどのような解決を望むかを簡潔に書く。

(4)申立ての理由　申立てに至った紛争の経緯等を簡潔に記載。

(5)その他　たとえば、相続関連の申立てでは財産目録が必要。

②家事調停事件の添付書類

申立人（離婚事件では夫婦）の戸籍全部事項証明書1通。その他の添付書類は各トラブルによって異なります。

家庭裁判所で確認してください。

③家事調停申立ての手数料

申立手数料1200円（収入印紙）が必要です。また、郵便切手（予納郵券）が必要です（裁判所で確認のこと）。

③ 裁判所の仲介等

申立書が受理されると、調停期日に呼出しがあります。調停期日には、調停委員会（裁判官1名、調停委員2名）による意見聴取等が行われ、仲介が行われます。

④ 家事調停の成立・不成立

紛争の解決についての双方の合意が得られると、調停調書が作成されます。この調停調書には、判決と同一の効力があり、強制執行（154ページ以下参照）ができます。

調停が不成立に終わると、家事事件手続法の別表第2の事件については審判手続に移ります。離婚などの一般調停事件は調停不成立で手続は終了し、それでも離婚したい場合は訴訟手続を考えることになります。

離婚事件と調停 のしくみ

要旨 離婚事件は一般調停事件、訴訟の前に調停が必要（調停前置主義）。調停が不成立の場合に訴訟の提起ができる。

家事調停による解決手続

当事者 ←→ 家庭内の紛争 ←→ 当事者

家庭裁判所（家事手続相談室がある）

① 家事調停の申立て

調停期日を決めて呼出し

② 調停

※必要な場合は家庭裁判所調査官による調査

③ 合意 / 合意できず

※調停不成立のときは訴訟（離婚などの身分関係事件）、審判（別表第2事件）へ

④ 調停調書の作成

※調停調書には、判決と同一の効力がある

コメント

①各家庭裁判所には、事件ごとの申立て書式が用意されていて、記載についてのサンプルもある。また、家事手続情報サービス（裁判所のホームページ）による手続案内もある。

②申立ては家事調停申立書（左記）に必要事項を記載して行う。例えば、離婚調停の申立書には、申立ての趣旨（離婚請求）、申立ての理由（相手方の不貞）などについて記載する。

③夫婦が離婚する場合は、未成年者の子の親権者を定める必要がある。協議離婚の場合、親権者が決まらない場合には家庭裁判所に申し立てて決めてもらう。これは調停でも審判でもよい事件（別表第2事件）だが、調停で合意ができなければ審判となる。

　また、離婚後、子が氏を変更する場合があるが、子の氏の変更は審判（別表第1）事件である。

受付印　　家事　□審判　□調停　申立書　事件名（　　　　）

（この欄に申立て1件あたり収入印紙1,200円を貼ってください。）

収入印紙　　　　円
予納郵便切手　　円
予納登記印紙　　円

（はった印紙に押印しないでください。）

窓口欄	関連事件番号 令和　年〈家　　〉第	号

家庭裁判所　　御中
令和　　年　　月　　日　　申立人（又は法定代理人など）の署名押印　印又は記名押印　　　　印

添付書類　（審理のために必要な場合は、追加書類の提出をお願いすることがあります。）

申立人	本籍	（戸籍の添付が必要とされていない場合は、記入する必要がありません。）都　道府　県
	住所	〒　-　　電話（　）　　方）
	連絡先	〒　-　　電話（　）　　方）
	フリガナ氏名	大正・昭和・平成　年　月　日生
	職業	
※	本籍	（戸籍の添付が必要とされていない場合は、記入する必要がありません。）都　道府　県
	住所	〒　-　　電話（　）　　方）
	連絡先	〒　-　　電話（　）　　方）
	フリガナ氏名	大正・昭和・平成　年　月　日生
	職業	

※申立ての趣旨・申立ての理由欄については省略

相続事件には審判・調停事件の双方がある
相続事件の審判・調停事件

☞相続事件には、審判事件と調停でもよい事件、調停のみの一般事件とがある。

審判か調停かは
事件によるね

1 相続事件の種類

相続事件は家庭内の問題ですので、家庭裁判所に家事審判あるいは家事調停事件として申立てます。

〔家事審判事件〕①相続の放棄、②相続の限定承認、③相続の承認または放棄の期間の伸長、④相続財産管理人の選任、⑤特別縁故者に対する相続財産分与、⑥遺言書の検認、⑦遺言執行者の選任、⑧遺留分放棄の許可、⑨遺留分の算定に係る合意の許可

〔家事調停事件〕①遺産分割、②寄与分を定める処分、③遺留分減殺による物件返還請求、④遺産に関する紛争の調停

2 相続放棄の手続等

相続が開始した場合、相続人には、①単純承認（相続財産〈被相続人の権利・義務〉を相続する）、②相続放棄（相続財産〈被相続人の権利・義務〉を一切相続しない）、③限定承認による相続方法があります。②③は家庭裁判所での手続が必要です。

①相続放棄の申述（申立て）

本人（相続人）が申立てます。相続人が未成年者または成年被後見人である場合には、その法定代理人が申立てます。申立先は、被相続人の最後の住所地の家庭裁判所です。相続放棄ができる期間は、自己のために相続の開始があったことを知ったときから3カ月以内（伸長可）です。

申立書は裁判所に用意されていますので、必要事項を書き込み、戸籍全部事項証明書などの必要書類を提出します。その際、収入印紙800円分（申述人1人につき）、および連絡用の郵便切手（予納郵券）が必要です。

②相続放棄の申述の受理等

相続放棄は相続放棄の申述が受理（決定）されることにより、その相続人は最初から相続人でなかったことになります。

3 遺産分割調停

①遺産分割の調停申立

遺産の分割について相続人の間で話合いがつかない場合には、家庭裁判所の遺産分割の調停（または審判）の手続をします。遺産分割調停は、相続人のうちの1人もしくは何人かが、他の相続人全員を相手方として申し立てます。申立書の他、相続人全員の戸籍全部事項証明書等の添付書類が必要です。

申立先は、相手方のうちの一人の住所地の家庭裁判所または当事者が合意で定める家庭裁判所です。申立てに必要な費用は、被相続人1人につき収入印紙1200円分および連絡用の郵便切手（予納郵券）が必要です。

②調停における手続

調停では、当事者双方から事情を聴いたり、必要に応じて資料等を提出してもらったり、遺産について鑑定を行うなどして事情をよく把握したうえで、各当事者がそれぞれどのような分割方法を希望しているかの意向を聴取し、解決案を提示したり、解決のために必要な助言をし、合意を目指し話合いが進められます。

話合いがまとまらず調停が不成立になった場合、審判手続が自動的に開始されます。

相続事件と審判・調停のしくみ

 要旨 相続事件は争いとなるケースも多様で、高額な相続財産の場合、弁護士に依頼したほうがよい。

相続事件の紛争解決手続

```
                    相続事件
          ┌────────────┼────────────┐
     家事審判事件    審判でも調停でも可   一般調停事件
   （家事事件手続法   （家事事件手続法    訴訟対象事件
     別表第1）       別表第2）      （別表第1・第2以外）

     異　議    移行   相続事件       調停不成立
                              ┌──────┴──────┐
     即時抗告      ※調停で合意して審判  人事訴訟    民事訴訟
                  を行う場合もある
                  （特殊調停事件）
     高等裁判所                 家庭裁判所    地方裁判所
                              認知・親子関係  不当利得返還請求
                              不存在の確認
```

〔相続関連事件と審判・調停〕

◎家事事件手続法　別表第1　家事審判の申立てのみによる　※（ ）内は別表第1の番号

〈推定相続人の廃除〉
・推定相続人の廃除 （86）
・推定相続人の廃除の審判の取消し （87）
・推定相続人の廃除の審判・取消しの審判の確定前の遺産の管理に関する処分 （88）
〈相続の承認及び放棄〉
・相続の承認・放棄をすべき期間の伸長 （89）
・相続財産の保存・管理に関する処分 （90）
・限定承認・相続の放棄の取消しの申述の受理 （91）
・限定承認の申述の受理 （92）
・限定承認の場合における鑑定人の選任 （93）
・限定承認を受理した場合における相続財産の管理人の選任 （94）
・相続の放棄の申述の受理 （95）
〈財産分離〉
・財産分離 （96）
・財産分離の請求後の相続財産の管理に関する処分 （97）
・財産分離の場合における鑑定人の選任 （98）

〈相続人の不存在〉
・相続人の不存在の場合における相続財産の管理に関する処分 （99）
・相続人の不存在の場合における鑑定人の選任 （100）
・特別縁故者に対する相続財産の分与 （101）
〈遺言〉
・遺言の確認 （102）
・遺言書の検認 （103）
・遺言執行者の選任 （104）
・遺言執行者に対する報酬の付与 （105）
・遺言執行者の解任 （106）
・遺言執行者の辞任についての許可 （107）
・負担付遺贈に係る遺言の取消し （108）
〈遺留分〉
・遺留分を算定する場合の鑑定人の選任 （109）
・遺留分の放棄についての許可 （110）
〈破産法〉
・破産手続における相続の放棄の承認についての申述の受理 （133）

◎家事事件手続法　別表第2　家事審判あるいは家事調停を申し立てる　※（ ）内は別表第2の番号

〈相続〉
・相続の場合における祭具等の所有権の承継者の指定 （11）

〈遺産の分割〉
・遺産の分割 （12）
・遺産の分割の禁止 （13）
・寄与分を定める処分 （14）

◎一般調停事件　　　家事調停の申立てをする

〈訴訟対象事件〉 ※上記別表第1・第2に掲げた事項以外の相続紛争（認知・親子関係確認事件など）。調停が不成立だと訴訟ができる（調停前置）

非訟事件手続法

訴訟によらない迅速な裁判

◆非訟事件手続法は、訴訟外の非訟事件についての裁判手続を定めた法律です。ただし、すべての非訟事件が対象となるものではなく、他の法律で手続が定められているものが多くあります。

■非訟事件とは

非訟事件とは、訴訟事件に対する用語で、民事事件について、裁判所が通常の訴訟手続（終局的な権利義務の確定を目的とする判決）によらず、**簡易な手続で処理をする事件の類型**のことです。

この解決手続を定めた法律が非訟事件手続法です。

■非訟事件手続法

非訟事件手続法は、前記のように非訟事件に関する手続について定めた法律です。

現行の非訟事件手続法は、全5編122条からなる法律で、第1編「総則」、第2編「非訟事件の手続の通則」、第3編「民事非訟事件」、第4編「公示催告事件」、第5編「過料事件」の構成となっています。

第3編「民事非訟事件」の中身をみてみますと、第1章が「裁判上の代位に関する事件」、第2章が「保存、供託等に関する事件」となっていて、本来の非訟事件の一部についての規定しかなく、従前にあった対象事件は改正により多くが削除され、家事事件手続法、労働審判法、会社法、借地非訟事件手続規則などに規定が設けられています。

■非訟事件手続法の改正

平成23年5月19日に、「非訟事件手続法」（改正）および「家事事件手続法」が成立しました（施行日は平成25年1月1日）。

改正後の非訟事件手続法は、参加、記録の閲覧謄写、電話会議システム等による手続、和解等を創設するとともに条文が現代用語の表記となっています。

◎非訟事件手続法の条文の構成

非訟事件手続法

◎**第1編** **総　則** （1条・2条）

◎**第2編** **非訟事件の手続の通則** （3条～42条）

○第1章　総則 （3条・第4条）
○第2章　非訟事件に共通する手続 （5条～42条）
○第3章　第一審裁判所における非訟事件の手続 （43条～65条）
○第4章　不服申立て （66条～82条）
○第5章　再審 （83条・84条）

◎**第3編** **民事非訟事件** （85条～98条）

○第1章　裁判上の代位に関する事件 （85条～91条）
○第2章　保存、供託等に関する事件 （92条～98条）

◎**第4編** **公示催告事件** （99条～118条）

○第1章　通則 （99条～113条）
○第2章　有価証券無効宣言公示催告事件 （114条～118条）

◎**第5編** **過料事件** （119条～122条）

（趣旨）
第1条　この法律は、非訟事件の手続についての通則を定めるとともに、民事非訟事件、公示催告事件及び過料事件の手続を定めるものとする。
（最高裁判所規則）
第2条　この法律に定めるもののほか、非訟事件の手続に関し必要な事項は、最高裁判所規則で定める。
（第2編の適用範囲）
第3条　非訟事件の手続については、次編から第5編まで及び他の法令に定めるもののほか、この編の定めるところによる。
（裁判所及び当事者の責務）
第4条　裁判所は、非訟事件の手続が公正かつ迅速に行われるように努め、当事者は、信義に従い誠実に非訟事件の手続を追行しなければならない。

裁判手続だが
訴訟ではない

非訟事件 1

軽微な事件で迅速な手続

非訟事件の種類と手続

非訟事件手続法①　☞非訟事件手続法は、総則、非訟事件手続の通則、民事
非訟事件、公示催告事件、過料事件について定めている。

■ 非訟事件の種類と手続

非訟事件は、訴訟（判決など）によらない裁判（審判・決定）による事件で、訴訟事件に比べて軽微であり、迅速を要する事件の類型とされています。そのため、時間・手数・費用の点で簡便となっています（簡易迅速主義）。

非訟事件の特長としは、非訟事件は公益があり裁判所に決めてもらうという性質の事件が多いので、裁判所が事実の探知と証拠調べができます（職権探知主義）。

現行の非訟事件手続法は、全5編122条からなる法律ですが、幾多の改正を経ており、家事事件手続法や会社法、信託法などに規定が移り、削除部分が多くあります。

①第1編　総則──この法律の趣旨、および最高裁判所規則への委任規定を設けています。

②第2編　非訟事件の手続の通則──非訟事件手続全体の総則となる規定が置かれています（後述）。他の法律による非訟事件手続についても、原則として本編の規定が適用されます（民事訴訟法の規定が準用される場合もある）。

③第3編　民事非訟事件──民事非訟事件として、「裁判上の代位に関する事件」（第1章）、「保存・供託等に関する事件」（第2章）についての規定があります。
かつてはこの編に、「法人に関する事件」「信託に関する事件」「法人および夫婦財産契約の登記」などがありましたが、法改正により削除され、他の法律に規定が盛り込まれたり、新法が制定されています。

④第4編　公示催告事件──公示催告とは、申立てにより、裁判所が不分明の利害関係人に対する公告をし、権利等の届出の催告を行い（公示催告）、誰からも権利等の届出がされない場合には申立てに係る権利につき失権の効力が生ずる旨の裁判（除権決定）をする手続です（230ジ参照）。

⑤第5編　過料事件──法律違反に対する行政上の秩序罰（行政罰）としての過料を科す手続です。過料事件は本来的には非訟事件には含まれないと考えられますが、非訟事件と関連性を有するものとして、本法に手続規定が置かれています。

■ 非訟事件手続法による手続

非訟事件手続は、以下のとおりです。

①非訟事件の申立ては、申立書を裁判所（原則として、相手方の住所地を管轄する裁判所）に提出します。

②その後、非訟事件の手続の期日に呼出しがあり、裁判長が手続の指揮します。

③裁判所は、職権で事実を調査し、申立てあるいは職権で、必要と認める証拠調べをします。

④裁判所は、非訟事件裁判をするのに熟した時機に、決定で、裁判をします。

⑤決定に不服の場合は、即時抗告（2週間以内）ができます。即時抗告期間を満了により決定が確定します。

非訟事件の手続と種類のしくみ

要旨 非訟事件手続の特色は、職権探知主義と簡易迅速主義にある。裁判所は職権で事実の探知と証拠調べをすることができる。

非訟事件手続の流れ

非訟事件申立人 → 申立て（申立書） → 裁判所

- ・非争論的非訟事件
- ・争論的非訟事件

裁判所：事件により
- ・地方裁判所
- ・簡易裁判所
- ・家庭裁判所

↓

審理
審尋
証拠調べ

専門委員の関与
検察官の関与（過料事件）
※職権主義⇒裁判所の職権による事実調査・証拠調べ

↓

裁判
決定

専門委員の関与
検察官の関与（過料事件）

↓

不服のとき

終局決定から２週間以内
終局決定以外は１週間

↓

即時抗告（高等裁判所） ―― 最高裁判所に特別抗告ができる場合もある

↓

許可抗告（最高裁判所） ―― 高等裁判所が許可したとき

【訴訟との区別】
当事者が主張する権利義務を確定する場合は最終的には訴訟手続によらなければならないが、当事者の権利義務が存在することを前提にその具体的な内容を裁量的に形成する裁判をする場合は、非訟事件によってよい（最高裁判所）。

〔非訟事件の種類〕

【非訟事件手続法に規定があるもの】
○民事非訟事件（第３編）⇒地方裁判所
　・裁判上の代位に関する事件
　・保存、供託等に関する事件
○公示催告事件（第４編）⇒簡易裁判所
　公示催告（裁判上の公示催告で権利の届出を催告するためのもの）事件
○過料事件（第５編）⇒地方裁判所
　過料についての裁判の手続に係る非訟事件

【他の法令に規定があるもの】
○借地非訟事件⇒借地非訴訟事件手続規則（地方裁判所）
○家事審判⇒家事事件手続法（家庭裁判所）
○商事非訴訟事件⇒会社法・商事非訟事件手続規則（地方裁判所）
○その他

手形などが盗難や紛失したときの手続

非訟事件手続① 公示催告

公示後一定期間を
過ぎると無効宣言

☞手形などを盗難あるいは紛失したときには、裁判所に申し立てて公示
催告の手続ができる。届出期間内に届出がないとその手形は無効となる。

1 公示催告とは何か

公示催告は、申立てにより、請求または**権利についての届出をさせるための裁判上**の手続です。

そして、その旨の官報公告がなされ、一定期間内に届出がない場合には、その権利が失権するというものです。

以前は民事訴訟法に規定がありましたが、現在は非訟事件手続法第4編「公示催告事件」で規定しています。

具体的には、手形・小切手などの証券を喪失した場合に、この手続により、公示催告の官報掲載を経て除権決定がなされ、証券の再発行などが行われます。

2 公示催告の手続き

有価証券無効宣言公示催告の申立は、手形・小切手の場合には支払地、株券の場合には株券発行会社の本店所在地を管轄する簡易裁判所に申し立てます。

書式や記載例などが簡易裁判所に通常は用意されていますので、これを使用します。

申立があると、裁判所はその内容を審査し、その証券について官報に公告し、公示催告期日（2カ月以上先）までに、裁判所に権利の届出と証券の提出をするように求めます。

なお、株券については、「株券失効制度」が設けられています。また、新会社法では、株券不発行が原則となっています。

3 除権決定による無効の宣言

公示催告の官報掲載後、公示催告期日に裁判が行われ、裁判所が理由があると認め

たときは、証券の無効を宣言する除権決定をします。

この除権決定によって、申立人は証券の再発行を受ける手続きをとるなどの権利行使ができます。再発行されるまでの期間は、申立後およそ3〜4カ月です。

4 公示催告の申立て

①申立書は簡易裁判所に用意されていますので、窓口で聞いてください。

①申立書には、以下の添付書類が必要です。

　(1)約束手形の振出等証明書

　(2)遺失届または盗難届受理証明書または上申書

　(3)当事者目録

　(4)商業登記事項証明書（会社の場合）

　(5)代理人申請の場合には委任状

②費用

　(1)申立手数料 1000円（収入印紙）

　(2)予納郵券　東京簡裁 2,197円

　(3)予納金　裁判所命令で納付するが、官報掲載料が主なもの。

　　約束手形の数・種類が多く原稿が長文のときは、当然、掲載料は変わる。

　(2)(3)については、申立先の簡易裁判所に尋ねてください。

なお、手形などの有価証券が盗難や紛失したときには、すぐに警察に届出て、関係者にも通知をし、公示催告・除権判決の手続をとるとよいでしょう。また、公示催告は、官報に公告する必要から、除権決定を得るまでには、一定の期間がかかります。

公示催告手続のしくみ

要旨 公示催告は家庭裁判所に申立書を提出し行う。公示催告期間が過ぎると、除権決定がなされ無効宣言がなされる。

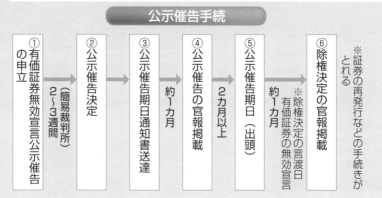

公示催告手続

① 有価証券無効宣言公示催告の申立

↓（簡易裁判所）2〜3週間

② 公示催告決定

↓

③ 公示催告期日通知書送達

↓約1カ月

④ 公示催告の官報掲載

↓2カ月以上

⑤ 公示催告期日（出頭）

↓約1カ月

⑥ 除権決定の官報掲載
　※除権決定の言渡日有価証券の無効宣言

※証券の再発行などの手続きがとれる

　　　　　　　　　　公示催告申立書

収入
印紙

　　　　　　　　　　　　　　　令和○○年○月○日

　○○簡易裁判所　御中

　　　　　　　　　　　住所
　　　　　　　　　　　申立人　甲野　太郎　㊞

　　　　　　　　　申立の趣旨
別紙目録記載約束手形について公示催告を求める。

　　　　　　　　　申立の理由
　申立人は別紙目録記載の約束手形の最後の所持人であるが，令和○○年○○月○○日，……において盗難にあい，同約束手形を喪失し，現在まで発見できないので，除権決定を求めるため公示催告の申立をする。

　　　　　　　　　添付書類
1. 約束手形振出証明書
2. 盗難届受理証明書
3. 商業登記事項証明書

※添付書類の記載省略

⑽　申立用紙は裁判所に用意されているところもあります（裁判所で異なる）。

地主が承諾しないとき

1　借地非訟事件とは

　借地借家法は、借地条件の変更等について、地主の承諾が得られない場合には、裁判所が申立てにより借地条件の変更や増改築等では地主の承諾に代わる許可を与えることができるとしています。この規定を受けて、具体的な手続は借地非訟事件手続規則で定められています。

2　借地非訟事件手続

　非訟事件手続は、民事上の生活関係を助け、また監督するために、裁判所が直接かつ後見的作用を営むための手続きで、その実質は行政作用とみられています。

　借地非訟事件手続は、前記の趣旨により、借地の紛争解決のために、地主と借地人の利害調整のために設けられた手続きで、増改築や借地条件の変更などで、地主が承諾しない場合に、裁判所の許可を得て、地主が承諾したのと同じ効果（地主の承諾に代わる許可）を持たせるものです。

　借地非訟事件手続を申し立てる場合に、一定の事項を記載した申立書が要求されます。

　通常の民事訴訟では、当事者が主張していない事実や訴えていない事項をもとに判決を出すことはできませんが、この手続では、裁判所に広範な裁量が認められ、審理は非公開で行われます。

3　借地非訟事件手続による解決

　以下の場合に申立てができます。

①借地条件変更申立て（借地借家法17条

1項・5項）

②増・改築許可の申立て（17条2項・5項）

③借地契約更新後の再築許可の申立て（18条）

④建物の譲渡に伴う土地賃借権譲渡・転貸借許可申立て（19条1項・7項）

⑤競売・公売に伴う土地賃借権譲受許可申立て（20条1項・5項）

　こうした紛争で、地主の承諾がない場合に、裁判所が地主の承諾に代わる許可を与えるものです。

4　借地非訟事件手続の申立て

　借地非訟事件の申立ては、原則として当該土地を管轄する地方裁判所に対して書面で行います。申立書には、当事者、申立ての趣旨、借地契約の内容等、申立ての理由、当事者間の協議の概要、付随処分に対する意見・希望などを記載します。

　付属書類としては、当事者目録、土地・建物目録、証拠目録が必要です。また、賃貸借契約書、土地登記事項証明書、土地の固定資産評価証明書、当事者が会社であれば商業登記事項証明書などの書類が必要です。

5　申立て後の手続きの流れ

　当事者より借地非訟事件手続きの申立てがあると、裁判所は積極的に借地関係に介入し、解決を図ります。

　具体的には、借地人に借地条件を変更するための地主の承諾に代わる許可を与え、地主に対して一定額を給付することなどの命令をします。

借地非訟事件手続のしくみ

 借地非訟事件には、借地条件変更、増改築、借地契約更新後の建物再築、土地賃借権譲渡・転貸借、競売・公売に伴う土地賃借権譲受の場合がある。

借地非訟事件手続き

借地非訟事件

〔下記の事項で地主が許可しない場合〕
①借地条件変更
②増改築
③借地契約更新後の建物再築
④土地賃借権譲渡・転貸借
⑤競売・公売に伴う土地賃借権譲受

① 借地非訟事件手続の申立て

地方裁判所

※合意があれば借地の所在地の簡易裁判所

② 地主の承諾に代わる許可

地主に対して一定額の給付を命じる・など

増改築許可申立書
（借地借家法第17条第2項）

印紙

○○地方裁判所○○支部
○○簡易裁判所　　　　御中

管轄の合意（簡易裁判所に申し立てるときに記載）
　　1　合意の日　　　令和　年　月　日
　　2　合意の方式　　□　書面　　□　口頭

令和　年　月　日

申　立　人
□　本　　　　　人
□　代　　表　　者　　　　　　　㊞
□　代理人弁護士

　　借地権の目的の土地の価額（数筆あるときはその合計額）
　　　　　金　　　　　　　円
　　上記金額の10分の3
　　　　　金　　　　　　　円
　　　　　貼用印紙　　　　円
　　　　　予納郵券　　　　円
　添付書類
　　　1　申立書副本　　　　　　　通
　　　2　委任状　　　　　　　　　通
　　　3　商業登記事項証明書　　　通
　　　4　固定資産評価証明書　　　通
　　　5　用途地域証明書　　　　　通
　　　6　現場付近の地図　　　　　通

（以下略）

民事調停法

民事事件の調停手続

◆民事調停法は、民事事件の調停手続等（裁判所での話し合いによる解決手続）について規定しています。

■民事調停法とは

民事調停法は、民事に関する紛争について、訴訟によって争うことを避け、条理にかない実情に合った解決を図ることを目的とした法律で、調停の手続等について規定しています。

調停は、裁判所を通して双方が譲り合い、話し合いがついた場合に成立するというもので、その手続等について規定した法律が民事調停法です。

■民事調停法の規定

民事調停法は、第1章「総則」、第2章「特則」、第3章「罰則」の全38条からなる法律で、第1章の総則は第1節「通則」、第2節「民事調停官」に分かれ、第2編の特則は、第1節「宅地建物調停」、第2節「農事調停」、第3節「商事調停」、第4節「鉱害調停」、第5節「交通調停」、第6節「公害調停等」に分かれています。（次ページ参照）

■民事調停法の対象となる事件

対象となる事件は、家事調停の対象となる家事事件および労働関係調整法により労働委員会が調整の対象とする労働事件を除くすべての民事事件です。

多い民事調停の例としては、貸金調停、売買代金調停、交通調停、給料支払調停、賃料調停、建物明渡し調停などがあり、申立書式および記載例も簡易裁判所に用意されています。

なお、借地借家の賃料のトラブルについては、調停前置主義がとられていますので、訴訟前に調停が必要です。

また、民事調停の特例として特定調停法（248ページ参照）があります。

◎民事調停の条文の構成

民事調停法

◎第1章　総　則　　　　　　　　（1条〜23条の5）

○第1節　通則　（1条〜23条）
○第2節　民事調停官　（23条の2〜23条の5）

◎第2章　特　則　　　　　　　　（24条〜33条の3）

○第1節　宅地建物調停　（24条〜24条の3）
○第2節　農事調停　（25条〜30条）
○第3節　商事調停　（31条）
○第4節　鉱害調停　（32条・33条）
○第5節　交通調停　（33条の2）
○第6節　公害等調停　（33条の3）

◎第3章　罰　則　　　　　　　　（34条〜第38条）

（この法律の目的）
第1条　この法律は、民事に関する紛争につき、当事者の互譲により、条理にかない実情に即した解決を図ることを目的とする。
（調停事件）
第2条　民事に関して紛争を生じたときは、当事者は、裁判所に調停の申立てをすることができる。
（管轄）
第3条　調停事件は、特別の定めがある場合を除いて、相手方の住所、居所、営業所若しくは事務所の所在地を管轄する簡易裁判所又は当事者が合意で定める地方裁判所若しくは簡易裁判所の管轄とする。
　2　調停事件は、日本国内に相手方（法人その他の社団又は財団を除く。）の住所及び居所がないとき、又は住所及び居所が知れないときは、その最後の住所地を管轄する簡易裁判所の管轄に属する。
　3　調停事件は、相手方が法人その他の社団又は財団（外国の社団又は財団を除く。）である場合において、日本国内にその事務所若しくは営業所がないとき、又はその事務所若しくは営業所の所在地が知れないときは、代表者その他の主たる業務担当者の住所地を管轄する簡易裁判所の管轄に属する。
　4　調停事件は、相手方が外国の社団又は財団である場合において、日本国内にその事務所又は営業所がないときは、日本における代表者その他の主たる業務担当者の住所地を管轄する簡易裁判所の管轄に属する。

裁判所（調停委員会）での話し合いによる合意

民事調停の手続

調停委員会で
話し合う

☞民事調停は、民事事件について裁判所でお互いが話し合い譲歩して合意する穏やかな紛争解決手続。

１　民事調停とは何か

調停は、紛争当事者が裁判所に調停の申立てをして、裁判所の仲介（調停委員会）により話し合いで紛争を解決する手続です。あくまで話し合いによる紛争解決手続ですので、訴訟よりも温和な解決手続と言えます。

この調停には、民事調停と家事調停があります。民事調停では、家庭内の問題や刑事事件など除く、ほとんどの紛争について、裁判所に申立てができます。

２　民事調停の手続

一般調停事件の場合、相手方の住所地を管轄する簡易裁判所（当事者の合意がある場合は地方裁判所ても可）に調停の申立てをします。

調停申立て後に、「調停前の措置の申立」をすることにより、現状の変更または目的物の処分の禁止、その他調停の内容である事項の実現を不能または著しく困難にする行為の排除を命じてくれます。

調停の申立て後に、調停期日の呼出しの通知があり、調停期日に当事者は裁判所に出頭することになります。調停期日に病気などでどうしても出頭することができない場合は、担当の裁判所書記官に連絡すれば、事件によっては家族や会社の従業員などが代理人として認められることもありますし、調停期日を変更してくれることもあります。

調停は、調停委員会（通常、裁判官１名、

調停委員２名）の仲裁により月に１回程度、数回の話し合いが持たれます。

そして、事件につづいて双方の合意が成立すれば調停調書が作成され、調停手続は終了します。

なお、調停委員会を組織せず、裁判官１人で調停を行う場合もあります。また、民事調停官（弁護士で５年以上その職にあった者から最高裁判所が任命）が調停事件を取り扱う場合もあります。

３　調停の成立・不成立

双方の合意ができ調停が成立すると、調停調書が作成され調停手続は終了します。

この調停調書には確定判決と同一の効力があり、調停調書に記載された内容を相手が守らないときには強制執行ができます。

調停委員会が合意の見込みがないと判断した場合には、調停の不成立となり事件は終了します。なお、調停に代わる決定がなされる場合があります（240ﾍﾟｰｼﾞ参照）。

調停が不成立の場合は、訴訟を含む他の解決法を検討することになります。

４　民事調停のメリット・デメリット

民事調停による解決は、裁判所を通しての話し合いによる解決法で、訴訟による判決よりは穏やかで費用も安くてすみます。ただし、調停が不成立に終われば、訴訟などの他の手段を検討することになります。したがって、話し合いで解決することが困難と思われる紛争については、初めから訴訟を起こした方がよいかもしれません。

民事調停のしくみ

要旨 裁判所の民事調停委員会で話し合いが持たれ、合意ができたら調停調書が作成される。

民事調停の流れ

トラブルの発生

紛争の種類

○貸金・立替金
○売買代金
○給料・報酬
○請負代金・修理代金
○家賃・地代の支払
○敷金・保証金の返還

○損害賠償（交通事故ほか）
○建物・部屋の明渡し
○土地・建物の登記
○クレジットローンの問題
※家庭内のトラブル（離婚や相続など）は家事事件として家庭裁判所が取り扱う

受付

簡易裁判所

受付窓口

 説明

受付では、調停手続の概要や申立ての方法の説明を受けることができる

申立て

受付に申立書（定型の申立て用紙が備え付けてあるのでこれに記入）を提出する

調停期日

調停主任裁判官　書記官

申立人　話し合いによるトラブル解決　相手方

調停委員　調停委員

・民事調停は裁判所の調停委員会の仲介によって、相手とのトラブルを解決する手段。
・調停委員会は裁判官と民間から選ばれた2人以上の調停委員で組織される。
・調停委員会は、調停期日に関係者からトラブルの実情を聴いて最も妥当な解決方法を考え、これを当事者に勧める。

話し合いによって合意に達した場合

調停成立

合意の内容は調停調書に記載され、判決と同じ効力がある

合意

話し合いによる合意ができない場合

不成立

訴訟など

申立書は裁判所に用意されている

民事調停の申立て

病気で字が書けない等の場合は窓口で相談

☞一般調停事件は申立書（裁判所に備え付けてある）に所定の事項を記載し、簡易裁判所（合意管轄もある）に提出。

1 民事調停の申立書の書き方

民事調停の申立ては、民事調停の申立書を裁判所に提出することにより行います。

したがって、まず、申立書の用紙を用意することから始めなければなりません。

調停の申立書は裁判所に用意されていますので、調停を申し立てる裁判所で入手するとよいでしょう。記載されたサンプル（記載例）も用意されていますので、それも入手してください。また、窓口では、記載方法や手続相談にも応じてくれますので、申立てでわからないことがあれば相談するとよいでしょう。

法文上、記載事項は、①当事者および法定代理人、②申立ての趣旨および紛争の要点、となっています（民事調停法4条2項）が、申立用紙の記載項目に沿って書けば問題はありません。

なお、申立書のサンプルを次㌻に掲載しましたので参照してください。

2 添付書類

・当事者が法人の場合：商業登記事項証明書　1通
・当事者が未成年の場合：親権者を証明する戸籍全部事項証明書　1通
・言い分を裏付ける証拠書類（契約書等）がある場合は、その写し等を提出

3 申立書等の提出

一般調停の申立先は、原則として、相手方の住所地を管轄する簡易裁判所です（合意により地方裁判所に申し立てることもできる）。

申立てに必要なものは、以下のとおりです。
①申立書
②申立手数料
③相手方に書類を送るための郵便切手（予納郵券）
④添付書類等

②の申立手数料は、訴訟手数料の半額で、収入印紙て納めます（手数料については263㌻参照）。また、③の予納郵券については、裁判所により異なりますので、申し立てる簡易裁判所で聞いてください。

4 民事調停の相手方の対応

民事調停の相手方には、裁判所から調停期日の呼出状がきます。この日に、出頭する必要があります。そこで、紛争の実情を直接聞かれることになりますので、呼出状に申立書の副本等が同封されている場合は、よく読んで、言い分等を整理しておく必要があります。

やむを得ない事情で、どうしても調停期日に裁判所に出頭できない場合は、本人に代わって代理人を出頭させることができますが、弁護士または認定司法書士以外の者を代理人とする場合（家族、会社の従業員など）には、裁判所に申し出て許可（代理人許可申請書）を得る必要があります。

また、病気や遠方に住んでいるなどの事情のある場合は、期日を変更してくれる場合もありますので、担当の裁判所書記官に相談するとよいでしょう。

民 事 調 停 申 立 書 のしくみ

 一般調停事件は、原則として相手方の住所を管轄する簡易裁判所に申立書を提出する（持参または郵送）。

〔民事調停申立書（立替金の例）〕 ※東京簡易裁判所の書式による

調停事項の価額 ちょう用印紙 予納郵便切手		受 付 印
<div style="text-align:center">調 停 申 立 書 ○○簡易裁判所御中</div>		
作成年月日	令和○○年○月○日	
申 立 人	〒○○○―○○○○　東京都○○区○○一丁目2番3号 山　田　太　郎　㊞ （電話番号　○○―○○○○―○○○○） （ＦＡＸ　　　○○―○○○○―○○○○）	
相 手 方	〒△△△―△△△△　東京都△△区△△四丁目5番6号 山　野　春　男 （電話番号　△△―△△△△―△△△△） （ＦＡＸ　　　○○―○○○○―○○○○）	
申立の趣旨	相手方は申立人に対して、200万円及びこれに対する令和○○年○月○日から支払済みまで年5分の割合による金員を、支払うこと。	
紛争の要点	別紙記載のとおり	
<div style="text-align:center">上記のとおり調停を求めます。</div>		

紛争の要点（下記のとおり）	（別紙）
1　…………………………… 2　…………………………… 3　……………………………	
	添付書類 　　　　　　通 　　　　　　通 　　　　　　通

コメント

①本書式は簡易裁判所に備え付けられている申立て用紙を利用。

②申立書には次の事項を記載する。

(1)裁判所の表示　申し立てる裁判所。

(2)申立年月日　調停の申立をする年月日。

(3)当事者の表示　申立人および相手方の住所・氏名。法人の場合、本店および営業所の所在地、法人の名称、代表者の氏名。当事者が未成年者などで訴訟能力がない人の場合には、法定代理人の住所・氏名も記載する。また、代理人が申立てをするときは、代理人の住所・氏名。

(4)申立の趣旨　申立人が紛争となっている事件について、どういう解決を望んでいるのかを記載。

(5)紛争の要点　どのような事情で、どのような紛争になり、どう解決して欲しいかを簡潔に記載。

(6)申立人の署名または記名・押印　申立人（代理人）は署名または記名・押印する。押印する印鑑は認印でよい。

(7)添付書類の名を記載。

239

あくまで話し合いなんだ

民事調停

3

合意できれば成立、できなければ不成立

民事調停の成立と不成立

民事調停法③ ☞調停委員会で合意ができると、合意の内容が調書に
記載され調停は成立する。

1 民事調停の成立

調停委員会の仲裁・解決案の提示などにより、紛争当事者間に合意ができると調停は成立し、調停調書が作成されます。

この調停調書には、調停条項が記載されています。これが、調停で合意した内容です。

調停調書は、訴訟での判決と同一の効力があり、相手が調停条項に記載された内容を実行しない場合には、調停調書を債務名義（強制執行ができることを公的に証明する書面）として、相手の財産に対して強制執行（強制執行については156ダ以下参照）ができます。

例えば、調停条項に、「令和○○年○月○日に200万円を弁済する。」とあれば、その日に返済できなければ、調停条項を守らなかったことになり、調停調書を債務名義として相手の不動産や動産、給与などの債権に対して強制執行ができるのです。

2 調停で合意ができない場合

調停では、お互いの意見が折り合わず、解決の見込みがない場合には、手続を打ち切ります。

ただし、裁判所は調停委員会の意見を聴き、当事者双方のために衡平に考慮し、一切の事情を考慮して、職権で当事者双方の申立ての趣旨に反しない限度で、事件解決のために必要な決定をすることができます（これを「調停に代わる決定」という）。この決定に双方が異議がなければ決定は確定

しますが、適法な異議の申立て（2週間以内）がなされると、その決定は失効します。

合意できないと調停は不成立となり、調停手続は終了します。

このように、調停はあくまで話し合いによる解決法で、双方が合意しなければ成立しません。事件の内容や相手の見極めも必要です。

3 調停の不成立と対策

調停が成立しなかった場合に、紛争を解決するためには他の手段を考えなくてはなりません。裁判手続による紛争の解決を望むのであれば、訴訟を起こすことができます。

訴訟は、紛争の対象となっている金額（訴額）が140万円以下の場合は簡易裁判所、140万円を超える場合には地方裁判所に起こすことになります。

調停不成立（調停打ち切り）の通知を受けてから2週間以内に同じ紛争について訴訟を起こすと、調停申立ての際に納めた手数料の額は、訴訟の手数料の額から差し引くことができます。

訴訟を起こす場合の手続については、簡易裁判所の担当の裁判所書記官に聞くとよいでしょう。

なお、どうしても訴訟をしたくないというのであれば、弁護士に頼んで裁判外の和解を試みる、あるいは裁判外の紛争解決（ADR）機関で、示談のあっせんや仲裁をしてもらうなどの方法もあります。

民事調停の成立・不成立 のしくみ

 要旨 調停調書は訴訟上の和解と同一の効力があり、不成立だと訴訟などの他の手段を考えることになる。

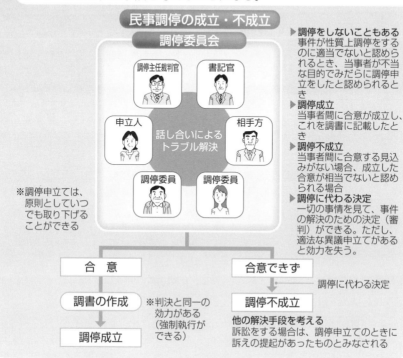

民事調停の成立・不成立

調停委員会

調停主任裁判官　書記官

申立人　話し合いによる　相手方
トラブル解決

調停委員　調停委員

※調停申立ては、原則としていつでも取り下げることができる

▶**調停をしないこともある**
事件が性質上調停をするのに適当でないと認められるとき、当事者が不当な目的でみだりに調停申立をしたと認められるとき

▶**調停成立**
当事者間に合意が成立し、これを調書に記載したとき

▶**調停不成立**
当事者間に合意する見込みがない場合、成立した合意が相当でないと認められる場合

▶**調停に代わる決定**
一切の事情を見て、事件の解決のための決定（審判）ができる。ただし、適法な異議申立てがあると効力を失う。

合　意　　　　　　　　　**合意できず**

調停に代わる決定

調書の作成　※判決と同一の効力がある（強制執行ができる）

調停不成立

他の解決手段を考える
訴訟をする場合は、調停申立てのときに訴えの提起があったものとみなされる

調停成立

第3部　民事訴訟の関連法

第4章　民事調停法

調停条項　　　　　　　　　　（参考：貸金の例）

1　申立人は、相手方に対し、申立人が相手方から令和○○年○月○日に借り受けた金□□□万□□□□円の残債務として金□□万□□□□円（残元金の□□万□□□□円、遅延損害金□万□□□□円）の支払義務のあることを認める。

2　申立人は、相手方に対し、前項の金員を次のとおり分割して相手方に持参または株式会社○○銀行○○支店の相手方普通預金口座（番号○○○○○○）に振り込んで支払う。

　1．令和○○年○月から令和○○年○月まで毎月末日限り金□□□□円ずつ

　2．令和○○年○月末日限り金□□□□円

3　申立人が前記の支払を怠り、その額が金1万円に達したときは、期限の利益を失い、申立人は相手方に対し、ただちに残額及びこれに対する期限の利益を失った日の翌日から完済に至るまで、年□□パーセントの割合による遅延損害金を支払う。

4　当事者双方は、本調停条項で定めるもののほか、何らの債権債務がないことを相互に確認する。

5　調停費用は各自の負担とする。

　　　　　　　　　　　　　　　　　　　　　　　　　　　　　　以　上

第5章

破産・再生 （債務整理）関連法

破産法・民事再生法・特定調停法

◆個人の債務（借金など）の整理手続を規定している法律には、①特定調
停法、②民事再生法、③破産法の３つがあります。

■債務整理に関する法律

〔破産法〕債務（借金）整理の最後の手段である自己破産の手続等について定めています。破産手続開始の申立て、破産手続開始決定により債務者は破産者となりますが、免責の許可を得れば、借金の支払義務はなくなります。

自己破産の申立人に財産があれば、競売等により換価されて債権者に配当されます。しかし、これといった財産がなければ、破産手続開始決定と同時に破産手続は廃止（同時廃止）となり、手持ちの財産を失うこともありません。

〔民事再生法〕経済的に苦境にある法人および個人の救済を目的とする制度です。個人破産には、小規模個人再生、給与所得者等再生の手続があり、大幅に債務が減額される他、これと合わせて住宅資金貸付債権に関する特則を利用すれば、住宅を失うことなく再生が可能です。

〔特定調停法〕正式名称は「特定債務等の調整の促進のための特定調停に関する法律」で、支払不能に陥るおそれのある債務者等の経済的再生を目的として、調停により利害関係の調整を行うものです。利息制限法の利率で計算し直し、その減額した債務について一定の金額を一定期間返済することにより、その後の支払いは免除するなどの調停がなされます。なお、貸金業法の改正により、現在は利息制限法の金利が貸金業者にも適用となり、高金利だった頃のようには利用されていないようです。

なお、会社（法人）にも倒産処理等の手続法として、破産法や民事再生法の適用があり、また、会社更生法もありますが、本章での解説は省略しました。

◎破産・再生（債務整理）関連法の条文の構成

※次ページ以下の項目では、上記法令の中の個人の債務の部分（会社等除く）について解説

これは破綻型
の債務整理

破産・再生

1

破産法

破産法による債務整理

支払不能または債務超過にある場合

☞破産は、支払不能にある人、債務超過にある会社が裁判所に
申し立てて、債務者の財産を清算して債権者に配当する破産手続。

■ 自己破産による債務の整理

破産とは、債務者（借金している人）が経済的に破綻し、債務を完全に弁済することができなくなった場合（支払不能）に、債務者の生活に欠くことのできないもの（差押禁止財産）を除く全財産をお金に換え、すべての債権者に対して債権額に応じて公平に弁済することを目標とする裁判上の手続きを言います。

破産は、債権者の方からも申し立てることができますが、債務者自らが申し立てる破産のことを自己破産と言います。また、消費者金融等の利用者などの個人破産を、一般的に消費者破産と言います。

② 自己破産の手続の概略

自己破産は、債務者（借金をしている人）本人が破産の申立てをすることです。自己破産手続の概略は以下のとおりです。

①破産手続開始の申立て

破産の申立ては、債務者の住所地を管轄する地方裁判所に破産・免責申立書（添付書類も必要）を提出して行います。

②破産手続開始の決定

破産手続開始の申立てがあると、裁判所は破産原因（「支払不能の状態」にあるかどうか）を審理しますが、通常、審尋のために1回の出頭をしなければなりません。そうして、破産原因があると認められると、破産手続開始の決定がなされ、債務者（申立人）は破産者となります。破産者は、弁護士や公認会計士などの一定の職業に就け

ないなどのデメリットがあります。

その際に、破産者の財産が少なく、これを金銭に換えても、破産手続の費用にも足りないことが明らかな場合には同時廃止となり、破産手続は終了し、破産者は財産を失うことはありません。

また、財産がある場合には管財人が選任されます。管財人が選任されると、財産の差押え・処分・換金・配当といった破産手続が進行することになります。ただし、生活必需品や現金等99万円までは差し押さえることはできません。

③免責許可の申立て 破産手続開始の申立時に、免責許可の申立てもしますので、破産手続開始が決定した後に再度する必要はありません。また、破産手続開始の申立時に免責許可の申立てをしなくても申立てをしたとみなされます。

ただし、何らかの事情で免責許可の申立てを拒否していたなどの事情かあれば、破産手続開始決定が確定してから1カ月以内に免責許可の申立てをする必要があり、管財人が選任されて破産手続が行われた場合には、破産終結決定までに免責許可の申立てをします。

④免責 免責許可に当たっては、裁判所が本人を審尋するなどして、一定の事実を調べ、免責不許可事由がなければ許可の決定をします。免責許可の決定が出され、それが確定すると、借金はなくなり、破産者としての身分からも解放（復権）されます。

破　産　手　続のしくみ

要旨 破産は個人の破産と会社の破産があり、いずれは地方裁判所に申し立てる。このうち、債務者が申し立てる破産を自己破産という。

自己破産（個人）手続の流れ

※破産は債権者より申立てもできる

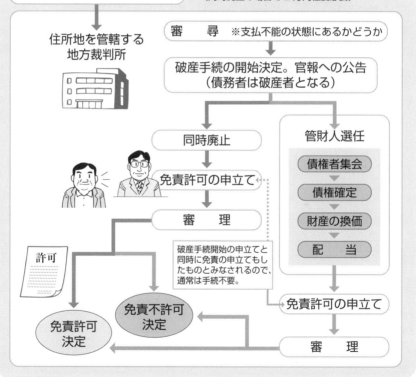

申立人
債務者
（借金）

支払不能の状態にある
　具体的には、自分の全財産を当てても、
　全ての借金を返済できなくなった場合

破産手続開始・免責の申立て　※手数料 1500 円＋予納金＋予納郵券
（同時廃止の場合で 2 万円程度必要）

住所地を管轄する
地方裁判所

審　尋　※支払不能の状態にあるかどうか

破産手続の開始決定。官報への公告
（債務者は破産者となる）

同時廃止

免責許可の申立て

審　理

許可

破産手続開始の申立てと
同時に免責の申立てもし
たものとみなされるので、
通常は手続不要。

管財人選任
債権者集会
債権確定
財産の換価
配　当

免責許可の申立て

審　理

免責許可
決定

免責不許可
決定

（目的）
破産法・第 1 条　この法律は、支払不能又は債務超過にある債務者の財産等の清算に関する手続を定めること等により、債権者その他の利害関係人の利害及び債務者と債権者との間の権利関係を適切に調整し、もって債務者の財産等の適正かつ公平な清算を図るとともに、債務者について経済生活の再生の機会の確保を図ることを目的とする。

2

経済的に窮境の状況にある債務者の再生手続

民事再生法による債務整理

これは再生型の手続

☞民事再生による再生手続は、会社・個人が利用でき、個人の場合は住宅を手放すことなく再生が可能。

1 民事再生による借金整理

民事再生は、債務者の経済的再生を図ることが目的で、減額した返済金を一定期間返済（返済計画）することにより、その余の債務を免除するというものです。

民事再生には、「一般の民事再生（会社・個人）」個人版である「小規模個人再生」、「給与所得者等再生」、「住宅資金貸付債権の特則」があります。

ここでは、個人再生について解説します。

2 小規模個人再生手続

小規模個人再生は、小売店や農家など継続的にまたは反復して収入を得る見込みがあり、債務総額が 5000 万円（住宅ローンなど抵当権で担保されている負債等を除いた額）を超えない個人債務者が対象です。

手続の概略は、①再生手続開始の申立（債務者）→②手続開始の決定（裁判所）→③再生開始決定の公告（債権の調査）→④再生計画案の提出（債務者）→⑤再生計画案の債権者決議（書面で可）→⑥再生計画の認可（裁判所）→⑦再生計画の遂行（債権者への弁済）、となります。

再生計画案における返済額は、小規模個人再生の最低返済基準をクリアしなければなりません。

再生手続開始の申立ては、債務者の住所地を管轄する地方裁判所に申立書および添付書類を提出して行います。申立費用は手数料1万円、それに予納金（官報公告費用など）および予納郵券（連絡用）が必要です。

3 給与所得者等再生手続

給与所得者等再生手続が利用できる人は小規模個人再生の要件（住宅ローンを除く負債が 5000 万円を超えない等）に該当する人のうち、給与または給与に類する定期的な収入を得る見込みがあり、かつその額の変動幅が小さいと見込まれる人です。

手続の概略および手数料等は、前記の小規模個人再生とほぼ同様ですが、⑤の「再生計画案の債権者決議（書面）」が、給与所得者等再生では「再生計画案の意見聴取」でよいとされています。

また、再生計画案における返済額は給与所得者等再生の最低返済基準をクリアしなければなりません。

4 住宅資金貸付債権の特則

住宅資金貸付債権の特別条項を定めることにより、生活の基盤である住宅を確保し、住宅ローンの返済猶予・延長により（減額・免除はない）、再生を図ることを目的とする制度です。再生計画に特別条項を設ける方法で行われます。

手続は、①再生手続開始の申立てにおいて住宅資金特別条項を定める旨を記載して提出→②再生手続開始→④別枠で住宅資金特別条項を定めた再生計画案を裁判所に提出→⑤裁判所の認可、となります。

こうして、他の一般債権については減免を受けながら、住宅ローンについては弁済計画（減免なし）に従い返済していくことになります。

民 事 再 生 手 続 のしくみ

 民事再生手続の個人版には、小規模個人再生、給与所得者等再生、それにこの再生計画に住宅資金特別条項を定める特則がある。

民事再生手続（個人版）の流れ

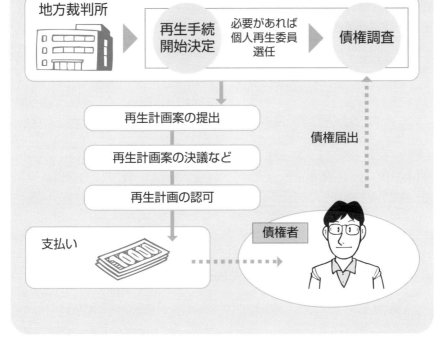

申立人　経済的に窮境（多額の借金があり困っている）の状態にある人

再生手続開始決定の申立て　※手数料1万円＋予納金＋予納郵券（裁判所で確認のこと）

地方裁判所 ▶ **再生手続開始決定** 必要があれば個人再生委員選任 ▶ **債権調査**

再生計画案の提出

再生計画案の決議など

再生計画の認可

支払い

債権届出

債権者

（目的）
民事再生法・第1条 この法律は、経済的に窮境にある債務者について、その債権者の多数の同意を得、かつ、裁判所の認可を受けた再生計画を定めること等により、当該債務者とその債権者との間の民事上の権利関係を適切に調整し、もって当該債務者の事業又は経済生活の再生を図ることを目的とする。

3

民事調停の特例であくまで話し合い

特定調停法による債務整理

☞特定調停は民事調停の特例にあたり、裁判所において双方が話し合いによる借金整理法。

利息制限法による
借金の見直しなど

① 特定調停による借金整理手続

特定調停による整理は、裁判所を通してする債務整理です。方法としては、利息制限法の金利で計算をし直し、減額して分割返済をします。

特定調停は、支払不能に陥るおそれのある場合に申立てが可能で、通常、簡易裁判所に申し立てます。簡易裁判所で話し合いが持たれ、双方が合意すれば、調停成立です。合意ができなければ、調停は不成立で終わります。

② 特定調停の特色

特定調停の手続では、当事者（申立人および金融業者などの債権者）に債務の内容や返済状況などを明らかにする義務を負わせています。

また、調停委員会が、事件に関係のある文書（契約書や帳簿など）の提出を求めたり、特定調停の円滑な進行を妨げるおそれがある場合に強制執行を停止できます。

③ 特定調停の内容

特定調停では、以下の内容についての調停が行われます。

①金銭債務の内容の変更…元本の一部放棄、利息・損害金の減免、返済期間の変更等

②担保関係の変更…担保権の一部放棄、担保不動産の差し替え等

③その他の金銭債務に係る利害関係の調整…保有する不動産の処分、保証人の保証債務に関する調整等

④ 特定調停の手続

〔特定調停の申立て〕特定調停の申立ては、相手方（債権者）の住所地を管轄する簡易裁判所に特定調停の申立書を提出して行います。添付書類が多くありますので、事前に相談に行って、手続や書類について聞くとよいでしょう。申立用紙や特定債務者の資料等も裁判所に用意されています。

〔調停期日の呼出し〕調停の申立てをすると、申立て後に裁判所から当事者に対して呼出しがあります。その日を調停期日といいます。

この期日に出頭するとき、調停委員会が申立人の生活や収入の状況、これからの返済方法などについて聞き、相手方の考えも聞きながら、債務の確定や残っている債務をどのように支払っていくかなどの双方の意見を調整していきます。

〔調停の成立〕調停委員のこうした調整の結果、双方が合意したら、調停調書が作成されます。調停調書には調停条項が記載されます。この調停調書は確定判決（訴訟における判決）と同一の効力があり、調書に記載された内容のとおりに返済をしなければ、強制執行されることもあります。

〔調停の不成立〕調停が不成立の場合は、別の方法で債務整理を考えることになりますが、その方法としてはすでに解説した自己破産や民事再生があります。

なお、費用は申立手数料（500円 × 債権者数）と予納郵券が必要です。

特定調停手続のしくみ

 要旨　特定調停の申立ては、原則として、相手方の住所地を管轄する簡易裁判所に特定調停申立書を提出して行う。

特定調停手続の流れ

申立人
（特定債務者）

・支払不能に陥るおそれのある人
・事業の継続に支障をきたすことなく
　債務の返済が困難な人
・債務超過におそれのある法人

特定調停の申立て

簡易裁判所　受付窓口 ▶ 相　談 ▶ 特定調停申立書　申立て

（東京簡易裁判所の場合）
申立手数料⇒相手方1人(社)につき500円
予納郵券⇒相手方1人(社)につき420円分

呼出し

簡易裁判所
調停期日

・残債務の確定
・返済計画の検討
・調停案の提示

特定債務者　債権者

調停委員会

話合いがつかない

調停調書

調停成立
申立人は、合意した
内容に従い返済　調停調書

不成立　　他の方法を考える

※調停委員会は、裁判官と調停委員2人で構成される。申立人（特定債務者）の生活状況や収入、今後の返済方法などについて聴取した上で、相手方（債権者）の意向を聞き、残った債務をどう払っていくか双方の意見を調整し、話し合いがつくように努力する。

（目的）
特定調停法・第1条　この法律は、支払不能に陥るおそれのある債務者等の経済的再生に資するため、民事調停法（昭和26年法律第222号）の特例として特定調停の手続を定めることにより、このような債務者が負っている金銭債務に係る利害関係の調整を促進することを目的とする。

仲裁法・ADR法

裁判外紛争解決手続

◆裁判によらない紛争を解決する手続等を定めた法律として仲裁法・裁判外紛争解決の利用の促進に関する法律（ADR法）があります。

■裁判外での紛争解決

紛争が起きた場合、裁判で解決しようとすると結構な時間や手間・費用（弁護士費用など含む）がかかります。

従来から裁判によらない紛争解決法としては弁護士などが行う和解（示談）がありますが、こうした裁判外での迅速な解決を後押しをするためにあるのが仲裁法やADR法です。

■仲裁法とは何か

仲裁は、紛争当事者の合意で仲裁人に判断を委ねて紛争を解決する方法です。この仲裁についての手続きを定めているのが仲裁法です。

仲裁法は、民事紛争解決のための手続きの一つである仲裁手続に関する内容を定めた新法です（平成16年1月1日施行）。

この手続きによりなされた裁定（仲裁判断）は、原則として、判決と同様の効力があります。

■ ADR法とは何か

ADRは、Alternativet Dispute Resolution（裁判外紛争解決手続）の略で、ADR法の正式名称は「裁判外紛争解決手続の利用の促進に関する法律」です。平成16年12月1日に公布、平成19年4月1日に施行されています。

ADRは、厳格な裁判制度に適さない紛争の解決手段として、今後多くの利用が見込まれる裁判外紛争解決（仲裁、調停、斡旋など）を促進することで、国民がより身近に司法制度を利用できるようにすることを目的としています。

この法律により、多くの認証ADR機関が誕生しています。

◎仲裁法・ADR 法の条文の構成

仲裁法

仲裁法 (1条～55条)

- ○第1章　総則 (1条～12条)
- ○第2章　仲裁合意 (13条～15条)
- ○第3章　仲裁人 (16条～22条)
- ○第4章　仲裁廷の特別の権限 (23条・24条)
- ○第5章　仲裁手続の開始及び仲裁手続における審理 (25条～35条)
- ○第6章　仲裁判断及び仲裁手続の終了 (36条～43条)
- ○第7章　仲裁判断の取消し (44条)
- ○第8章　仲裁判断の承認及び執行決定 (45条・46条)
- ○第9章　雑則 (47条～49条)
- ○第10章　罰則 (50条～55条)

裁判外紛争解決の利用の促進に関する法律 (1条～34条)

- ○第1章　総則 (1条～4条)
- ○第2章　認証紛争解決手続の業務 (5条～24条)
  - 第1節　民間紛争解決手続の業務の認証 (5条～13条)
  - 第2節　認証紛争解決事業者の業務 (14条～19条)
  - 第3節　報告等 (20条～24条)
- ○第3章　認証紛争解決手続の利用に係る特例 (25条～27条)
- ○第4章　雑則 (28条～31条)
- ○第5章　罰則 (32条～34条)

※「裁判外紛争解決の利用の促進に関する法律」は「ADR 法」とも呼ばれる。

1

仲裁による解決法

仲裁法①

☞仲裁は、紛争当事者が合意により仲裁人に判断をゆだね、その仲裁人の判断には従うという紛争解決手続。

仲裁人が裁定（判断）する

1 仲裁とは

仲裁とは、国語辞典によれば、「争っている人の間に入り、双方を和解させること」などとなっています。仲裁法による仲裁は、当事者の双方が仲裁裁定に従うことを約束し、仲裁判断を仰ぐというもので、仲裁人（委員）のなした裁定（判断）には、原則として当事者双方が従うことになります。

2 仲裁法の規定の内容（一部のみ）

▷定義：仲裁合意（２条１項）…民事上の紛争の全部又は一部の解決を１人又は２人以上の仲裁人にゆだね、かつ、その判断（仲裁判断）に服する旨の合意のこと。

▷仲裁の対象等（13条）…仲裁（合意）は、法令に別段の定めがある場合を除き、当事者が和解をすることができる民事上の紛争（離婚又は離縁の紛争を除く。）を対象とする。（１項）

▷仲裁合意と本案訴訟（14条）…仲裁合意の対象となる民事上の紛争について訴えが提起されたときは、受訴裁判所は、被告の申立てにより、訴えを却下しなければならない（原則）。（１項）

▷仲裁手続の開始及び時効の完成猶予及び更新（29条）…仲裁手続における請求は時効完成猶予及び更新の効力を生じる（原則）。（２項）

▷和解（38条）…仲裁廷は、仲裁手続の進行中において、仲裁手続に付された民事上の紛争について当事者間に和解が成立し、かつ、当事者双方の申立てがある

ときは、当該和解における合意を内容とする決定をすることができる。（１項）

▷仲裁判断書（39条）…仲裁判断をするには、仲裁判断書を作成し、これに仲裁判断をした仲裁人が署名しなければならない。ただし、仲裁廷が合議体である場合には、仲裁廷を構成する仲裁人の過半数が署名し、かつ、他の仲裁人の署名がないことの理由を記載すれば足りる。（１項）

▷仲裁判断の承認（45条）…仲裁判断は、確定判決と同一の効力を有する。ただし、当該仲裁判断に基づく民事執行をするには、次条〈仲裁判断の執行決定〉の規定による執行決定がなければならない。（１項）

▷仲裁判断の執行決定（46条）…仲裁判断に基づいて民事執行をしようとする当事者は、債務者を被申立人として、裁判所に対し、執行決定（仲裁判断に基づく民事執行を許す旨の決定）を求める申立てをすることができる。（１項）

▷消費者と事業者との間に成立した仲裁合意に関する特例（附則３条）…消費者は、消費者仲裁合意を解除することができる。ただし、消費者が当該消費者仲裁合意に基づく仲裁手続の仲裁申立人となった場合は、この限りでない。（２項）

▷個別労働関係紛争を対象とする仲裁合意に関する特例（附則４条）…当分の間、…将来において生ずる個別労働関係紛争）を対象とするものは、無効とする。

仲裁手続のしくみ

要旨 仲裁の手続は、紛争当事者双方の仲裁判断に服する旨の合意、仲裁人の選定、仲裁廷での審理のための出廷、仲裁判断となる。

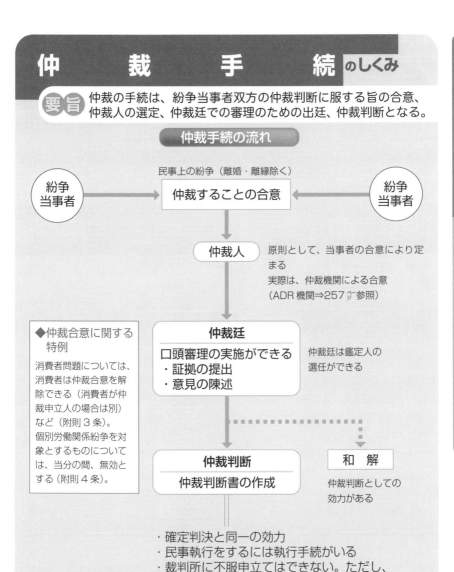

仲裁手続の流れ

民事上の紛争（離婚・離縁除く）

紛争当事者 → 仲裁することの合意 ← 紛争当事者

↓

仲裁人　原則として、当事者の合意により定まる
実際は、仲裁機関による合意
（ADR機関⇒257㌻参照）

↓

仲裁廷
口頭審理の実施ができる
・証拠の提出
・意見の陳述

仲裁廷は鑑定人の選任ができる

◆仲裁合意に関する特例
消費者問題については、消費者は仲裁合意を解除できる（消費者が仲裁申立人の場合は別）など（附則3条）。
個別労働関係紛争を対象とするものについては、当分の間、無効とする（附則4条）。

↓

仲裁判断
仲裁判断書の作成

和　解
仲裁判断としての効力がある

↓

・確定判決と同一の効力
・民事執行をするには執行手続がいる
・裁判所に不服申立てはできない。ただし、仲裁判断の取消しができる場合がある

（趣旨）
仲裁法・第1条　仲裁地が日本国内にある仲裁手続及び仲裁手続に関して裁判所が行う手続については、他の法令に定めるもののほか、この法律の定めるところによる。
（定義）
第2条　この法律において「仲裁合意」とは、既に生じた民事上の紛争又は将来において生ずる一定の法律関係（契約に基づくものであるかどうかを問わない。）に関する民事上の紛争の全部又は一部の解決を1人又は2人以上の仲裁人にゆだね、かつ、その判断（以下「仲裁判断」という。）に服する旨の合意をいう。
（2項以下略）

仲裁機関に対する仲裁の申立てが多い

仲裁機関の活用

いろんな仲裁機関があるね

☞仲裁人は誰でもよいが、法律により定まっている場合があり、これを利用することで専門家の仲裁判断を受けられる。

① 仲裁機関

仲裁人については、仲裁法には規定はなく、したがって、原則として、誰もがなれるということになります。しかし、仲裁法の規定する手続を行う必要があり、素人ではまず無理でしょう。

仲裁人には、弁護士や元裁判官・公認会計士・弁理士などの有資格者がなっているようです。

仲裁機関は、仲裁と名のつく機関としては、弁護士会の仲裁センター、日本知的財産仲裁センター、日本スポーツ仲裁機構などかあり、この他にも、ＡＤＲ機関で仲裁が行われています（ＡＤＲ機関については次項参照）。

また、行政型に分類される公害調停委員会、中央建設工事紛争委員会による仲裁もあります。

② 仲裁手続

仲裁手続は、仲裁法の規定により手続は行わなければなりませんので、この部分についての手続きはどの機関でも共通しています。

弁護士会の仲裁センターの仲裁を例にとれば、手続の概略は以下のとおりです。
①仲裁センターの受付に相談
②仲裁人の選任
③仲裁合意（仲裁人の判断にしたがって紛争を解決してよいという双方の合意）の成立
④仲裁期日に出席（紛争についての双方の主張・口頭審理）
⑤仲裁判断（仲裁判断書の作成）

仲裁手続においては、通常、３回程度の期日で解決がなされるよう努力がなされますので、早期解決が可能です。

また、仲裁において和解をすることもできます。和解にあたっては、和解契約書が作成されます。

手数料は、東京第一弁護士会の仲裁センターを例にとれば、申立時に１万1000円（消費税含む）、仲裁の日に期日手数料として１期日5500円（消費税含む）、成立手数料として、解決額に応じた金額を当事者双方が支払います。

これらの費用は、弁護士に依頼して訴訟をする場合に比べると割安になっています。

③ 仲裁での注意点

上記の弁護士会の仲裁センターでは、法律で仲裁の対象となっている民事紛争の全般を取り扱いますが、日本知的財産仲裁センターでは、知的財産の紛争しか取り扱いません。紛争相手の会社が加盟している業界団体が運営している機関もあります。どこに仲裁の申立てをするかの検討も必要です。

また、仲裁は、仲裁人が仲裁判断を下しますが、この仲裁判断に不服でも、不服申立てができませんので注意が必要です。

さらに、仲裁判断には、確定判決と同じ効力があり、仲裁判断書で強制執行もできます（執行判決が必要）。債務を負っている側は要注意です。

弁護士会の仲裁センター のしくみ

要旨 仲裁は迅速で柔軟な紛争解決手続。ただし、裁定は仲裁人による判断で、裁判は原則としてできない。

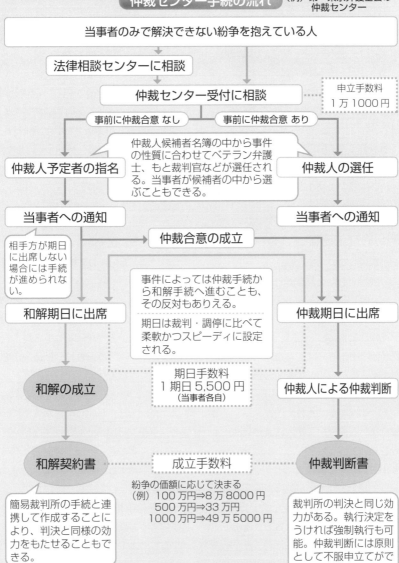

仲裁センター手続の流れ (例) 第一東京弁護士会の仲裁センター

当事者のみで解決できない紛争を抱えている人

法律相談センターに相談

仲裁センター受付に相談

申立手数料 1万1000円

事前に仲裁合意 なし　　事前に仲裁合意 あり

仲裁人候補者名簿の中から事件の性質に合わせてベテラン弁護士、もと裁判官などが選任される。当事者が候補者の中から選ぶこともできる。

仲裁人予定者の指名　　仲裁人の選任

当事者への通知　　当事者への通知

仲裁合意の成立

相手方が期日に出席しない場合には手続が進められない。

事件によっては仲裁手続から和解手続へ進むことも、その反対もありえる。

期日は裁判・調停に比べて柔軟かつスピーディに設定される。

和解期日に出席　　仲裁期日に出席

期日手数料 1期日5,500円（当事者各自）

和解の成立　　仲裁人による仲裁判断

和解契約書　　成立手数料　　仲裁判断書

紛争の価額に応じて決まる
(例) 100万円⇒8万8000円
500万円⇒33万円
1000万円⇒49万5000円

簡易裁判所の手続と連携して作成することにより、判決と同様の効力をもたせることもできる。

裁判所の判決と同じ効力がある。執行決定をうければ強制執行も可能。仲裁判断には原則として不服申立てができない。

参考資料：第一東京弁護士会

ADR 機関による紛争解決手続

安くて
早いよ………

☞ADR（裁判外紛争解決）機関は多くあり、専門家が
和解・斡旋・仲裁手続による迅速な紛争解決を行う。

① ADR 法

ＡＤＲ法（裁判外紛争解決手続の利用の促進に関する法律）は、第１章「総則」、第２章「認証紛争解決手続の業務」、第３章「認証紛争解決手続の利用に係る特例」、第４章「雑則」、第５章「罰則」、の全５章、合計34条からなる法律です。

ＡＤＲ法１条は、この法律の目的として「…裁判外紛争解決手続についての基本理念及び国等の責務を定めるとともに、民間紛争解決手続の業務に関し、認証の制度を設け、併せて時効の完成猶予等に係る特例を定めてその利便の向上を図ること等…」と規定しています。

この法律で最も重要な部分は、和解（あっせん・調停）を行う民間事業者に、法務大臣が認証する制度を設けて、この認証業者が行う仲介業務については、時効の中断、訴訟手続の中止等の特別の法的効果が与えられます。また、認証業者は報酬を受けることもできます。

なお、仲裁業務はＡＤＲ法による認証の対象ではありません。仲裁には仲裁法による時効中断などの法的効果があるためです。

② ADR 機関と業務

ＡＤＲ機関が行う業務には、トラブルに関する相談、あっせん、調停、仲裁があり、相談やあっせんのみの場合もあります。

〔あっせん〕あっせんとは、第三者が紛争当事者の間に入って、争点を確かめ、助言をして、紛争が当事者の妥協によって解決

されるよう世話をすることを言います。あっせんにより、話し合いがつけば、通常は、示談書が作成されます。

〔調停〕調停は、第三者の仲介によって、当事者の意見を聞いて、和解・示談が成立するように努力することとされています。

通常、調停案が受諾されれば調停は成立し、受諾されなければ、調停は不調となり、調停は終了します。

〔仲裁〕仲裁は、当事者の双方が仲裁裁定に従うことを約束し、仲裁判断を仰ぐというものです（詳細は前項を参照）。

③ ADR 機関の利用

今日では多くのＡＤＲ機関があり、利用に当たっては、以下の点に注意してください。

①ＡＤＲ（裁判外紛争解決手続）機関の利用では、どのような紛争処理の方法が用意されているかを確認してください。相談のみの場合もあれば、仲裁裁定を行う場合もあります。

②その機関の特長も知っておく必要があります。例えば、（公財）交通事故紛争処理センターによる交通事故の損害賠償のあっせん案に対しては、被害者は不満であれば示談する必要はありませんが、保険会社は従うことになっています。

③ＡＤＲは、行政や裁判所・弁護士会が運営するものから各種の業界団体が運営するものまでさまざまです。中には、偽のＡＤＲ機関もあるかもしれません。頼む前に調べることです。

ADR（裁判外紛争解決手続）のしくみ

 要旨 ADR は、裁判所の裁判外手続（調停手続）、行政が運営するもの（建設紛争審査会など）、弁護士会の紛争解決センター、民間団体によるものなどがある。

ADR 法の概要

| ①裁判外紛争解決手続の基本理念
②国等の責務 | 国民の理解の増進、関係者間の連携強化 |

民間紛争解決業務の認証制度（申請は任意）

①認証業務であることの独占表示	国民に「手続の選択目安」を提供
②専門家による裁判外紛争解決手続の実施	専門家が活用できる体制の充実
③裁判外紛争解決手続の申立てによる時効の中断	時効によって権利を失うこと等の不利益を心配することなく、裁判外紛争解決手続の和解交渉を行うことができる環境の整備
④裁判外紛争解決手続を行う場合の訴訟手続の中止	
⑤離婚協議等の調停前置主義の不適用	

裁判外紛争解決手続を充実・活性化

国民の多様な紛争解決ニーズに対応し、裁判外での紛争解決を促進

● ● ● ADR 機関（一部のみ）● ● ●

〈行政関係〉
経済産業省消費者相談室
建設工事紛争審査会
独立行政法人国民生活センター（紛争解決委員会）
全国の消費生活センター
東京都消費者被害救済委員会　など
〈弁護士会など法律専門家関係〉
弁護士会法律相談センター
弁護士会紛争解決センター
公益財団法人日弁連交通事故相談センター
日本知的財産仲裁センター

東京土地家屋調査士会境界紛争解決センター
公益財団法人住宅リフォーム・紛争処理支援センター　など
〈業界団体関係〉
一般社団法人全国銀行協会（あっせん委員会）
一般社団法人生命保険協会（生命保険相談所）
一般社団法人日本損害保険協会（そんぽ ADR センター）
一般社団法人クレジット協会
一般財団法人家電製品 PL センター
一般財団法人自動車製造物責任相談センター　など

（目的）

裁判外紛争解決手続の利用の促進に関する法律・第１条　この法律は、内外の社会経済情勢の変化に伴い、裁判外紛争解決手続（訴訟手続によらずに民事上の紛争の解決をしようとする紛争の当事者のため、公正な第三者が関与して、その解決を図る手続をいう。以下同じ。）が、第三者の専門的な知見を反映して紛争の実情に即した迅速な解決を図る手続として重要なものとなっていることにかんがみ、裁判外紛争解決手続についての基本理念及び国等の責務を定めるとともに、民間紛争解決手続の業務に関し、認証の制度を設け、併せて時効の完成猶予等に係る特例を定めてその利便の向上を図ること等により、紛争の当事者がその解決を図るのにふさわしい手続を選択することを容易にし、もって国民の権利利益の適切な実現に資することを目的とする。

法テラス　日本司法支援センター（総合法律支援法）

◼ 1　法テラスとは

平成16年に成立した「総合法律支援法」は、全国どこでも法による紛争解決に必要な情報やサービスの提供が受けられる社会を目指して、制定された法律です。この法律により、日本司法支援センター（愛称「法テラス」、以下同じ）が設立されました。

法テラスは独立行政法人型で、最高裁判所等が運営に関与する法人として発足し、平成18年10月2日より業務が開始され、すでに多くの人が利用しています。

◼ 2　法テラスの業務の概要

① 情報の提供

紛争の解決に役立つ法制度の紹介がなされます。また、法律サービスを提供する関係機関等の情報を集約して、無料で提供されています。ただし、情報提供業務では、個々のトラブルの内容についての法律判断がなされることはなく、解決方法や相談先の情報が提供されるだけです。

② 民事法律扶助

民事法律扶助は、従来、㈶法律扶助協会が行ってきた業務を法テラスが引き継ぐ形で行われています。

（1）法律相談援助

資力の乏しく法律相談が必要な人に対して、弁護士・認定司法書士による無料法律相談。下記の援助を希望する場合にも、法律相談が必要です。

（2）代理援助

裁判や調停、交渉などで専門家の代理が必要な場合に、弁護士・認定司法書士を紹介し、その費用の立替えが行われます。ただし、援助を受けるためには、審査があります。

（3）書類作成援助

自分で裁判を起こす場合に、裁判所に提出する書類の作成を行う弁護士・司法書士を紹介し、その費用の立替え。援助を受けるための要件は、（2）の代理援助の場合と同様です。

なお、（2）（3）の援助は、あくまで立替えですので、契約に従って返済していくことになります。

③ その他の業務

その他の業務としては、（1）犯罪被害者の支援、（2）国選弁護士確保等業務、があります。

◼ 3　悩まずに、まずは「法テラス」に電話を

法テラスでは、コールセンターを設けて、全国からの問い合わせに応じています。ここでは、紛争解決手続きや解決機関の紹介などの業務が行われています。ただし、紛争について、法律的にどうなるかなどの、法律相談に応じるものではありませんので注意して

ください。電話をすれば、解決の糸口は確実に得ることができます。

また、民事法律扶助を受けたい場合も、まず、相談してください。

※総合法律支援法

「総合法律支援法」は、司法改革の一環として、平成16年の通常国会で成立した法律です。

この法律は、国民が裁判その他の法による紛争の解決のための制度の利用をより容易にするとともに弁護士等のサービスをより身近に受けられるよう総合的な支援をしようというものです。

具体的には、その一つとして、前記のとおり「日本司法支援センター（愛称＝法テラス）」が設立され、相談の受付け、司法過疎対策、民事法律扶助、公的刑事弁護、犯罪被害者支援の事業が行われています。

◆裁判所のインターネットによる情報提供

裁判所はインターネットによる情報の提供を行っています。

情報の提供は幅広く、裁判に関する情報（司法統計年報など）や最近の判例、裁判手続、各地の裁判所の所在地などの情報が掲載されています。

訴訟の提起や調停等の管轄裁判所も分かりますし、手続の仕方や申立書などの書式も掲載されています。

「裁判所」で検索することができます。

〔法テラス連絡先〕

本　部	☎	0503383-5333
（コールセンター）		
	☎	0570-078374
札　幌	☎	0503383-5555
宮　城	☎	0503383-5535
福　島	☎	0503383-5540
山　形	☎	0503383-5544
岩　手	☎	0503383-5546
秋　田	☎	0503383-5550
青　森	☎	0503383-5552
東　京	☎	0503383-5300
神奈川	☎	0503383-5360
埼　玉	☎	0503383-5375
千　葉	☎	0503383-5381
茨　城	☎	0503383-5390
栃　木	☎	0503383-5395
群　馬	☎	0503383-5399
静　岡	☎	0503383-5400
山　梨	☎	0503383-5411
長　野	☎	0503383-5415
新　潟	☎	0503383-5420
愛　知	☎	0503383-5460
三　重	☎	0503383-5470
岐　阜	☎	0503383-5471
福　井	☎	0503383-5475
石　川	☎	0503383-5477
富　山	☎	0503383-5480
大　阪	☎	0503383-5425
京　都	☎	0503383-5433
兵　庫	☎	0503383-5440
奈　良	☎	0503383-5450
滋　賀	☎	0503383-5454
和歌山	☎	0503383-5457
広　島	☎	0503383-5485
山　口	☎	0503383-5490
岡　山	☎	0503383-5491
鳥　取	☎	0503383-5495
島　根	☎	0503383-5500
香　川	☎	0503383-5570
徳　島	☎	0503383-5575
高　知	☎	0503383-5577
愛　媛	☎	0503383-5580
福　岡	☎	0503383-5501
佐　賀	☎	0503383-5510
長　崎	☎	0503383-5515
大　分	☎	0503383-5520
熊　本	☎	0503383-5522
鹿児島	☎	0503383-5525
宮　崎	☎	0503383-5530
沖　縄	☎	0503383-5533

（主なもののみ）

各種の訴訟関連費用

民事訴訟の費用等に関する法律など

◆訴訟等においては、費用がいくらかかるかの事前の検討が必要です。こうした費用については、法律や規程などで定められています。ただし、弁護士費用等は、各弁護士（弁護士法人）が定めるとしています。

■訴訟等の費用の規定

裁判所に申し立てる手数料については、「**民事訴訟費用等に関する法律**」で手数料の額が決められています。これはあくまで、裁判所に納める手数料で、この他に、通常は**予納金**（必要でない場合もある）および連絡用の**予納郵券**が必要となります。

また、証拠調べで証人の証言や鑑定が必要なとき、その費用も負担しなせればなりません。さらに裁判所に納める手数料等以外にも、弁護士に依頼するときの**弁護士費用**、契約書を公正証書にする場合の公証人の手数料、強制執行をする場合の**執行官**への手数料などがかかります。

こうした手数料（報酬）について、目安があったり、規程があったりしますので、事前確認が重要です。

■訴訟等による紛争解決の経済学

債権（貸金）の200万円を回収するために訴訟をする場合について考えてみましょう。

貸金200万円の訴訟で裁判所に納める手数料は1万5000円です。これに予納郵券が必要です。この場合、弁護士に頼むとしたら弁護士費用がかかります。

もっとも勝訴すれば、訴訟費用は相手方が負担することになりますが、弁護士費用は原則として申立人本人の負担となります（不法行為〈交通事故など〉の損害賠償請求では裁判所が認容した額の10％が認められる）。

要は、訴訟をしなければ一銭も回収できないのですから、訴訟費用＋請求額の全額分が戻らなくても仕方がない、ということの覚悟が必要です。

◎民事訴訟の費用（手数料）等の法律・規程

◆民事訴訟の費用等に関する法律

- ○第1章　総則（1条・2条）
- ○第2章　裁判所に納める費用（3条〜17条）
  - 第1節　手数料（3条〜10条）
  - 第2節　手数料以外の費用（11条〜13条の2）
  - 第3節　費用の取立て（14条〜17条）
- ○第3章　証人等に対する給付（18条〜28条の2）
- ○第4章　雑則（29条・30条）

- ▷公証人手数料⇒公証人手数料令
- ▷執行官手数料⇒執行官手数料及び費用に関する規則
- ▷契約書に貼る印紙代⇒印紙税法
- ▷弁護士費用⇒規程なし。各弁護士（法人）が定める
- ▷司法書士⇒規程なし。各司法書士（法人）が定める

＊民事訴訟費用等に関する法律（抜粋）

（趣旨）
第1条　民事訴訟手続、民事執行手続、民事保全手続、行政事件訴訟手続、非訟事件手続、家事審判手続その他の裁判所における民事事件、行政事件及び家事事件に関する手続（以下「民事訴訟等」という。）の費用については、他の法令に定めるもののほか、この法律の定めるところによる。

（申立ての手数料）
第3条　別表第一の上欄に掲げる申立てをするには、申立ての区分に応じ、それぞれ同表の下欄に掲げる額の手数料を納めなければならない。

（2項〜4項略）

（訴訟の目的の価額等）
第4条　別表第一において手数料の額の算出の基礎とされている訴訟の目的の価額は、民事訴訟法第8条第1項及び第9条の規定により算定する。
　2　財産権上の請求でない請求に係る訴えについては、訴訟の目的の価額は、160万円とみなす。財産権上の請求に係る訴えで訴訟の目的の価額を算定することが極めて困難なものについても、同じとする。
　3　一の訴えにより財産権上の請求でない請求とその原因である事実から生ずる財産権上の請求とをあわせてするときは、多額である訴訟の目的の価額による。

（4項〜7項略）

（裁判所書記官が保管する記録の閲覧、謄写等の手数料）
第7条　別表第二の上欄に掲げる事項の手数料は、同表の下欄に掲げる額とする。

■別表第1（第3条、第4条関係申立手数料）

項	事　項	申立ての手数料
1	訴え（反訴を除く。）の提起	訴訟の目的の価額に応じて、次に定めるところにより算出して得た額 (1)　訴訟の目的の価額が100万円までの部分 　　その価額10万円までごとに　1000円 (2)　訴訟の目的の価額が100万円を超え500万円までの部分 　　その価額20万円までごとに　1000円 (3)　訴訟の目的の価額が500万円を超え1000万円までの部分 　　その価額50万円までごとに　2000円

項	事　項	申立ての手数料
		(4)　訴訟の目的の価額が 1000 万円を超え 10 億円までの部分 　　その価額 100 万円までごとに　3000 円 (5)　訴訟の目的の価額が 10 億円を超え 50 億円までの部分 　　その価額 500 万円までごとに　1 万円 (6)　訴訟の目的の価額が 50 億円を超える部分 　　その価額 1000 万円までごとに　1 万円
2	控訴の提起（4 の項に掲げるものを除く。）	1 の項により算出して得た額の 1.5 倍の額
3	上告の提起又は上告受理の申立て（4 の項に掲げるものを除く。）	1 の項により算出して得た額の 2 倍の額
4	請求について判断をしなかつた判決に対する控訴の提起又は上告の提起若しくは上告受理の申立て	2 の項又は 3 の項により算出して得た額の 2 分の 1 の額
5	請求の変更	変更後の請求につき一の項（請求について判断した判決に係る控訴審における請求の変更にあつては、2 の項）により算出して得た額から変更前の請求に係る手数料の額を控除した額
6	反訴の提起	1 の項（請求について判断した判決に係る控訴審における反訴の提起にあつては、2 の項）により算出して得た額。ただし、本訴とその目的を同じくする反訴については、この額から本訴に係る訴訟の目的の価額について 1 の項（請求について判断した判決に係る控訴審における反訴の提起にあつては、2 の項）により算出して得た額を控除した額
7	民事訴訟法第 47 条第 1 項若しくは第 12 条又は民事再生法（平成 11 年法律第 225 号）第 138 条第 1 項若しくは第 2 項の規定による参加の申出	1 の項（請求について判断した判決に係る控訴審又は上告審における参加にあつては 2 の項又は 3 の項、第一審において請求について判断し、第二審において請求について判断しなかつた判決に係る上告審における参加にあつては 2 の項）により算出して得た額
8	再審の訴　(1)　簡易裁判所に提起するもの えの提起	2000 円
	(2)　簡易裁判所以外の裁判所に提起するもの	4000 円
8 の 2	仲裁法（平成 15 年法律第 138 号）第 44 条第 1 項又は第 46 条第 1 項の規定による申立て	4000 円
9	和解の申立て	2000 円
10	支払督促の申立て	請求の目的の価額に応じ、1 の項により算出して得た額の 2 分の 1 の額
11	イ　不動産の強制競売若しくは担保権の実行としての競売の申立て、債権の差押命令の申立てその他裁判所による強制執行若しくは競売若しくは収益執行の申立て（11 の 2 の項イに掲げる申立て及び民事執行法第 153 条第 2 項（これを準用し、又はその例による場合を含む。）の規定による差押命令の申立てを除く。）又は金銭債権の差押処分の申立て ロ　強制管理の方法による仮差押えの執行の申立て	4000 円
11 の 2	イ　民事執行法第 167 条の 15 第 1 項、第 171 条第 1 項、第 172 条第 1 項若しくは第 173 条第 1 項の強制執行の申立て又は同法第 197 条第 1 項若しくは第 2 項の財産開示手続実施の申立て ロ　民事保全法（平成元年法律第 91 号）の規定による保全命令の申立て ハ　行政事件訴訟法（昭和 37 年法律第 139 号）の規定による執行停止の申立て又は仮の義務付け若しくは仮の差止めの申立て ニ　不動産登記法（平成 16 年法律第 123 号）第 108 条第 1 項の規定による申立てその他の登記又は登録に係る法令の規定による仮登記又は仮登録の仮処分命令の申立て又は申請	2000 円
12	破産手続開始の申立て（債権者がするものに限る。）、更生手続開始の申立て、特別清算開始の申立て、外国倒産処理手続の承認の申立て、責任制限手続開始の申立て、責任制限手続拡張の申立て又は企業担保権の実行の申立て	2 万円
12 の 2	再生手続開始の申立て	1 万円
13	借地借家法第 41 条の事件の申立て又は同条の事件における参加の申出（申立人として参加する場合に限る。）	借地借家法第 17 条第 2 項の規定による裁判を求めるときは借地権の目的である土地の価額の 10 分の 3 に相当する額を、その他の裁判を求めるときは借地権の目的である土地の価額を基礎とし、その額に応じて、次に定めるところにより算出して得た額

項	事　項	申立ての手数料
		(1)　基礎となる額が 100 万円までの部分 　　　その額 10 万円までごとに　400 円 (2)　基礎となる額が 100 万円を超え 500 万円までの部分 　　　その額 20 万円までごとに　400 円 (3)　基礎となる額が 500 万円を超え 1000 万円までの部分 　　　その額 50 万円までごとに　800 円 (4)　基礎となる額が 1000 万円を超え 10 億円までの部分 　　　その額 100 万円までごとに　1200 円 (5)　基礎となる額が 10 億円を超え 50 億円までの部分 　　　その額 500 万円までごとに　4000 円 (6)　基礎となる額が 50 億円を超える部分 　　　その額 1000 万円までごとに　4000 円
13の2	借地借家法第 41 条の事件の申立ての変更	変更後の申立て13の項により算出して得た額から変更前の申立てに係る手数料の額を控除した額
14	民事調停法による調停の申立て又は労働審判法による労働審判手続の申立て	調停又は労働審判を求める事項の価額に応じて、次に定めるところにより算出して得た額 (1)　調停又は労働審判を求める事項の価額が 100 万円までの部分 　　　その価額 10 万円までごとに　500 円 (2)　調停又は労働審判を求める事項の価額が 100 万円を超え 500 万円までの部分 　　　その価額 20 万円までごとに　500 円 (3)　調停又は労働審判を求める事項の価額が 500 万円を超え 1000 万円までの部分 　　　その価額 50 万円までごとに　1000 円 (4)　調停又は労働審判を求める事項の価額が 1000 万円を超え 10 億円までの部分 　　　その価額 100 万円までごとに　1200 円 (5)　調停又は労働審判を求める事項の価額が 10 億円を超え 50 億円までの部分 　　　その価額 500 万円までごとに　4000 円 (6)　調停又は労働審判を求める事項の価額が 50 億円を超える部分 　　　その価額 1000 万円までごとに　4000 円
14の2	民事調停法による調停の申立て又は労働審判法による労働審判手続の申立ての変更	変更後の申立てにつき 14 の項により算出して得た額から変更前の申立てに係る手数料の額を控除した額
15	家事事件手続法別表第一に掲げる事項についての審判の申立て又は同法の規定による参加の申出（申立人として参加する場合に限る。）	800 円
15の2	家事事件手続法別表第二に掲げる事項についての審判、同法第 244 条に規定する事件についての調停若しくは国際的な子の奪取の民事上の側面に関する条約の実施に関する法律第 32 条第 1 項に規定する子の返還申立事件の申立て又はこれらの法律の規定による参加の申出（申立人として参加する場合に限る。）	1200 円
16	イ　仲裁法第 12 条第 2 項、第 16 条第 3 項、第 17 条第 2 項から第 5 項まで、第 19 条第 4 項、第 20 条、第 23 条第 5 項又は第 35 条第 1 項の規定による申立て、非訟事件手続法の規定により裁判を求める申立て、配偶者からの暴力の防止及び被害者の保護等に関する法律（平成 13 年法律第 31 号）第 10 条第 1 項から第 4 項までの規定による申立て、国際的な子の奪取の民事上の側面に関する条約の実施に関する法律第 122 条第 1 項の規定による申立てその他の裁判所の裁判を求める申立てで、基本となる手続が開始されるもの（第 9 条第 1 項若しくは第 3 項又は第 10 条第 2 項の規定による申立て及びこの表の他の項に掲げる申立てを除く。） ロ　非訟事件手続法の規定による参加（13 の項に掲げる参加を除く。）の申出（申立人として参加する場合に限る。）	1000 円
17	イ（イ）　民事訴訟法の規定による特別代理人の選任の申立て、弁護士でない者を訴訟代理人に選任することの許可を求める申立て、忌避の申立て、訴訟引受けの申立て、秘密記載部分の閲覧等の請求をすることができる者を当事者に限る決定を求める申立て、その決定の取消しの申立て、裁判所書記官の処分に対する異議の申立て、訴えの提起前における証拠収集の処分の申立て、訴えの提起前における証拠保全の申立て、受命裁判官若しくは受託裁判官の裁判に対する異議の申立て、手形訴訟若しくは小切手訴訟の	500 円

項	事　項	申立ての手数料
	終局判決に対する異議の申立て、少額訴訟の終局判決に対する異議の申立て又は同法の規定による強制執行の停止、開始若しくは続行を命じ、若しくは執行処分の取消しを命ずる裁判を求める申立て （ロ）　非訟事件手続法又は国際的な子の奪取の民事上の側面に関する条約の実施に関する法律の規定による忌避の申立て、特別代理人の選任の申立て、弁護士でない者を手続代理人に選任することの許可を求める申立て、裁判所書記官の処分に対する異議の申立て、これらの法律の規定による強制執行の停止、開始若しくは続行を命じ、若しくは執行処分の取消しを命ずる裁判を求める申立て又は受命裁判官若しくは受託裁判官の裁判に対する異議の申立て （ハ）　家事事件手続法の規定による忌避の申立て、特別代理人の選任の申立て、弁護士でない者を手続代理人に選任することの許可を求める申立て、裁判所書記官の処分に対する異議の申立て、同法の規定による強制執行の停止、開始若しくは続行を命じ、若しくは執行処分の取消しを命ずる裁判を求める申立て、受命裁判官若しくは受託裁判官の裁判に対する異議の申立て、財産の管理に関する処分の取消しの申立て、不在者の財産の管理に関する処分の取消しの申立て、遺産の管理に関する処分の取消しの申立て又は義務の履行を命ずる審判を求める申立て ロ　執行裁判所の執行処分に対する執行異議の申立て、民事執行法第十三条第一項の代理人の選任の許可を求める申立て、執行文の付与の申立てに関する処分に対する異議の申立て、同法第 36 条第 1 項若しくは第 3 項の規定による強制執行の停止若しくは続行を命じ、若しくは執行処分の取消しを命ずる裁判を求める申立て、同法第 41 条第 2 項の規定による特別代理人の選任の申立て、同法第 47 条第 4 項若しくは第 49 条第 5 項の規定による裁判所書記官の処分に対する異議の申立て、執行裁判所に対する配当要求、同法第 55 条第 1 項の規定による売却のための保全処分若しくは同条第五項の規定によるその取消し若しくは変更の申立て、同法第 56 条第 1 項の規定による地代等の代払の許可を求める申立て、同法第 62 条第 3 項若しくは第 64 条第 6 項の規定による裁判所書記官の処分に対する異議の申立て、同法第 68 条の 2 第 1 項の規定による買受けの申出をした差押債権者のための保全処分の申立て、同法第 77 条第 1 項の規定による最高価買受申出人若しくは買受人のための保全処分の申立て、同法第 78 条第 6 項の規定による裁判所書記官の処分に対する異議の申立て、同法第 83 条第 1 項の規定による不動産の引渡命令の申立て、同法第 115 条第 1 項の規定による船舶国籍証書等の引渡命令の申立て、同法第 117 条第 1 項の規定による強制競売の手続の取消しの申立て、同法第 118 条第 1 項の規定による船舶の航行の許可を求める申立て、同法第 127 条第 1 項の規定による差押物の引渡命令の申立て、少額訴訟債権執行の手続における裁判所書記官の執行処分に対する執行異議の申立て、少額訴訟債権執行の手続における裁判所書記官に対する配当要求、同法第 167 条の 15 第 3 項の規定による申立て、同法第 172 条第 2 項の規定による申立て、同法第 187 条第 1 項の規定による担保不動産競売の開始決定前の保全処分若しくは同条第 4 項の規定によるその取消しの申立て又は同法第 190 条第 2 項の動産競売の開始の許可の申立て ハ　民事保全法の規定による保全異議の申立て、保全取消しの申立て、同法第 27 条第 1 項の規定による保全執行の停止若しくは執行処分の取消しを命ずる裁判を求める申立て、同法第 42 条第 1 項の規定による保全命令を取り消す決定の効力の停止を命ずる裁判を求める申立て又は保全執行裁判所の執行処分に対する執行異議の申立て 二　参加（破産法、民事再生法、会社更生法（平成 14 年法律第 154 号）、金融機関等の更生手続の特例等に関する法律（平成 8 年法律第 95 号）、船舶の所有者等の責任の制限に関する法律（昭和 50 年法律第 94 号）又は船舶油濁損害賠償保障法（昭和 50 年法律第 95 号）の規定による参加及び 7 の項、13 の項、15 の項、15 の 2 の項又は 16 の項に掲げる参加を除く。）の申出又は申立て	

項	事　項		申立ての手数料
	ホ　破産法第186条第1項の規定による担保権消滅の許可の申立て、同法第192条第3項の規定による商事留置権消滅の許可の申立て、同法第248条第1項の規定による免責許可の申立て若しくは同法第256条第1項の規定による復権の申立て、民事再生法第148条第1項の規定による担保権消滅の許可の申立て、行政事件訴訟法の規定による執行停止決定の取消しの申立て、若しくは仮の義務付け若しくは仮の差止めの決定の取消しの申立て労働組合法（昭和24年法律第174号）第27条の20の規定による申立て、配偶者からの暴力の防止及び被害者の保護等に関する法律第16条第3項若しくは第17条第1項の規定による申立て、借地借家法第44条第1項ただし書の規定による弁護士でない者を手続代理人に選任することの許可を求める申立て、労働審判法第4条第1項ただし書の規定による弁護士でない者を代理人に選任することの許可を求める申立て、特定債務等の調整の促進のための特定調停に関する法律第7条第1項若しくは第2項の規定による民事執行の手続の停止若しくは続行を命ずる裁判を求める申立て、人事訴訟法（平成15年法律第109号）第39条第1項の規定による申立て、特許法（昭和34年法律第121号）第105条の4第1項若しくは第105条の5第1項の規定による申立て、著作権法（昭和45年法律第48号）第114条の6第1項若しくは第114条の7第1項の規定による申立て又は不正競争防止法（平成5年法律第47号）第10条第1項若しくは第11条第1項の規定による申立て ヘ　執行官の執行処分又はその遅怠に対する執行異議の申立て ト　最高裁判所の規則の定めによる申立てのうちイ又はロに掲げる申立てに類似するものとして最高裁判所が定めるもの		
18	抗告の提起又は民事訴訟法第337条第2項、非訟事件手続法第77条第2項、家事事件手続法第97条第2項若しくは国際的な子の奪取の民事上の側面に関する条約の実施に関する法律第111条第2項の規定による抗告の許可の申立て	(1)　11の2の項、15の項、15の2の項又は16の項に掲げる申立てについての裁判（抗告裁判所の裁判を含む。）に対するもの	それぞれの申立ての手数料の額の1.5倍の額
		(2)　13の項に掲げる申立て又は申出についての裁判（不適法として却下したものを除き、抗告裁判所の裁判を含む。）に対するもの	13の項により算出して得た額の1.5倍の額
		(3)　民事保全法の規定による保全抗告	11の2の項ロに掲げる申立手数料の額の1.5倍の額
		(4)　1）から3）まで以外のもの	1000円
19	民事訴訟法第349条第1項、非訟事件手続法第83条第1項、家事事件手続法第103条第1項若しくは国際的な子の奪取の民事上の側面に関する条約の実施に関する法律第119条第1項の規定による再審の申立て又は同法第117条第1項の規定による終局決定の変更の申立て		1500円

　この表の各項の左欄に掲げる申立てには、当該申立てについての規定を準用し、又はその例によるものとする規定による申立てを含むものとする。

■別表第二（第7条関係＝記録の閲覧・謄与等の手数料）

項	事　項	手数料
1	事件の記録の閲覧、謄写又は複製（事件の係属中に当事者等が請求するものを除く。）	1件につき150円
2	事件の記録の正本、謄本又は抄本の交付	用紙1枚につき150円
3	事件に関する事項の証明書の交付	1件につき150円（事件の記録の写しについて原本（事件の記録が電磁的記録で作成されている場合にあつては、当該電磁的記録に記録された情報の内容を書面に出力したときのその書面。以下同じ。）の記載と相違ない旨の証明に係るものについては、原本10枚までごとに150円）
4	執行文の付与	1通につき300円

◆弁護士報酬等基準額

〔日本弁護士連合会会規第20号「報酬等基準規程」による〕
〈参考資料〉平成16年4月1日以降廃止

※現在、弁護士報酬は各弁護士（弁護士法人）が決めます

① 法律相談料等

	法 律 相 談 料・書 面 に よ る 鑑 定 料
法律相談	初回市民法律相談料 　30分ごとに5000円～1万円の範囲内の一定額 一般法律相談料 　　　30分ごとに5000円以上2.5万円以下
書面による鑑定	10万円～30万円の範囲内の一定額

② 民事事件（着手金・報酬金）

<table>
<tr><th>事 件 等</th><th colspan="3">着 手 金 ・ 報 酬 金</th></tr>
<tr><td rowspan="7">(a) 訴訟事件、
非訟事件、家
事審判事件、
行政審判等事
件および仲裁
事件</td><td>事件の経済的利益の額が</td><td>着手金</td><td>報酬金</td></tr>
<tr><td>300万円以下の部分</td><td>8 %</td><td>16%</td></tr>
<tr><td>300万円を超え3000万円以下の部分</td><td>5 %</td><td>10%</td></tr>
<tr><td>3000万円を超え3億円以下の部分</td><td>3 %</td><td>6 %</td></tr>
<tr><td>3億円を超える部分</td><td>2 %</td><td>4 %</td></tr>
<tr><td colspan="3">＊ 事件の内容により、それぞれ30%の範囲内で増減額できる</td></tr>
<tr><td colspan="3">＊ 着手金の最低額は10万円。ただし、経済的利益の額が125万円未満の事
件の着手金は、事情により10万円以下に減額することができる</td></tr>
<tr><td rowspan="3">(b) 調停事件お
よび示談交渉
事件（裁判外
の和解交渉）</td><td colspan="3">(a)に準ずる</td></tr>
<tr><td colspan="3">＊ それぞれにより算定された額の3分の2に減額できる</td></tr>
<tr><td colspan="3">＊ 着手金の最低額は10万円。ただし、経済的利益の額が125万円未満の事
件の着手金は、事情により10万円以下に減額することができる</td></tr>
</table>

③ 裁判外の手数料

<table>
<tr><th colspan="3">項 目 / 分 類</th><th>手 数 料</th></tr>
<tr><td rowspan="2">法律関係調査
（事実関係調
査を含む）</td><td colspan="2">基 本</td><td>5万円～20万円の範囲内の額</td></tr>
<tr><td colspan="2">特に複雑または特殊な事情がある場合</td><td>弁護士と依頼者との協議により定める額</td></tr>
<tr><td rowspan="7">契約書類およ
びこれに準ず
る書類の作成</td><td rowspan="3">定 型</td><td>経済的利益の額が1000万円
未満のもの</td><td>5万円～10万円の範囲内の額</td></tr>
<tr><td>経済的利益の額が1000万円
以上1億円未満のもの</td><td>10万円～30万円の範囲内の額</td></tr>
<tr><td>経済的利益の額が1億円以上のもの</td><td>30万円以上</td></tr>
<tr><td rowspan="2">非定型</td><td>基 本</td><td>300万円以下の部分 　　　　　　　　10万円
300万円を超え3000万円以下の部分 　1 %
3000万円を超え3億円以下の部分 　　0.3%
3億円を超える部分 　　　　　　　　0.1%</td></tr>
<tr><td>特に複雑または特殊な事情
がある場合</td><td>弁護士と依頼者との協議により定める額</td></tr>
<tr><td colspan="2">公正証書にする場合</td><td>上の手数料に3万円を加算する</td></tr>
<tr><td rowspan="4">内容証明郵便
作成</td><td rowspan="2">弁護士
名の表
示なし</td><td>基 本</td><td>1万円～3万円の範囲内の額</td></tr>
<tr><td>特に複雑または特殊な事情
がある場合</td><td>弁護士と依頼者との協議により定める額</td></tr>
<tr><td rowspan="2">弁護士
名の表
示あり</td><td>基 本</td><td>3万円～5万円の範囲内の額</td></tr>
<tr><td>特に複雑または特殊な事情
がある場合</td><td>弁護士との協議により定める額</td></tr>
</table>

※なお、日本弁護士会連合会のホームページでは、弁護士費用の目安が掲載されています。

◆公証人の手数料（抜粋）⇒ 公証人手数料令

種　　別		単位および額	
法律行為に係る証書	1.法律行為に関する証書の作成	法律行為の目的の価額 　100万円以下 　100万円を超え　200万円以下 　200万円を超え　500万円以下 　500万円を超え1000万円以下 　1000万円を超え3000万円以下 　3000万円を超え5000万円以下 　5000万円を超え1億円以下 　1億円を超え3億円以下 　3億円を超え10億円以下 　10億円を超えるもの ＊任意後見契約のように、目的価額を算定することができないときは、例外的な場合を除いて、500万円とみなされます（手数料令16条）。	手数料 5000円 7000円 1.1万円 1.7万円 2.3万円 2.9万円 4.3万円 4.3万円に1億円を超える額につき 5000万円までごとに1.3万円を加算 9.5万円に3億円を超える額につき 5000万円までごとに1.1万円を加算 24.9万円に10億円を超える額につき 5000万円までごとに8000円を加算
	2.遺　　言	①証書の作成（補充・更生に係るものを除く） 　1の額。ただし全体の財産が1億円未満のときは1の額に1.1万円を加算の額。 ②出張による遺言書の作成 　上記①の手数料が50%加算されるほか、公証人の日当と交通費	

◆執行官の手数料（抜粋）⇒ 執行官の手数料及び費用に関する規則

文書の送達・債務名義の送達			1,800円
差押え・仮差押執行事件の併合における差押え	執行債権	・20万円以下 ・20万円を超え50万円以下 ・50万円を超え100万円以下 ・100万円を超え300万円以下 ・300万円を超え1,000万円以下 ・1,000万円を超えるもの 　債権額不確定	3,500円 5,500円 7,000円 9,500円 11,500円 14,000円 14,000円
事件の併合・仮差押執行の差押執行への移行		・20万円以下 ・20万円を超えるもの　差押えの場合の手数料の2分の1	2,500円

※上記の他、売却の実施による手数料もある

◆契約書に貼る印紙税（抜粋）⇒ 印紙税法

課税物件	課税標準及び税率　※（ ）内は、不動産譲渡契約書で平成30年3月31までの作成のもの	
1　不動産、鉱業権、無体財産権、船舶若しくは航空機又は営業の譲渡に関する契約書 2　地上権又は土地の賃借権の設定又は譲渡に関する契約書 3　消費貸借に関する契約書 4　運送に関する契約書 ※不動産の譲渡に関する契約書については、一定の場合、印紙税額が軽減される	1　契約金額の記載のある契約書 　1万円未満のもの 　10万円以下のもの 　10万円を超え50万円以下のもの 　50万円を超え100万円以下のもの 　100万円を超え500万円以下のもの 　500万円を超え1,000万円以下のもの 　1,000万円を超え5,000万円以下のもの 　5,000万円を超え1億円以下のもの 　1億円を超え5億円以下のもの 　5億円を超え10億円以下のもの 　10億円を超え50億円以下のもの 　50億円を超えるもの 2　契約金額の記載のない契約書 　1通につき	非課税 200円 400 (200)円 1,000 (500)円 2,000 (1,000)円 1 (5,000)万円 2 (1万)万円 6 (3万)万円 10 (6万)万円 20 (16)万円 40 (32)万円 60 (48)万円 200円

◆民事事件の紛争解決のしくみ

民事事件

私人間の紛争

訴訟による 解決手続（裁判）	訴訟によらない 解決手続（裁判）	裁判外の紛争解決 手続
▶民事訴訟法 ・通常訴訟（他の法令に規定がない場合） ・手形小切手訴訟 ・少額訴訟 ※同法には、支払督促の規定もある ▶人事訴訟法 ・離婚など身分に関する事件（調停前置） ※刑事訴訟法・行政事件訴訟法もあるが、本書では省略 審　理 ⇩ （判　決）	▶非訟事件手続法 ・民事非訟事件・公示催告事件・過料事件 ※比較的軽微な事件で裁判所の職権主義 ▶家事事件手続法（審判事件） ▶労働審判法 ▶借地非訟事件手続規則 ▶会社法第7編第3章「非訟」など ⇩ 審理 （決　定）	▶民事調停法 ▶家事事件手続法（調停） ※裁判所の調停は裁判外紛争解決手続とされている ▶民法（和解・695・696条） ※裁判上の和解もある ▶仲裁法（仲裁手続）など 合意など ⇩ （調書・和解書・仲裁判断）

〔主な紛争の解決手続〕

紛争（事件）	手続法	実体法（権利主張の根拠）
●金銭貸借	民事訴訟法・民事調停法	民法（債務不履行）など
●代金未払い	民事訴訟法・民事調停法	民法（債務不履行）など
●損害賠償	民事訴訟法・民事調停法	民法（損害賠償責任）など
●不動産売買	民事訴訟法・民事調停法	民法（債務不履行など）
●不動産賃貸	民事訴訟法・民事調停法・借地非訟事件手続	民法・借地借家法など
●相　続	家事事件手続法・民事訴訟法	民法（相続）
●離　婚	家事事件手続法（調停・審判）・人事訴訟法	民法（離婚）
●借金（整理）	破産法・民事再生法・特定調停法	破産法・民事再生法など
●労　働	民事訴訟法・労働審判法・労働関係調整法	労働基準法・民法など
●インターネット	民事訴訟法・民事調停法	著作権法など
▶強制執行	民事執行法	――
▶仮差押え・仮処分	民事保全法	――

※申立先：民事訴訟は、訴額が140万円以下は簡易裁判所、140万円超は地方裁判所）。手形小切手訴訟、少額訴訟（簡易裁判所）もある。家事事件は家庭裁判所。

事項索引

[著者]

神田 将（かんだ　すすむ）

昭和38年9月7日、東京生まれ。平成2年、東京大学経済学部経済学科卒業。平成10年、司法試験合格。平成12年、弁護士登録。

所属弁護士会：第一東京弁護士会。

損害保険法、企業法、消費者法、民事介入暴力等に精通し活躍中。

著書に、「図解による民法のしくみ」「図解による憲法のしくみ」「図解による会社法・商法のしくみ」「生活保護の受け方がわかる本（監修）」「交通事故の法律知識（共著）」（いずれも自由国民社）などがある。

[企画・製作・執筆協力]

㈲生活と法律研究所

内海　徹（法律ライター）

真田親義（㈲生活と法律研究所所長）

図解による

民事訴訟のしくみ

[初版第1刷発行]⋯⋯⋯⋯⋯ 2014年9月12日

[第3版発行]⋯⋯⋯⋯⋯⋯ 2023年6月2日

[著　者]⋯⋯⋯⋯⋯⋯⋯⋯⋯ 神田　将

[編　集]⋯⋯⋯⋯ 有限会社生活と法律研究所

[発行所]⋯⋯⋯⋯⋯⋯⋯⋯ 株式会社自由国民社

　　　　　171-0033　東京都豊島区高田3-10-11

　　　　　☎ 03-6233-0781（営業）

　　　　　☎ 03-6233-0786（編集）

　　　　　https://www.jiyu.co.jp/

[発行人]⋯⋯⋯⋯⋯⋯⋯⋯⋯ 石井　悟

[印刷所]⋯⋯⋯⋯⋯⋯⋯ 横山印刷株式会社

[製本所]⋯⋯⋯⋯⋯⋯⋯ 新風製本株式会社